24:14

UM TESTEMUNHO PARA TODOS OS POVOS

Publicações
Pão Diário

24:14

UM TESTEMUNHO
PARA TODOS OS POVOS

*Kingdom Movements
Around the World*

Originally published in English under the title
24:14 — A Testimony to All Peoples
by Dave Coles and Stan Parks, Ed.
Copyright © 2019 24:14
Spring, Texas – All rights reserved.

Escritores: Aila Tasse, C. D. Davis, Chris McBride, Curtis Sergeant, Dave Coles, David Garrison, Doug Lucas, Elizabeth Lawrence, família "Walker", Glenn Sunshinen, G. F. de Irmãos, "Harold", J. Snodgrass, Jeff Wells, Jephte Marcelin, Jerry Trousdale, Jimmy Tam, Justin Long, Kumar, Lee Wood, Mary Ho, Michael Mickan, Pam Arlund, Paul Watson, R. Keith Parks, Rick Wood, Robby Butler, S. Kent Parks, Shalom, Shodankeh Johnson, Shodankeh Johnson, Stan Parks, Steve Addison, Steve Smith, Tim Martin, Trevor Larsen, Victor John, William J. Dubois, William O'Brien, Yehezkiel

Coordenação editorial: Adolfo A. Hickmann
Tradução: Raquel Villela Alves
Revisão técnica de conteúdo: Sérgio Pereira Santos
Revisão: Dayse Fontoura, Lozane Winter
Coordenação gráfica: Audrey Novac Ribeiro
Projeto gráfico: Rebeka Werner
Capa: Trey Willetto

Dados Internacionais de Catalogação na Publicação (CIP)

COLES, Dave; PARKS, Stan, editores
24:14 – Um Testemunho para todos os Povos, **Tradução:** Raquel Villela Alves — Curitiba/PR, Publicações Pão Diário Título original: *24:14 — A Testimony to All Peoples*
1. Missões   2. Evangelismo   3. Grande comissão   4. Ministério cristão

---

Proibida a reprodução total ou parcial sem prévia autorização por escrito da editora.
Todos os direitos reservados e protegidos pela Lei 9.610, de 19/02/1998.
Permissão para reprodução: permissao@paodiario.org

Exceto quando indicado no texto, os trechos bíblicos mencionados são da edição
Nova Versão Internacional (NVI) © 2011 Sociedade Bíblica Internacional.

Publicações Pão Diário
Caixa Postal 4190
82501-970 Curitiba/PR, Brasil
publicacoes@paodiario.org
www.publicacoespaodiario.com.br
Telefone: (41) 3257-4028

Código: DW863
ISBN: 978-65-5350-235-2

1.ª edição: 2022
Impresso no Brasil

DEDICATÓRIA

Ao nosso irmão Steve Smith, que dedicou sua vida a treinar, orientar, escrever e lançar o projeto para a Visão 24:14, *que é do tamanho de Deus. Continuamos sua paixão a fim de nos tornarmos a geração que cumpre a* Grande Comissão.

Este evangelho do Reino será proclamado em todo o mundo como testemunho a todos os povos, e então virá o fim.

SUMÁRIO

PRÓLOGO 13

PREFÁCIO 15

Capítulo 1 A visão 24:14 19

Capítulo 2 Você está dentro? 23

PARTE 1 — A PROMESSA DE JESUS 27

Este evangelho do Reino 28

Capítulo 3 O evangelho do Reino 29

Capítulo 4 O enredo da história — Finalizando a última volta 35

Capítulo 5 Paixão por Deus, compaixão por pessoas 43

Será proclamado 51

Capítulo 6 O que é um movimento
de plantação de igrejas? 53

Capítulo 7 Dinâmica de um CPM —
Plantando igrejas de rápida reprodução 63

Capítulo 8 Mudança de mentalidade
para movimentos 75

Capítulo 9 Pequenos grupos que têm o DNA
de um movimento de fazedores de discípulos (DMM) 87

Capítulo 10 Os fundamentos essenciais para ajudar
grupos a se tornarem igrejas — Quatro ajudas em CPM 97

Capítulo 11 As margens de um movimento 109

Capítulo 12 Um movimento de plantação
de igrejas é um movimento de liderança 117

Em todo o mundo 126

Capítulo 13 Progresso surpreendente 127

Capítulo 14 Como Deus está se movendo
para alcançar os não alcançados 135

Capítulo 15 Como Deus está se movendo
entre os não alcançados na África Oriental 137

Capítulo 16 Como Deus está se movimentando
pelo Sul da Ásia 143

Capítulo 17 Como Deus está se movendo
entre os muçulmanos no Sudeste Asiático 153

Capítulo 18 Como Deus está se movendo para que
não reste lugar algum sem o evangelho no Haiti 157

Capítulo 19 Como Deus está fazendo coisas
simples crescerem e se multiplicarem 161

Capítulo 20 O que é necessário para cumprir
a *Grande Comissão*? 165

Como testemunho a todos os povos 173

Capítulo 21 Fatos brutais 175

Capítulo 22 Movimentos na Bíblia 181

Capítulo 23 A história de movimentos
e da expansão do evangelho 193

Capítulo 24 Pessoas comuns como testemunhas
que fazem discípulos 197

Capítulo 25 Movimentos multiplicando movimentos 209

Capítulo 26 Movimentos iniciam movimentos
no Sul e Sudeste da Ásia 213

Capítulo 27 Rendidos — Movimentos iniciam
movimentos no Oriente Médio 217

E então virá o fim 221

Capítulo 28 24:14 — A guerra que finalmente acaba 223

Capítulo 29 Por que 24:14 é diferente
de esforços anteriores? 233

PARTE 2 — NOSSA RESPOSTA 239

Capítulo 30 Nossa resposta 241

Capítulo 31 O essencial do CPM em um guardanapo 243

Como pessoas podem se envolver 253

Capítulo 32 Como se envolver 255

Capítulo 33 Uma transformação global
do treinamento missionário 259

Capítulo 34 Os intangíveis de urgência e intrepidez 273

Como igrejas podem se envolver 282

Capítulo 35 Uma corrida que você não vai querer perder 283

Capítulo 36 Cinco lições que a Igreja Americana
está aprendendo com os CPMs 287

Capítulo 37 Igreja transformada plantando novas igrejas 293

Capítulo 38 O papel das igrejas existentes
no movimento africano 299

Capítulo 39 Um modelo de "dois trilhos" para
igrejas existentes alcançarem os não alcançados 303

Como agências podem se envolver 313

Capítulo 40 Uma transição de agência — De plantação
de igrejas para movimentos de fazedores de discípulos 315

Capítulo 41 Uma agência missionária descobre
as práticas frutíferas de movimentos 325

Capítulo 42 Movendo uma organização de missão de rotina
para lançamento de movimentos — Seguindo o chamado
de Deus para fazer discípulos de todas as *Ethnē* 335

CONCLUSÃO 345

Capítulo 43 Qual o custo de contemplar a beleza do Rei? 347

**EPÍLOGO — O QUE DEUS ESTÁ
CHAMANDO VOCÊ PARA FAZER?** 351

APÊNDICES 353

A. Definições de termos-chave 355
B. Perguntas frequentes sobre 24:14 —
   Esclarecendo alguns equívocos 363
C. Fases do *continuum* de CPM 371
D. Dinâmica das gerações e desafios 373

PRÓLOGO

Este evangelho do Reino será proclamado em todo o mundo como testemunho a todos os povos, e então virá o fim. (Mateus 24:14 — Adaptado pelo editor)

PREFÁCIO

Por todo mundo temos ouvido histórias de conversões, curas e outros milagres, com intensidade e velocidade similares ao que foi registrado no livro de Atos. Não são fatos aleatórios. Resultam de um esforço missionário intencional, que se fundamenta em abrir espaço para a ação do Espírito Santo a partir da aceitação da Palavra de Deus como autoridade suprema e da obediência irrestrita a ela.

O livro que você tem em suas mãos é sobre isso! Aqui estão relatados alguns desses fatos, ocorridos em contextos e áreas geográficas diferentes, em sua maioria em lugares onde há muitas restrições ao evangelho. O conteúdo é inspirador e, para que possa ser útil à comunidade missionária, abrange princípios e estratégias que orientam certa forma de proclamar o Evangelho. A proposta é ganhar velocidade na pregação da Palavra por meio de um movimento de plantação de igrejas, que, por sua vez, é antecedido por um movimento para se fazer discípulos, sempre com forte ênfase na oração.

A lógica que dá origem e sustentabilidade a esses movimentos não é algo que, a rigor, pode ser considerado uma nova abordagem missionária. É mais a ordenança bíblica quanto a Grande Comissão e a forma de atuação da Igreja de Cristo no primeiro século tratados em linguagem atual. É um processo simples hoje como foi naquele tempo. E por ser simples, o número de novos convertidos cresce bastante agora como cresceu antigamente. As igrejas que surgem são simples, sem a necessidade de grandes estruturas para se reunir e se multiplicar organicamente.

O processo é simples, mas não necessariamente fácil. É preciso ter sempre a Bíblia na mão e os joelhos no chão. A fidelidade ao Senhor, que é um dos pilares de tais movimentos, precisa ser priorizada, relembrada e estimulada incessantemente para que a pressa em obter resultados não gere distorções que venham a comprometer o compromisso de longo prazo e o crescimento saudável desse contingente de novos crentes. É preciso investir com profundidade na vida de algumas pessoas, como Jesus fez, para que elas se tornem discípulos, que façam outros discípulos e que gerem igrejas.

Também não é fácil manter o espírito de sacrifício e de sofrimento que caracteriza os participantes desses movimentos. Eles estão conscientes de que seu trabalho representa risco visto que ocorre em áreas onde o cristianismo é reprimido com violência. Contudo ainda estão dispostos a sentir as dores das pessoas a quem servem, a conhecer as questões que as inquietam ou as atormentam, a caminhar com elas, a proclamar o evangelho e vivê-lo de forma prática, intensa e contextualizada nas atividades rotineiras da comunidade e em sua vida pessoal.

Essa dinâmica missionária tem produzido resultados significativos entre povos não alcançados (PNA) ao longo de mais de duas décadas. Conta com o respaldo de organizações de vários países, comprometidas em se apoiarem mutuamente para concluir a evangelização do mundo e, para isso, formaram uma aliança, a *Coalização 24:14*. Foram integrantes da 24:14 que geraram, registraram e analisaram os fatos contidos neste livro.

A Associação de Missões Transculturais Brasileiras (AMTB) entende que é relevante colocar esse conteúdo à disposição da Igreja Brasileira, desafiando-a a ir além dos modelos missionários atuais, por ela utilizados, ainda que isso signifique renunciar ao controle no processo de avanço, cultivando mais colaboração e unidade. Pode ser também uma opção para a força missionária brasileira em seus esforços transculturais, sobretudo em relação a segmentos pouco evangelizados ou que nem sequer têm acesso ao evangelho.

As condições são favoráveis para a geração brasileira atual contribuir de forma relevante com a expansão do evangelho entre os diversos povos, tribos e nações, a partir do que já está disponível. Há brasileiros indo a comunidades não alcançadas em todo o mundo e no próprio Brasil. Há um grande potencial na Igreja Brasileira. Há pessoal com bastante preparo, fé e determinação. Os obreiros que faltam podem estar sentados nos bancos das igrejas, aguardando ser desafiados, ou podem aparecer e amadurecer ao longo do processo, no meio daqueles que hoje são foco dos esforços missionários. A expectativa é bem positiva principalmente porque, acima de tudo, está Aquele que disse que estaria com Seus seguidores "até o fim dos tempos" (Mt 28:20).

Boa leitura!

Paulo Feniman — Presidente da AMTB
Raquel Villela — Coordenadora do Departamento de Intercessão da AMTB

1

A visão 24:14

Por Stan Parks[1]

Em Mateus 24:14 Jesus prometeu: "E este evangelho do Reino será pregado em todo o mundo, para testemunho a todas as *ethnē* (grupos de pessoas). Então, virá o fim".

A Visão da 24:14 é ver o evangelho compartilhado com todos os grupos de pessoas na Terra ainda em nossa geração. Almejamos estar na geração que termina o que Jesus começou e pelo que outros fiéis obreiros, antes de nós, deram suas vidas. Sabemos que Jesus espera para voltar até que cada grupo de pessoas tenha a oportunidade de conhecer o evangelho e se tornar parte de Sua Noiva.

Reconhecemos que a melhor maneira de dar a cada grupo de pessoas essa oportunidade é vendo a igreja começar e se multiplicar em seu grupo. Isso se torna a melhor esperança para que todos possam ouvir as boas-novas, à medida que os discípulos dessas igrejas multiplicadoras estejam motivados a compartilhar o evangelho com cada um que for possível.

---

[1] Stan Parks, Ph.D., serve em *Ethne* (Equipe de Liderança), *Beyond* (VP de Estratégias Globais) e *Coalizão 24:14* (co-facilitador). É instrutor e orientador de uma série de movimentos de plantação de igrejas globalmente e tem vivido e servido entre os não alcançados desde 1994.

Essas igrejas multiplicadoras podem tornar-se o que chamamos de movimento de plantação de igrejas, cuja sigla utilizada internacionalmente, CPM, referente a *Church Planting Movement*, será usada daqui por diante. Um CPM é definido como a multiplicação de discípulos fazendo discípulos e líderes desenvolvendo líderes, resultando em igrejas nativas plantando igrejas que começam a se espalhar rapidamente por meio de um grupo de pessoas ou segmento populacional.

A *Coalizão 24:14* não é uma organização. Somos uma comunidade de indivíduos, equipes, igrejas, organizações, redes e movimentos que se comprometeram em ver o CPM em cada povo e lugar não alcançado. Nosso objetivo inicial é ver engajamento efetivo de CPMs em cada povo e lugar não alcançado até 31 de dezembro de 2025.

Isto significa ter uma equipe (local, de estrangeiros ou mista) capacitada em estratégia de movimento local em cada povo e lugar não alcançado até a referida data. Não fazemos afirmações sobre quando a tarefa da *Grande Comissão* estará *concluída*. Isso é responsabilidade de Deus. Ele determina o quão frutíferos serão os movimentos.

Empenhamo-nos na Visão 24:14 baseados em quatro valores:

1. Alcançar o não alcançado, alinhados com Mateus 24:14, levando o evangelho do Reino para cada povo e lugar não alcançado.

2. Cumprir esse objetivo por meio de movimentos de plantação de igrejas, envolvendo discípulos, igrejas, líderes e movimentos que se multiplicam.

3. Agir com o senso de urgência de um tempo de guerra para engajar cada povo e lugar não alcançado com uma estratégia de movimento até o final de 2025.

4. Fazer essas coisas em colaboração com outros.

Nossa visão é ver o evangelho do Reino proclamado por todo o mundo como testemunho a todos os grupos de pessoas **em nossa geração**. Convidamos você a juntar-se a nós em oração e serviço a fim de iniciar movimentos do Reino em cada lugar e povo não alcançado.

2

Você está dentro?[2]

Por Rick Wood[3]

Em 1974, no Congresso de Lausanne sobre Evangelização Mundial, o Dr. Ralph Winter indicou a incômoda realidade de que nunca completaríamos a evangelização mundial no ritmo em que a Igreja global estava indo, pois a Igreja estava enviando a maior parte de seus recursos missionários para áreas e povos do mundo onde já existia uma igreja, ou seja, eles já eram alcançados. Graças aos esforços de Ralph Winter e muitos outros, o quadro de missões hoje é mais promissor do que há 44 anos. Milhares de povos não alcançados foram engajados em novos esforços missionários pela primeira vez. Há muito que agradecer. Mas, como Justin Long aborda no capítulo 21, "Fatos brutais", estamos enfrentando uma realidade tão desconfortável em nossos dias como em 1974 — missões e plantação de igrejas como têm sido

---

[2] A partir de um artigo originalmente publicado na edição de janeiro-fevereiro de 2018 da *Missão Fronteiras*, www.missionfrontiers.org, pág. 4-5.

[3] Rick Wood é o editor da *Mission Frontiers Magazine*, publicada pelo Centro de Missões Mundiais dos Estados Unidos, agora *Frontier Ventures*, desde 2008. Rick formou-se no Seminário Batista Ocidental em Portland, Oregon, em 1985, com mestrado em Teologia, e em 1986, com mestrado em Divindade. A paixão de Rick é ver multiplicar movimentos de discipuladores em cada povo.

conduzidas não nos levarão ao objetivo de alcançar todos os povos e proporcionar a todas as pessoas o acesso ao evangelho.

Primeiramente, como há 44 anos, a maioria de nossos esforços missionários ainda está concentrado nas áreas alcançadas do mundo. Certamente fizemos progressos, mas ainda apenas 3% dos missionários transculturais servem entre os não alcançados. Curiosamente, um dos principais países receptores para o alcance de missões são os Estados Unidos. A triste realidade é que a maior parte dos fundos arrecadados pela Igreja permanece dentro da Igreja para abençoar o povo da Igreja. Apenas uma pequena fração dos fundos e do pessoal da Igreja vai para aqueles povos com menos acesso ao evangelho.

Em segundo, conforme Steve Smith e Stan Parks, na maioria dos casos em que missionários são enviados para engajar povos não alcançados, os esforços não acompanharam o crescimento populacional. Para permitir acesso ao evangelho a cada pessoa dentro de cada povo, precisamos fazer discípulos e plantar igrejas que se multipliquem mais rapidamente do que o crescimento geral da população. Infelizmente, os métodos mais utilizados de plantação de igrejas não são capazes de acompanhar o crescimento populacional dentro dos povos não alcançados.

Precisamos de um novo paradigma — Multiplicação de movimentos

Se nossos esforços atuais não são adequados para alcançar todos os povos em nosso tempo de vida, então o que podemos fazer para mudar as coisas? Deus não nos deixou sem recursos, e é sobre isso que este livro trata. É tudo sobre ESPERANÇA. A esperança de que podemos fazer grandes progressos para levar o evangelho a cada pessoa, tribo e língua visto que Deus já está fazendo isso em centenas de lugares ao redor do mundo. Em mais de 600 áreas e povos, discípulos estão fazendo discípulos e igrejas estão plantando igrejas *mais rapidamente do que o crescimento da população*. Nos capítulos 14 a 19, você poderá ler uma história após a outra de movimentos de fazedores de discípulos e de plantação de igrejas que estão transformando povos e regiões inteiras. É um retorno a métodos simples, bíblicos e reprodutíveis de ministério, conforme modelo usado pelos primeiros apóstolos no livro de Atos, que faziam discípulos e plantavam igrejas em todo o Império Romano.

Sim, é possível fazer crescer o Reino de Deus mais rapidamente do que o crescimento populacional e expandir o Reino de Deus para todos os povos da Terra. A notícia fica ainda melhor. Não só os discípulos e as igrejas podem multiplicar-se rapidamente, como também os movimentos. As histórias dos capítulos 25 a 27 demonstram o poder desses movimentos para gerar novos movimentos em uma expansão viral do evangelho. Os líderes levantados em um movimento podem treinar líderes para iniciar movimentos tanto em povos próximos como em longínquos.

Redescobrimos o poderoso livro de Atos como método de discipulado e de plantação de igrejas. Este provou ser eficaz para fomentar movimentos em povos não alcançados em todo o mundo. Agora é hora de adotar esse entendimento de como fazer crescer o Reino de Deus entre todos os povos.

24:14, levando movimentos a todos os povos até 2025

Essa nova coalizão não substitui o que cada grupo já está fazendo. Ela simplesmente acrescenta os pontos fortes de cada organização em qualquer outra que compartilhe os compromissos e objetivos comuns da *Coalizão 24:14*.

O objetivo da 24:14 é fomentar movimentos de discipulado e plantação de igrejas em cada povo não alcançado até 2025. Se bem-sucedida, 24:14 poderia ser o cumprimento da visão de Ralph Winter expressa há quase 44 anos — ver cada povo experimentar um movimento de discipulado e plantação de igrejas em que nenhum povo seja esquecido ou "sonegado" das boas-novas do evangelho.

Você está dentro?

Esta é a pergunta-chave que cada um de nós deve responder individualmente. Os objetivos da *Coalizão 24:14* justificam sacrificar nosso tempo, energia, finanças, até mesmo nossa saúde e segurança a fim de vê-los realizados até 2025? Cada um de nós tem um tempo limitado aqui na Terra para fazer a vontade de Deus e cumprir Seus propósitos. 24:14 pode ser a última melhor esperança que qualquer um de nós terá para cumprir o plano de Deus para toda a história, de que Jesus seria adorado e receberia de todos os povos a glória que Ele merece.

Os objetivos da 24:14 são os mesmos objetivos pelos quais o movimento missionário de fronteira foi fundado — alcançar todos os povos e fazer isso por meio de movimentos. Finalmente, temos um veículo eficaz para nos ajudar a avançar em direção a esses objetivos. Se esses objetivos são seus, então eu pergunto: "Você está dentro?".

PARTE 1:
A PROMESSA DE JESUS

Este evangelho do Reino será proclamado em todo o mundo como testemunho a todos os povos, e então virá o fim. (Mateus 24:14 — Adaptado pelo editor)

Este evangelho do Reino

Este evangelho do Reino *será proclamado em todo o mundo como testemunho a todos os povos, e então virá o fim.* (Mateus 24:14 — Adaptado pelo editor)

3

O evangelho do Reino[4]

Por Jerry Trousdale[5] e Glenn Sunshinen[6]

A promessa de Jesus feita em Mateus 24:14 — "Este evangelho do Reino será proclamado em todo o mundo como testemunho a todos os povos, e então virá o fim." — dá forma à primeira sessão deste livro. Em seu livro O Reino liberto: Como os valores do Reino do primeiro século de Jesus estão transformando milhares de culturas e despertando Sua Igreja[7], *Jerry Trousdale e Glenn Sunshine exploram a dinâmica dos Movimentos do Reino no mundo de hoje. No início do livro, eles estabelecem o fundamento bíblico concernente ao Reino de Deus, cujos valores fundamentais revestem esses movimentos. Incluímos esse trecho como fundamento para a nossa perspectiva da mensagem do evangelho do Reino sendo proclamada por meio dos movimentos de plantação de igrejas na Coalizão 24:14.*
—Editores

---

[4]Extraído, com permissão, de *The Kingdon Unleashed: How Jesus's 1st-century Kingdom Values are Transforming Thousands of Cultures and Awakening His Church*, DMM Library, localizado em Kindle 450-515.

A vinda do Reino de Deus estava no cerne da mensagem de Jesus, e o tema "Reino" tem estado na raiz do evangelho na maior parte da história da Igreja. No entanto, a ideia de Reino está estranhamente ausente do pensamento evangélico hoje. Vamos iniciar com a definição da palavra *Reino*. Em grego a palavra é *basileia* e não se refere a um território geográfico dominado por determinado rei, e sim ao reconhecimento de sua autoridade real. Em outras palavras, você tem um *reino* em qualquer lugar onde a *autoridade* do rei é reconhecida e obedecida. Assim, um soldado da legião romana que deixasse o território de Roma para tratar dos negócios do império carregava o reino com ele, uma vez que reconhecia a autoridade de César sobre ele e a ela era sujeito. Quando falamos em Reino de Deus desse modo, nos referimos a um povo que reconhece o Senhorio de Cristo e luta para obedecer-lhe em todo o tempo e em todos os lugares. Jesus veio proclamar a chegada do Reino nele mesmo, o governo de Deus entrando no mundo que está em rebelião contra Ele.

O Reino de Deus no Antigo Testamento

O conceito de Reino está implícito ao longo das Escrituras e é central no seu significado para o ser humano. Em Gênesis 1:26-27, nos é dito que os seres humanos foram criados à imagem de Deus. No

---

[5] Jerry Trousdale é diretor do *International Ministries for New Generations* (antigo *Cityteam International*), uma organização na qual ingressou em 2005. Jerry foi cofundador do Final Command Ministries, organização dedicada a estabelecer movimentos de fazedores de discípulos entre grupos de povos muçulmanos. Nos últimos anos, Jerry tem servido como plantador de igrejas entre os muçulmanos na África Ocidental, em publicações cristãs e como pastor de missões, enviando igrejas da Califórnia e Tenessee. Em 2015, ele publicou *Movimentos Miraculosos*, que se tornou um best-seller.

[6] Glenn Sunshine, Ph. D., é professora de História na Universidade Central do Estado de Connecticut, colaboradora sênior do *Colson Center for Christian Worldview* e fundadora-presidente do *Every Square Inch Ministries*. Autora premiada, Glenn publicou livros, artigos e ensaios sobre História, Teologia e Visão Mundial e tem feito palestras em igrejas, ministérios e conferências ao redor dos Estados Unidos, Europa e Ásia.

[7] N.T.: *The Kingdom Unleashed: How Jesus' 1st-Century Kingdom Values Are Transforming Thousands of Cultures and Awakening His Church*. Tradução livre do título, não disponível em português.

antigo oriente, uma pessoa que fosse chamada "à imagem de um deus" era tida como representante oficial e regente daquele deus e, por isso, com o direito de governar sob a autoridade daquele deus. Assim, quando Deus cria o homem à Sua imagem, Ele imediatamente dá ao homem domínio sobre a Terra. Nós estamos aqui para governar, mas devemos fazê-lo como mordomos de Deus, debaixo da Sua autoridade.

Em Gênesis 3, Adão escolhe fazer mau uso da autoridade que lhe fora concedida sobre esse mundo, ao agir buscando seus próprios interesses em vez de buscar os interesses de Deus. O efeito dessa escolha é que toda a humanidade se tornou sujeita ao pecado e à morte e que as culturas humanas caíram sob a influência de Satanás.

Quando Satanás tentou Jesus, ele "mostrou-lhe num relance todos os reinos do mundo. E lhe disse: 'Eu te darei toda a autoridade sobre eles e todo o seu esplendor, *porque me foram dados e posso dá-los a quem eu quiser.* Então, se me adorares, tudo será teu'" (Lc 4:5-7 — ênfase do autor do artigo). Jesus não disputou a autoridade de Satanás sobre os reinos deste mundo, pelo menos no Seu tempo. Sabemos pelas Escrituras que a Terra pertence a Deus, mas a passagem sugere que os reinos deste mundo foram entregues a Satanás.

Apesar disso, os seres humanos conservam a imagem de Deus e, pela graça de Deus, mesmo as culturas mais degeneradas mantêm algum conhecimento sobre Deus e Seus caminhos (veja Atos 14:17; Romanos 1:18–2:16). Deus prometeu que a redenção do homem — ser livre do pecado e da morte — viria da semente da mulher, que pisaria a cabeça da serpente e este seria ferido no processo (veja Gênesis 3:15).

O chamado de Deus a Abraão estabeleceu seus descendentes como uma nação santa, por intermédio da qual todo o mundo seria abençoado, e a semente da mulher se tornou mais claramente identificada na semente de Abraão. A partir daí foi afunilando para a semente de Isaque, Jacó e Judá.

A linhagem messiânica se afunilou ainda mais quando Davi surgiu. Davi estava longe de ser perfeito, mas era um homem segundo o coração de Deus, humilde e com mente sensível. Deus prometeu que a descendência dele governaria Israel para sempre, e mais, que o Messias se sentaria no trono de Davi e governaria sobre todos os reinos da Terra, trazendo bênçãos aos que se submetessem a Ele e juízo aos que persistissem em rebelião contra Ele. Seu Reino se estenderia sobre todo o mundo e traria justiça e paz em seu caminho.

O Reino de Deus no Novo Testamento

A mensagem central de João Batista — "Arrependam-se, pois o Reino dos céus está próximo" (Mt 3:2)[8] — foi a mesma mensagem que Jesus pregou quando João foi colocado na prisão. João descreveu o que significava arrependimento e vida no reino: "Quem tem duas túnicas dê uma a quem não tem nenhuma; e quem tem comida faça o mesmo" (Lc 3:11). Em outras palavras, arrependimento e vida, à luz do Reino, significa identificar as necessidades daqueles ao nosso redor e fazer o possível para atender essas necessidades, em vez de insistir em nossos próprios direitos, privilégios e posses.

Os ensinamentos de Jesus estavam centrados no Reino. O Sermão do Monte é uma descrição da vida no Reino, e um percentual significativo de Suas parábolas ensinam sobre o Reino. Jesus explicou que Seu Reino não é desse mundo; em outras palavras, não é como os reinos da Terra, que estão sob o domínio de Satanás. Em vez disso, o Reino é construído sobre o arrepender-se pelos nossos pecados e pela nossa rebelião contra Deus e sobre a restauração do nosso relacionamento com Deus e com o próximo,

---

[8] Mateus usa a expressão "Reino dos Céus", enquanto outros escritores do Novo Testamento usam a expressão "Reino de Deus", para evitar ofensas desnecessárias aos judeus por usar o termo "Deus" além do que fosse absolutamente necessário. Uma comparação entre os evangelhos mostra que as duas expressões são intercambiáveis, ao contrário do que pensam alguns teólogos, que argumentam que se referem a coisas distintas.

retomando nosso papel como regentes agindo abaixo de Deus, com autoridade para estabelecer e fazer avançar o Reino de Deus na Terra assim como é no Céu.

Quando o Reino (*basileia*) é devidamente compreendido como conhecimento e obediência à autoridade de Deus, é também revelado como sendo o centro da *Grande Comissão*: "Toda a autoridade me foi dada no céu e na terra. Ide[9], portanto, fazei discípulos de todas as nações, batizando-os em nome do Pai, e do Filho, e do Espírito Santo, ensinando-os a guardar todas as coisas que vos tenho ordenado..." (Mt 28:18-20 ARA). A palavra grega para "discípulo", *mathetes*, se refere a estudante ou aprendiz aprendendo algo sob a direção de um mestre. Nesse caso, nos é dito sobre o que os discípulos devem aprender: devemos ensinar a eles que observem tudo o que Jesus mandou —, em outras palavras, a reconhecer e obedecer a Jesus, a quem toda a autoridade foi dada.

Devemos observar que existe uma diferença entre Reino e Igreja. O propósito de Deus é construir Seu Reino; a Igreja existe para promover e fazer avançar o Reino. A Igreja existe para preparar e capacitar cristãos a trazerem a autoridade de Cristo (isto é, o Reino) para todas as áreas da vida. Como um soldado romano fora do seu Império, os cristãos levam consigo o Reino para onde quer que vão, enquanto professam Jesus como Senhor e agem em obediência a Ele. O Reino tem, então, um alcance muito maior do que a Igreja. Colocando de uma forma diferente, a Igreja não é um fim em si mesma, mas um meio para edificar o Reino.

O Senhorio de Cristo

O Reino é outra forma de falar do Senhorio de Cristo. A confissão de fé mais antiga da fé cristã é: "Jesus é Senhor", que quer dizer Ele é Senhor de tudo. E "tudo" significa *tudo*, não apenas salvação pessoal

---

[9] "Ide" em grego não é um comando; é um termo no particípio presente, que significa "enquanto vocês vão" ou "aonde quer que vocês vão".

ou moral pessoal, mas nossas famílias, nosso trabalho, nosso lazer, nossos relacionamentos, nossa saúde, nossos recursos, nossa política, nossa comunidade, nossa vizinhança — *tudo*. E isso significa que devemos obedecer a Ele em todas as áreas da vida.

O Senhorio de Cristo é a realidade central de toda a criação e é o fato central da vida cristã. Isso deveria dar forma a como nos enxergamos, a como entendemos o mundo e o nosso lugar nele. Em outras palavras, deve ser o centro da nossa visão de mundo. Em essência, ter uma visão bíblica significa a compreensão do que o Senhorio de Cristo significa em todas as áreas da vida. Crescer como cristão significa progressivamente viver o Senhorio de Cristo mais e mais fielmente em mais e mais áreas da vida.

Isso significa que os cristãos não devem ficar preocupados tão somente com a alma das pessoas; devem também preocupar-se com seu bem-estar neste mundo. Os cristãos sempre cuidaram de doentes e construíram hospitais; sempre alimentaram os famintos; iniciaram as primeiras instituições de caridade na história humana. Por quê? Porque os cristãos sempre acreditaram que o corpo é importante. Os cristãos sempre abriram escolas; de fato, a maioria das principais universidades do mundo foram, historicamente, fundadas por cristãos. Por quê? Porque os cristãos estão preocupados com a mente.

Os cristãos foram os primeiros a desenvolver tecnologias que tornaram o trabalho do homem melhor, mais fácil e mais produtivo. Por quê? Porque o trabalho é um bem, concedido a nós antes da Queda. A Queda o tornou enfadonho e doloroso, mas Cristo veio nos redimir dos efeitos da Queda e, assim, estamos aqui para restaurar a dignidade do trabalho. Como cristãos, devemos trazer a alegria de volta ao trabalho que realizamos. Os cristãos criaram a ideia de direitos humanos universais. Por quê? Porque a Bíblia nos fala da dignidade humana fundamentada na imagem de Deus e na encarnação de Cristo. Todos esses são exemplos de viver sob o Senhorio de Cristo, como cidadãos do Reino de Deus.

4

O enredo da história — Finalizando a última volta[10]

Por Steve Smith[11]

Com muita frequência começamos com a pergunta errada: "Qual é a vontade de Deus para minha vida?". Essa pergunta pode ser muito egocêntrica. É sobre você e sua vida.

A pergunta certa é: **"Qual é a vontade de Deus?"**. Ponto final. Então perguntamos: **"Como minha vida pode servir melhor a isso?"**.

Para glorificar o nome de Deus, você precisa entender o que Deus está fazendo em nossa geração — Seu propósito. Para descobrir isso você precisa saber o que Deus está fazendo na história: o enredo que começou em Gênesis 1 e terminará em Apocalipse 22.

Então você pode encontrar seu lugar no enredo histórico. Por exemplo, o rei Davi serviu unicamente ao propósito de Deus em

---

[10]Adaptado de *Kingdom Kernels: The Storyline of History— Finishing the Last* Lap, na edição de novembro-dezembro de 2017 da *Missão Fronteiras*, www.missionfrontiers.org, pág. 40-43.

[11]Steve Smith (1962–2019), Ph. D., foi co-facilitator da *Coalizão 24:14* e autor de muitos livros (incluindo *T4T: Uma re-revolução do discipulado*). Ele catalisou ou orientou movimentos de plantação de igrejas ao redor do mundo por quase duas décadas.

sua geração (veja Atos 13:36), precisamente porque era um homem segundo o coração do próprio Deus (veja Atos 13:22). Ele procurou contribuir com seus esforços para o enredo do Pai. A promessa abraâmica (herdar a terra e tornar-se uma bênção para as nações) deu um enorme salto quando Deus encontrou um homem que teria Seu coração e serviria a Seus propósitos. De acordo com 2 Samuel 7:1, a promessa feita por Deus de herdar a terra foi cumprida, pois não havia mais lugar para os israelitas conquistarem.

O coração de nosso Pai é o enredo da história. Ele acelera o enredo quando encontra protagonistas que têm Seu coração. Deus está chamando uma nova geração que não estará apenas *na* trama, mas que *concluirá* a trama, apressando a história até o seu ápice. Ele está chamando uma geração que um dia dirá: "Não há mais lugar para o Reino de Deus se expandir" (como Paulo escreveu sobre uma grande região em Romanos 15:23).

Conhecer o enredo é conhecer a vontade de Deus.

Uma vez que você conhece o enredo, pode tomar seu lugar nele, não como um personagem secundário, mas como um protagonista impulsionado pelo poder do Autor.

O grande enredo começou na Criação (veja Gênesis 1) e terminará na Consumação — o retorno de Jesus (veja Apocalipse 22). É a história de uma grande corrida. Cada geração faz uma volta nesta corrida de revezamento. Haverá uma geração final que correrá a última volta —, uma geração que verá o Rei receber Sua recompensa por Seus esforços ao longo da história. *Haverá* uma geração que fará a última volta. Por que não a *nossa*?

O propósito da história

Esse enredo central percorre toda a Bíblia, tecendo seu caminho ao longo de cada um dos 66 livros. No entanto, é fácil esquecer ou ignorar o enredo, e muitas pessoas zombam de tal pensamento.

Nos últimos dias, surgirão escarnecedores zombando e seguindo suas próprias paixões. Eles dirão: "O que houve com a promessa da sua vinda? Desde que os antepassados morreram, tudo continua como desde o princípio da criação". (2 Pedro 3:3-4)

Essa realidade descreve nossa geração, assim como a de Pedro.

Qual é o enredo da história?

- CRIAÇÃO: Em Gênesis 1-2, **Deus criou a humanidade** com um único propósito: tornar-se uma Noiva (companheira) para Seu Filho, para habitar com Ele para sempre em adoração amorosa.
- QUEDA: Em Gênesis 3, por meio do pecado, **os seres humanos se afastaram** do desígnio de Deus — não estão mais em relacionamento com o Criador.
- DISPERSÃO: Em Gênesis 11, as línguas foram confundidas e a **humanidade foi dispersa** até os confins da Terra — fora do contato com a redenção de Deus.
- PROMESSA: A partir de Gênesis 12, **Deus prometeu chamar os povos da Terra de volta para si** por intermédio do preço do sangue de um Redentor, proclamado pelos esforços do povo de Deus (descendentes de Abraão) para compartilhar as boas-novas.
- REDENÇÃO: Nos evangelhos, **Jesus pagou o preço para saldar a dívida do pecado, para comprar de volta** o povo de Deus — povo de cada *ethnos* (grupo de pessoas).
- COMISSÃO: No final de Sua vida, **Jesus enviou o povo de Deus para terminar a missão de Deus:** o grande enredo. E Ele prometeu Seu poder para fazer isso.
- FAZER DISCÍPULOS: Do livro de Atos até hoje, o povo de Deus tem sido abençoado para cumprir um grande mandato. **"Vão por todo o mundo"** e façam cumprir essa redenção: fazer discípulos de todas as *ethnē*, para a Noiva de Cristo ser completa.

- CONSUMAÇÃO: Na Consumação, **Jesus voltará para buscar Sua Noiva** — quando ela estiver completa e pronta. Tudo, desde Gênesis 3 até Apocalipse 22, se relaciona ao chamado de Jesus entre as nações para a volta da Noiva. Enquanto a Noiva não estiver completa, a missão da Igreja não estará terminada.

Pedro refere-se a esse enredo no capítulo final de sua segunda epístola.

Não se esqueçam disto, amados: para o Senhor um dia é como mil anos, e mil anos como um dia. ***O Senhor não demora em cumprir a sua promessa, como julgam alguns. Pelo contrário, ele é paciente com vocês, não querendo que ninguém pereça,*** *mas que todos cheguem ao arrependimento. O dia do Senhor, porém, virá como ladrão. Os céus desaparecerão com um grande estrondo, os elementos serão desfeitos pelo calor, e a terra, e tudo o que nela há, será desnudada.*
(2 Pedro 3:8-10 – Grifo do autor do artigo)

Deus é paciente. Ele não enviará Seu Filho de volta até que a história esteja terminada. Deus não é lento; Ele não deseja que nenhum grupo de pessoas (*ethnos*) pereça. Ele quer que todas as nações dispersas de Gênesis 11 façam parte da Noiva de Cristo, em grande número. Essas são as *ethnē* a quem Jesus se refere em Mateus 24:14. Essas são as *ethnē* das quais Ele falou na *Grande Comissão*: "Portanto, vão e façam discípulos de todas as *ethnē*..." (Mt 28:19). Essas são as *ethnē* retratadas em Apocalipse 7:9.

O ápice da história é uma Noiva completa, apresentada ao Filho com um grande banquete de casamento a ser celebrado. Pedro, referiu-se ao ajuntamento dessa Noiva e também aos escritos de Paulo:

Portanto, amados, enquanto esperam estas coisas, empenhem-se para serem ***encontrados por ele em paz,***

imaculados e inculpáveis. *Tenham em mente que a paciência de nosso Senhor significa salvação, como também o nosso amado irmão Paulo lhes escreveu, com a sabedoria que Deus lhe deu. Ele escreve da mesma forma em todas as suas cartas...* (2 Pedro 3:14-16 – Grifo do autor do artigo)

Paulo se refere ao mesmo enredo, usando palavras similares:

*Cristo amou a igreja e entregou-se por ela para santificá-la, tendo-a purificado pelo lavar da água mediante a palavra, e para **apresentá-la a si mesmo** como igreja gloriosa, **sem mancha** nem ruga ou coisa semelhante, mas santa **e inculpável**. [...] Este é um mistério profundo; refiro-me, porém, a Cristo e à igreja.* (Efésios 5:25-27,32 – Grifo do autor do artigo)

Paulo se refere ao mesmo plano em Efésios 1:

Deus nos revelou sua razão secreta para enviar Cristo, um plano que ele em misericórdia traçou há muito tempo; **e este era o seu propósito: na plenitude do tempo, ele reunirá tudo o que existe** *— no céu e na terra —* **debaixo da autoridade de Cristo.**
(Efésios 1:9-10 NBV-P – Grifo do autor do artigo)

O plano de Deus desde a Criação até a Consumação tem sido reunir pessoas de todas as línguas e culturas para retornar à vida em Cristo, como Sua Noiva para sempre. Mas neste momento, a Noiva está incompleta. Ainda lhe falta um braço, um olho e um pé. Seu vestido ainda está manchado e enrugado. Enquanto o Noivo está no altar, pronto para envolver sua Noiva em Seus braços, a Noiva parece estar com pouca pressa para se preparar para o dia do casamento. Mas a postura da Noiva está mudando. Esse é um dos grandes diferenciais de nossa geração e nos indica a singularidade de nossa volta na corrida da história. Nas últimas duas décadas, a igreja global aumentou o ritmo para engajar os mais de 8.000 grupos de pessoas ainda não alcançados no mundo — partes do mundo ainda não bem representadas na Noiva.

Este é um bom primeiro passo, *mas engajamento nunca foi o objetivo final*. Como mais de dois bilhões de pessoas no mundo ainda não têm acesso ao evangelho, nossos esforços para engajá-las devem mudar. Precisamos alcançá-las, não apenas engajá-las.

Jesus nos disse para orarmos para o Reino de Deus vir plenamente sobre a Terra como é no Céu (veja Mateus 6:9-10). Quando o evangelho envolve um lugar não alcançado, o Reino de Deus deve ser liberado. Jesus sempre imaginou Seus discípulos fazendo discípulos para fazer discípulos e igrejas plantando igrejas que possam plantar igrejas. Isso foi o que aconteceu no livro de Atos. O DNA do discipulado primitivo era que cada discípulo seria tanto um seguidor de Jesus como um pescador de homens (veja Marcos 1:17).

Jesus não está satisfeito com uma Noiva pequena ou incompleta. Ele quer uma Noiva que ninguém possa contar, de todo as *ethnē*. A única maneira de fazer isso é mediante o Reino se multiplicando em cada uma delas. Está sendo formado um momento para que os movimentos de Deus se tornem comuns novamente.

Nos últimos 25 anos, o número destes movimentos de plantação de igrejas no mundo cresceu de menos de 10 para mais de 700! Deus está acelerando a linha do tempo da história!

Milhares de povos e lugares não alcançados, contudo, ainda não têm entre eles uma igreja que se multiplica. Com Pedro, devemos nos unir a Deus para acelerar a linha do enredo em direção ao seu final.

Apresse o dia

Visto que tudo será assim desfeito, que tipo de pessoas é necessário que vocês sejam? Vivam de maneira santa e piedosa, **esperando** *o dia de Deus e* **apressando** *a sua vinda...*
(2 Pedro 3:11-12 – Grifo do autor do artigo)

"Esperar" significa estar na expectativa de algo. Você está na expectativa de quê? Você está ansioso para o final dessa grande trama? Deus nos deu o incrível privilégio de nos juntarmos a Ele na corrida da história para acelerar o ritmo da Igreja em direção à linha de chegada. Essa linha de chegada está à vista e, pelo poder do Espírito, podemos correr a última volta.

Uma grande nuvem de testemunhas que correram a corrida antes de nós (veja Hebreus 12:1) nos impulsiona para frente. Que melhor maneira de honrar seus esforços do que terminar o que eles começaram? Haverá uma geração que acelerará seu ritmo através de um esforço final, cheio de fé e sacrificial, pelo poder do Espírito para superar todas as expectativas.

Então, quando a Noiva estiver pronta, o Noivo retornará.

Não se esqueça do enredo: Lembre-se!

Em sua carta final, Pedro clamou aos discípulos que não esquecessem a parte deles no enredo (veja 2 Pedro 1:13-15). Pedro viveu para o dia do retorno de seu Senhor, correndo sua volta na corrida. Quando sua morte se aproximava, ele desafiou a Igreja a não diminuir o ritmo, mas, em vez disso, acelerar a trama para apressar a chegada do dia de Deus (veja 2 Pedro 3:12)!

No último capítulo de sua vida, Pedro lembrou a eles mais uma vez o grande propósito — o enredo:

> *Amados, esta é, agora, a segunda epístola que vos escrevo;*
> *em ambas, procuro despertar com lembranças a vossa*
> *mente esclarecida, para que vos recordeis das palavras que,*
> *anteriormente, foram ditas pelos santos profetas, bem como*
> *do mandamento do Senhor e Salvador, ensinado pelos vossos*
> *apóstolos.* (2 Pedro 3:1-2 ARA)

O coração deles era sincero, mas facilmente eles se esqueceram da trama e perderam seu papel intencional. A sinceridade não pode substituir a intencionalidade no enredo da história. Você está assumindo intencionalmente sua parte na grande corrida?

Pedro lembrou-lhes o enredo dado pelo mandato de Jesus:

> *E essas boas-novas do domínio do Rei serão anunciadas em todo o mundo como testemunho sacrificial a todos os grupos de pessoas [ethnē], e então virá o fim.*
> (Mateus 24:14 – Parafraseado pelo autor do artigo)

Torne-se um protagonista na história — não um personagem secundário. Escolha ter o foco em alcançar todas as pessoas e lugares não alcançados, e o faça por meio de movimentos semelhantes a Atos, de multiplicação de discípulos, igrejas e líderes. Só então poderemos realmente saturar áreas inteiras com o evangelho eterno de nosso Rei, que está por vir.

Pergunte-se: "Qual é a vontade de Deus?" e "Como minha vida pode servir melhor a esse propósito nesta geração?". Jesus promete Sua poderosa presença a todos os que se unem a tal esforço (veja Mateus 28:20).

Alguma geração terminará a última volta. Por que não a nossa?

5

Paixão por Deus, compaixão por pessoas[12]

Por Shodankeh Johnson[13]

Demonstrações práticas do amor de Deus desempenham um papel integral nos movimentos de plantação de igrejas. Servem como pontos de entrada para as boas-novas e também como frutos da transformação advindas do Reino na vida das pessoas e das comunidades. —Editores

---

[12]Editado a partir de um artigo originalmente publicado na edição de novembro-dezembro de 2017 da *Missão Fronteiras*: www.missionfrontiers.org, pág. 32-35.

[13]Shodankeh Johnson, marido de Santa e pai de sete filhos, é o líder dos Ministérios *New Harvest* (MNH) em Serra Leoa. Por meio do favor de Deus e do compromisso com o movimento de fazedores de discípulos, MNH viu centenas de modestas igrejas plantadas, mais de 70 escolas iniciadas e muitos outros ministérios de acesso iniciados em Serra Leoa nos últimos 15 anos. Isso inclui igrejas entre 15 povos muçulmanos. Também enviou obreiros de longo prazo para 14 países na África, incluindo oito países no Sahel e Magrebe. Shodankeh tem feito treinamentos e catalisado orações e movimentos de fazedores de discípulos na África, Ásia, Europa e Estados Unidos. Serviu como Presidente da Associação Evangélica de Serra Leoa e como Diretor Africano da *New Generations*. Atualmente é responsável pelo treinamento global e mobilização de oração para *New Generations*. É um líder chave na *Coalizão 24:14* na África e no mundo.

Os ministérios de acesso são um dos pilares dos Ministérios *New Harvest* (MNH). Desde que *New Harvest* começou, tem desempenhado um papel importante em manifestar a compaixão de Deus, fazendo discípulos e plantando igrejas em mais de 4.000 comunidades em 12 países. Esses engajamentos compassivos têm sido catalisadores fundamentais na formação de centenas de milhares de novos discípulos e mais de 10.000 novos líderes cristãos.

Compaixão é um valor essencial do Reino, encontrado no DNA de cada movimento de fazedores de discípulos (DMM — *Disciple Making Movement*, sigla internacional que será utilizada ao longo deste livro). Temos dezenas de diferentes tipos de ministérios de acesso. Cada um desempenha um papel único em nos ajudar a avançar o Reino de Deus na África. A maioria não custa muito dinheiro, mas, com a ajuda de Deus, causam um grande impacto. Fazemos parcerias com pessoas locais em cada ministério. Elas frequentemente fornecem liderança, trabalho e material — coisas presentes na comunidade, que podem ajudar a atender às necessidades.

Compaixão heroica

A *New Harvest* serve muitos países a partir de nossa sede em Serra Leoa. Quando o ebola eclodiu em 2014, não pudemos ficar em lugares seguros nem enfrentar o desastre ao nosso redor. A crise atingiu muitas aldeias muçulmanas de forma especialmente severa, pois os rituais de sepultamento fizeram com que a epidemia explodisse ali. De repente, por causa do ebola, as pessoas não podiam sequer tocar pais ou filhos moribundos. Nesse contexto, vários líderes da *New Harvest* se voluntariaram nos lugares mais perigosos. Alguns sobreviveram, mas vários perderam a vida a serviço de outros — na maioria muçulmanos.

O chefe muçulmano de uma comunidade foi desencorajado por pessoas que tentavam escapar de sua aldeia em quarentena. Ficou impressionado ao ver cristãos chegando para servir. Ele orou essa oração em particular: "Deus, se me salvares disso, se salvares minha família, quero que todos nós sejamos como essas pessoas que nos demonstram amor e nos trazem comida". O chefe e sua família sobreviveram e ele cumpriu sua promessa. Memorizando passagens da Bíblia, começou a compartilhar na mesquita onde havia sido um ancião. Uma igreja nasceu naquela aldeia, e o chefe continua indo de aldeia em aldeia, compartilhando as boas-novas do amor de Deus.

Descobrindo necessidades reais, contemplando a perda

Para MNH, os ministérios de acesso começam com a avaliação das necessidades evidentes de uma comunidade. Quando completamos uma avaliação das necessidades, a parceria com a comunidade deve desenvolver o respeito mútuo e a confiança. Depois de um tempo, o relacionamento leva à narração de histórias e estudos bíblicos de descoberta[14]. Os ministérios de acesso permitem as pessoas *enxergar* o amor de Cristo e isso toca poderosamente o coração delas.

A rampa de acesso para movimentos do Reino

A oração é a base de tudo o que fazemos. Assim, após uma avaliação ser feita, nossos intercessores começam a orar por:

- portas e corações abertos
- seleção de líderes do projeto
- mãos abertas dos habitantes locais
- movimento sobrenatural de Deus
- liderança do Espírito
- recursos necessários fornecidos por Deus

---

[14]N.T.: Também conhecidos como grupos de 3 Terços.

Todos os nossos centros de oração conhecem as comunidades que estão sendo servidas. Eles jejuam e oram por cada uma delas. E Deus sempre abre a porta certa, na hora certa, com a provisão certa.

A oração é o ministério de acesso mais poderoso e eficaz. Tem causado um efeito cascata em todo o movimento. Estamos convencidos, acima de qualquer dúvida, de que o jejum estratégico e a oração conduzem consistentemente à derrota dos poderes das trevas. Às vezes, a oração por enfermos abre uma ampla porta de acesso. Por meio da oração persistente, temos visto comunidades muito hostis sendo abertas, improváveis "Pessoas de Paz"[15] identificadas e famílias inteiras salvas. Toda a glória vai para o Pai, que ouve e responde orações.

A oração está subjacente a tudo o que fazemos. Eu digo às pessoas que os três elementos mais importantes dos ministérios de acesso são: o primeiro é a oração; o segundo, oração; e o terceiro, oração.

Cada projeto torna nosso Rei conhecido

Fazemos o que é preciso para levar o evangelho às pessoas a fim de que Cristo receba a glória. Nosso trabalho nunca é sobre nós. É sobre Ele. Nós o tornamos conhecido, com o foco estratégico em povos não alcançados.

Equipe de educação

Quando a educação é uma necessidade óbvia, nossos intercessores levam essa necessidade a Deus em oração. Enquanto oramos, envolvemos a comunidade para descobrir que recursos eles têm. Identificamos o que podem fornecer para atender às suas próprias necessidades. Com frequência, a comunidade fornece um terreno, um edifício comunitário ou materiais de construção para levantar uma estrutura temporária.

---

[15] Lucas 10 descreve uma "Pessoa de Paz". É uma pessoa que recebe o mensageiro e a mensagem e abre sua família/grupo/comunidade à mensagem. Esta e muitas outras definições de termos técnicos de CPM/DMM podem ser encontradas no Apêndice A: "Definições de termos-chave".

Costumamos incentivar a comunidade a pagar parte do salário do professor. O professor é totalmente certificado e ele ou ela é também um discípulo veterano ou um plantador de igrejas. As escolas começam com alguns bancos, lápis ou canetas, uma caixa de giz e um quadro-negro. A escola pode começar debaixo de uma árvore, em um centro comunitário ou em uma casa velha. Começamos devagar e cultivamos a escola no aspecto acadêmico e espiritual.

Quando uma "Pessoa de Paz" abre sua casa, ela se torna a rampa de lançamento para as reuniões dos estudos bíblicos de descoberta e, mais tarde, de uma igreja. Iniciamos mais de 100 escolas primárias, a maioria das quais são agora propriedade da comunidade.

A partir desse simples programa, Deus também ergueu 12 escolas secundárias, duas escolas técnicas comerciais e o *Every Nation College*. Essa faculdade tem uma Escola de Negócios e uma Escola de Teologia credenciadas. Ao contrário do que alguns poderiam esperar, os movimentos de fazedores de discípulos também precisam de seminários fortes.

Necessidades médicas, odontológicas e de higiene

Quando identificamos uma necessidade de saúde, enviamos equipes de profissionais médicos bem qualificados com medicamentos, equipamentos e suprimentos. Todos os membros de nossa equipe são fortes fazedores de discípulos e capacitados para facilitar o processo de estudos bíblicos de descoberta. Muitos também são plantadores de igrejas qualificados. Enquanto a equipe trata os pacientes, também busca uma "Pessoa de Paz". Se eles não descobrirem uma em sua primeira visita, fazem uma segunda visita. Assim que se descobre uma "Pessoa de Paz", ela se torna um tipo de ponte e futura anfitriã dos estudos bíblicos de descoberta. Caso não se encontre uma "Pessoa de Paz", a equipe vai para uma comunidade diferente, enquanto continua a orar por uma porta aberta na anterior.

Dez plantadores de igrejas foram bem treinados e equipados como dentistas. São credenciados pelas autoridades sanitárias para fazer extrações e obturações dentárias. Um deles também atua como optometrista. Verifica a visão e prescreve óculos adequados. Ele faz isso por um custo, para manter o processo e evitar a dependência. Outros membros da equipe de saúde oferecem treinamento em higiene, amamentação, nutrição, vacinas infantis e cuidados pré-natais para mulheres grávidas.

Um ministério de acesso menos comum

Fazemos tudo isso de uma maneira semelhante à de Cristo, procurando tornar visível o Reino de Deus. Deus se move e torna Sua presença conhecida. Muitas vezes, isso começa com uma família ou um improvável líder comunitário. Dessa forma, vemos constantemente a contínua multiplicação de discípulos, de grupos de estudos bíblicos de descoberta e de igrejas.

Em uma grande comunidade na parte sul de Serra Leoa foi bem difícil para entrarmos. Eles eram extremamente hostis com os cristãos. Pessoas identificadas como cristãs tinham dificuldade até mesmo para entrar naquele lugar. Por isso, oramos por aquela cidade. Contudo o tempo passou e nenhuma de nossas estratégias funcionou.

Então, de repente, algo aconteceu! Notícias nacionais relataram um problema de saúde naquela cidade. Homens jovens estavam ficando doentes e morrendo. Descobriu-se que as infecções estavam relacionadas ao fato de que a aldeia nunca havia circuncidado seus meninos. Ao orar sobre o problema, senti o Senhor me convencer de que esta era, finalmente, a nossa porta aberta para servir àquela comunidade.

Reunimos uma equipe médica voluntária e fomos para a comunidade com o equipamento e os medicamentos adequados. Perguntamos se nos deixariam ajudá-los. Ficamos exultantes quando os líderes da cidade concordaram. No primeiro dia, eles circuncidaram mais de 300 homens jovens.

Nos dias seguintes, os homens estavam sendo curados. Isso nos deu a oportunidade de iniciar os grupos de estudos bíblicos de descoberta durante os dias de convalescença. Vimos uma grande resposta e logo a multiplicação do Reino começou a acontecer, com igrejas sendo plantadas! Em poucos anos, o lugar onde cristãos não podiam entrar foi transformado em um lugar onde a glória de Deus brilhava intensamente. A compaixão do povo de Deus, o poder através de muita oração e a palavra transformadora de Deus mudaram tudo.

Equipe de agricultura

Nosso primeiro ministério de acesso foi o da agricultura. Em lugares onde o cultivo é crítico, a agricultura se torna uma grande porta de entrada para servir às pessoas. A maior parte do plantio é de agricultura de subsistência, principalmente para consumo familiar. Em geral, nenhuma semente é guardada para o plantio seguinte.

Essas situações nos levaram a desenvolver bancos de sementes para os agricultores. Assim como fizemos com nossas outras equipes, capacitamos nove agricultores, que também são plantadores de igrejas treinados. Esses agricultores/fazedores de discípulos educam os agricultores. Seu treinamento e orientação levam a relacionamentos que resultam em grupos de estudos bíblicos de descoberta, batismos e eventualmente igrejas. Assim, muitos agricultores se tornaram seguidores de Cristo.

Equipe de esportes

O ministério de esportes é outro importante acesso, especialmente em comunidades com muitos jovens. Quando nossa avaliação identifica muita juventude e paixão por, digamos, futebol, passamos rapidamente à ação. Lançamos um desafio ao nosso poderoso time para disputar um jogo amistoso.

Se uma cidade não tem um bom time, nós os encorajamos a buscar jogadores das redondezas para que possam montar uma boa equipe. Uma vez que tenham um time, muitas vezes nós fornecemos camisetas e bolas de futebol para ajudá-los a treinar. Quando chega o dia do jogo, toda a vila está em clima de festa, cantando as músicas de seu time.

Eles se sentem muito confiantes de que vencerão. Nossa equipe entra no jogo sabendo o que vai acontecer. Jogam bem, mas, no final, perdem intencionalmente. Você pode imaginar a euforia da cidade quando a equipe deles ganha. Isto se torna um ponto de orgulho. Só que história não termina ali. Pedimos então uma revanche. Com muita confiança, a comunidade responde: "Venham a qualquer momento. Vamos vencê-los novamente!".

A partida de volta é geralmente disputada o mais cedo possível. No segundo jogo, nossa equipe jogará muito bem e fará de tudo para esmagar a equipe anfitriã, sem piedade. Depois de sua lamentável derrota, a equipe da comunidade vai rapidamente pedir outra partida. Nossa razão para perder o primeiro jogo é construir um forte relacionamento com a comunidade. Sabemos que fazer discípulos resume-se a uma coisa: relacionamento. Todo relacionamento tem duas dimensões principais: conexão com Deus e com outras pessoas.

O objetivo do jogo é criar um ambiente que leve a grupos de estudos bíblicos de descoberta e depois a igrejas. Usando essa abordagem, muitas igrejas têm sido plantadas. Muitos discípulos e líderes foram levantados, os quais se multiplicam rapidamente dentro de suas tribos ou comunidades. Hoje, celebramos muitos treinadores e jogadores que se tornaram discípulos comprometidos, fazedores de discípulos e plantadores de igrejas apaixonados.

Plantação de igrejas

Cerca de 90% de nossas tentativas com ministérios de acesso levaram a uma igreja. Com muita frequência, um engajamento resulta em várias igrejas plantadas. Ao voltarmos a visitar as comunidades, ouvimos muitos testemunhos de transformação individual, familiar e comunitária. É a compaixão pelas pessoas, tornando Deus conhecido!

Será proclamado

*Este evangelho do Reino **será proclamado** em todo o mundo como testemunho a todos os povos, e então virá o fim.* (Mateus 24:14 — Adaptado pelo editor)

6

O que é um movimento de plantação de igrejas?[16]

Por Stan Parks[17]

Um movimento de plantação de igrejas (CPM) pode ser definido como a multiplicação de discípulos fazendo discípulos e líderes desenvolvendo líderes. Isto resulta em igrejas nativas plantando igrejas. Essas igrejas começam a se espalhar rapidamente por meio de um grupo de pessoas ou segmento populacional. Esses novos discípulos e igrejas começam a transformar suas comunidades à medida que esse novo Corpo de Cristo vive os valores do Reino.

Quando as igrejas se reproduzem consistentemente até quatro gerações em múltiplas linhagens[18], o processo se torna um

---

[16]Reproduzido da edição de julho-agosto de 2019 da *Missão Fronteiras*, www.missionfrontiers.org.

[17]Stan Parks, Ph.D., é treinador e orientador para uma grande variedade de CPM ao redor do mundo. Atualmente co-lidera uma ação global da *Coalizão 24:14* para iniciar movimentos de plantação de igrejas em todos os grupos e lugares não alcançados até 2025 (2414now.net). Como parte da equipe de liderança da *Ethne*, está ajudando várias equipes *Ephesus*, procurando iniciar CPM em grandes grupos de PNA. É VP de Estratégias Globais com *Beyond*.

[18]"Linhagem" é um termo utilizado em associação com "geração", de modo a descrever o crescimento das igrejas. Nesse sentido, "geração" refere-se a um discipulado em alinhamento vertical, isto é, a partir de um discipulador que gera um discípulo que, por sua vez gera outro e assim por diante. Já "linhagem" supõe o crescimento a partir de uma percepção horizontal, em que um mesmo discipulador acompanha vários discípulos.

movimento sustentável. Pode levar anos para começar. Mas, quando as primeiras igrejas começam, geralmente vemos um movimento chegar a quatro gerações dentro de três a cinco anos. Além disso, esses movimentos, eles próprios, muitas vezes reproduzem novos movimentos. Cada vez mais, os CPMs estão iniciando novos CPMs dentro de outros grupos de pessoas e segmentos populacionais.

O Espírito de Deus está iniciando muitos CPMs ao redor do mundo, como já fez em vários momentos da história. Após alguns desses movimentos modernos terem começado no início dos anos 90, um pequeno grupo inicial de catalisadores de movimento se reuniu para discutir essas incríveis obras de Deus. Eles criaram o termo "movimentos de plantação de igrejas" para descrever o que Deus estava fazendo. Isso estava além do que haviam imaginado.

Conforme esses movimentos modernos têm surgido, o Espírito de Deus está usando uma variedade de modelos ou estratégias para iniciar os CPMs. Os termos usados para descrever esses modelos incluem Treinamento para Treinadores (T4T)[19], Descoberta (Grupo de 3 Terços), Estudos bíblicos de descoberta, Movimentos de fazedores de discípulos (DMM — *Disciple Making Movements*), Quatro Campos, Discipulado de Avanço Rápido (DAR) e Zúme (versão online disponível em https://zume.training/pt/). Muitos movimentos são híbridos dessas variadas abordagens. Muitos movimentos também se desenvolveram de forma autônoma, fora desses modelos de treinamento.

Os líderes globais que formaram a *Coalizão 24:14* escolheram CPM como o termo mais útil e amplamente inclusivo. "24:14 é uma rede de CPMs e organizações mundiais de CPMs colaborando com sentido de urgência e chamando a Igreja global a se unir em esforços similares."[20]

---

[19] N.T.: A expressão T4T (*Training For Trainers*) surge da coincidência sonora em inglês resultante entre o número quatro (*four*) e a preposição para (*for*). Em português, Treinamento para Treinadores.

[20] Veja o capítulo 28: "24:14 — A guerra que finalmente acaba".

Às vezes é usado o termo "movimento do Reino", que significa essencialmente a mesma coisa que CPM: "Nosso objetivo é envolver todas as pessoas e lugares não alcançados com uma estratégia efetiva de movimento do Reino (CPM) até 31 de dezembro de 2025"[21].

Esses movimentos do Reino se assemelham ao que encontramos no Novo Testamento.

> *Mas receberão poder quando o Espírito Santo descer sobre vocês, e serão minhas testemunhas em Jerusalém, em toda a Judeia e Samaria, e até os confins da terra.* (Atos 1:8)

> *Todos ficaram cheios do Espírito Santo e começaram a falar noutras línguas, conforme o Espírito os capacitava. [...] Atônitos e maravilhados, eles perguntavam: "Acaso não são galileus todos estes homens que estão falando? Então, como os ouvimos, cada um de nós, em nossa própria língua materna? Partos, medos e elamitas; habitantes da Mesopotâmia, Judeia e Capadócia, Ponto e da província da Ásia, Frígia e Panfília, Egito e das partes da Líbia próximas a Cirene; visitantes vindos de Roma, tanto judeus como convertidos ao judaísmo; cretenses e árabes. Nós os ouvimos declarar as maravilhas de Deus em nossa própria língua!".* (Atos 2:4,7-11)

> *Mas, muitos dos que tinham ouvido a mensagem creram, chegando o número dos homens que creram a perto de cinco mil.* (Atos 4:4)

> *Assim, a palavra de Deus se espalhava. Crescia rapidamente o número de discípulos em Jerusalém; também um grande número de sacerdotes obedecia à fé.* (Atos 6:7)

---

[21] Ibid.

A igreja passava por um período de paz em toda a Judeia, Galileia e Samaria. Ela se edificava e, encorajada pelo Espírito Santo, crescia em número, vivendo no temor do Senhor. (Atos 9:31)

Entretanto, a palavra de Deus continuava a crescer e a espalhar-se. (Atos 12:24)

palavra do Senhor se espalhava por toda a região. Mas os judeus incitaram as mulheres piedosas de elevada posição e os principais da cidade. E, provocando perseguição contra Paulo e Barnabé, os expulsaram do seu território. Estes sacudiram o pó dos seus pés em protesto contra eles e foram para Icônio. Os discípulos continuavam cheios de alegria e do Espírito Santo. (Atos 13:49-52)

Eles pregaram as boas-novas naquela cidade e fizeram muitos discípulos. Então voltaram para Listra, Icônio e Antioquia, fortalecendo os discípulos e encorajando-os a permanecer na fé, dizendo: "É necessário que passemos por muitas tribulações para entrarmos no Reino de Deus". (Atos 14:21-22)

Alguns dos judeus foram persuadidos e se uniram a Paulo e Silas, bem como muitos gregos tementes a Deus, e não poucas mulheres de alta posição. [...] E creram muitos dentre os judeus, bem como dentre os gregos, um bom número de mulheres de elevada posição e não poucos homens... (Atos 17:4,12)

Crispo, chefe da sinagoga, creu no Senhor, ele e toda a sua casa; e dos coríntios que o ouviam, muitos criam e eram batizados. Certa noite o Senhor falou a Paulo em visão: "Não tenha medo, continue falando e não fique calado, pois estou com você, e ninguém vai lhe fazer mal ou feri-lo, porque tenho muita gente nesta cidade". (Atos 18:8-10)

Isso continuou por dois anos, de forma que todos os judeus e os gregos que viviam na província da Ásia ouviram a palavra do Senhor. (Atos 19:10)

Nesses movimentos modernos, vemos uma dinâmica semelhante à que Deus usou na Igreja Primitiva:

- **O Espírito Santo revestindo de poder e enviando.** Um dos aspectos marcantes dos modernos CPMs é o papel da "pessoa comum". O trabalho de Deus não está restrito a profissionais treinados. Em vez disso, vemos pessoas comuns sendo usadas pelo Espírito Santo para compartilhar o evangelho, expulsar demônios, curar doentes e multiplicar discípulos e igrejas. Pessoas não alfabetizadas estão plantando muitas, muitas igrejas nesses movimentos. Novos crentes estão levando poderosamente o evangelho para novos lugares. São pessoas comuns, cheias do Espírito de um Deus extraordinário.
- **Os crentes orando constantemente e demonstrando grande fé.** Alguém disse que um CPM é sempre precedido por um movimento de oração. Os CPMs também são marcados pela oração, sendo "movimentos de oração" em e por si mesmos. Isso porque quando oramos Deus trabalha, e os CPMs são um ato de Deus, não um trabalho humano. Além disso, a oração é um dos mandatos básicos de Jesus. Assim, cada discípulo percebe a necessidade de orar e multiplicar a oração por si mesmo e pelo movimento do qual ele faz parte.
- **Um testemunho poderoso através da forma como esses discípulos tratam as pessoas.** Muitos cristãos e igrejas ao redor do mundo separaram o físico do espiritual. Alguns grupos cristãos parecem preocupados apenas com questões espirituais, enquanto negligenciam as necessidades físicas das pessoas ao seu redor. Entretanto, os discípulos desses movimentos

se concentram na obediência às Escrituras. Como resultado, eles *demonstram* avidamente o amor de Deus às pessoas. A obediência às Escrituras os leva a amar o próximo. Assim, as pessoas e igrejas nesses movimentos alimentam os famintos, cuidam de viúvas e órfãos e combatem a injustiça. Uma cosmovisão bíblica não separa o sagrado do secular. Deus quer toda a nossa vida e as sociedades transformadas holisticamente pelas boas-novas.

- **O número de discípulos crescendo rapidamente.** Exatamente como a Igreja Primitiva em Atos, esses CPMs modernos multiplicam-se rapidamente. Essa velocidade vem em parte de um poderoso movimento do Espírito. Também vem de seguir princípios bíblicos. Por exemplo, aqueles que estão em movimentos acreditam que todo crente é um fazedor de discípulos (veja Mateus 28:19). Isso evita separar apenas alguns poucos profissionais pagos para fazer discípulos. Nesses movimentos, discípulos, igrejas e líderes aprendem que uma de suas principais funções é frutificar. E fazem isso o mais rapidamente e com a maior frequência possível.
- **Esses discípulos tornando-se obedientes a Deus.** Discípulos em CPMs levam as Escrituras muito a sério. Espera-se que cada um seja verdadeiramente um discípulo da Palavra. Todos têm liberdade para desafiar uns aos outros com a pergunta: "Onde você vê isso no texto?". Os crentes dão atenção cuidadosa para ouvir ou ler a Palavra, tanto em particular como em grupo. Deus é o principal Mestre, por intermédio de Sua Palavra, e eles sabem que são responsáveis pela obediência à Palavra.
- **Famílias sendo salvas.** Assim como no livro de Atos, onde vemos famílias, múltiplas famílias e até mesmo algumas comunidades se voltarem para o Senhor, estamos vendo a mesma coisa nesses movimentos. A maioria deles está ocorrendo entre grupos não alcançados, que tendem a ser muito mais comunitários do que

na cultura ocidental. Nessas culturas, as decisões são tomadas pelas famílias e/ou clãs. Nesses CPMs modernos vemos o mesmo tipo de tomada de decisão de grupo.
- **Oposição e perseguição.** Esses movimentos estão acontecendo, muitas vezes, nos lugares mais difíceis e, como resultado, tende a haver uma perseguição significativa. Infelizmente, às vezes essa perseguição vem na forma de igrejas estabelecidas relatando atividades desses novos movimentos, para evitar o impacto negativo sobre si mesmas por parte dos fundamentalistas religiosos ou governos. Com frequência, a perseguição vem de forças religiosas e/ou governamentais que procuram deter esses movimentos de Deus. Mas os movimentos superam a perseguição devido o sangue do Cordeiro e pela palavra de seu testemunho. Há um preço a ser pago e muitas pessoas em tais movimentos estão pagando esse preço.
- **Discípulos sendo cheios do Espírito Santo e de alegria.** Apesar da oposição e da perseguição que vemos em relação aos movimentos, os crentes têm uma alegria tremenda, pois vieram das profundezas da escuridão para a luz. Como resultado, estão muito motivados a compartilhar as boas-novas com aqueles que os rodeiam. Em muitos casos, aqueles que sofrem perseguição dizem estar alegres por Deus os ter considerado dignos de sofrer por seu Nome.
- **A Palavra se espalhando por toda a região.** Vemos em Atos 19 que o evangelho se espalhou pela província romana da Ásia em apenas dois anos. Isso parece inacreditável! Vemos a mesma dinâmica nesses movimentos. Literalmente milhares e até milhões de pessoas, em diferentes regiões, estão ouvindo o evangelho pela primeira vez em poucos anos por causa da tremenda taxa de multiplicação de discípulos.
- **O evangelho se espalhando para novas línguas e nações.** A menos que um movimento se ajuste a seu contexto social

e cultural, ele fracassará. Isso começa com o primeiro contato em um grupo de pessoas. A pessoa de fora procura um homem ou mulher de paz, que depois se torna o plantador da igreja. Se o de fora é o plantador da igreja, ele introduzirá um padrão de fé estrangeiro. Se os de dentro são os plantadores da igreja, as sementes do evangelho vindas de fora ao serem plantadas podem crescer livremente. As boas-novas darão frutos de maneira natural nessa cultura, mas enraizadas nas Escrituras. Assim, o evangelho pode espalhar-se mais rapidamente. Observe que esses movimentos normalmente acontecem dentro de um grupo de pessoas ou segmento populacional. A passagem para outro grupo normalmente requer mais ensino e pessoas com dom intercultural. A maioria dos CPMs hoje está acontecendo entre grupos de pessoas não alcançadas. Isso se deve em parte ao fato de que os movimentos nativos brotam melhor em lugares em que não foram expostos a um evangelho ocidentalizado pré-embalado.

Um CPM tem certas características.

1. Consciência de que **somente Deus pode iniciar um movimento.** Ao mesmo tempo, os discípulos podem seguir princípios bíblicos para orar, plantar e regar as sementes que podem levar a um movimento do tipo "livro de Atos".

2. **Todo seguidor de Cristo é encorajado a ser um discípulo que se reproduz**, não um mero convertido.

3. Padrões de **prestação de contas frequentes e regulares sobre os compromissos assumidos para obedecer ao que o Senhor fala a cada pessoa. Também permite transmitir a verdade de Deus** aos outros no relacionamento em amor.

Isto acontece por meio de um envolvimento ativo em um grupo pequeno.

4. **Cada discípulo é preparado para a maturidade espiritual.** Isso inclui capacitar para interpretar e aplicar as Escrituras, ter uma vida de oração bem fundamentada, viver como parte do Corpo maior de Cristo e reagir bem à perseguição/sofrimento. Isso permite que os crentes se comportem não apenas como consumidores, mas como agentes ativos do Reino.

5. **A cada discípulo é dada uma visão para alcançar sua rede de relacionamentos e estender o Reino de Deus até os confins da Terra.** A prioridade é dada a lugares com mais escuridão, com o compromisso de ver todos no mundo tendo acesso ao evangelho. Os crentes aprendem a ministrar e a fazer parcerias com outros no Corpo de Cristo em todos os contextos.

6. **Reproduzir igrejas é parte do processo de multiplicação de discípulos. Um CPM visa a) discípulos, b) igrejas, c) líderes e d) movimentos para multiplicar-se** infinitamente pelo poder do Espírito.

7. Os CPMs estão focados em iniciar **movimentos de multiplicação** de gerações de igrejas. (As primeiras igrejas iniciadas entre um grupo são as igrejas da geração um, que iniciam a geração dois, que iniciam a geração três, que, por sua vez, iniciam a geração quatro e assim por diante).

8. Os líderes **avaliam e fazem mudanças radicais** se forem necessárias para crescer. Asseguram que **cada elemento de caráter, conhecimento, habilidade de fazer discípulos e habilidades relacionais seja: a) bíblico e b) possa ser seguido**

por outras gerações de discípulos. Isso requer manter todas as coisas muito simples.

Agora estamos vendo o evangelho se espalhar em muitos lugares, como no livro de Atos. Ansiamos ver isso acontecer em todos os povos e lugares em nossa geração!

7

Dinâmica de um CPM — Plantando igrejas de rápida reprodução[22]

Por Curtis Sergeant[23]

Os princípios neste capítulo foram colhidos da experiência na plantação de igrejas que se reproduzem rapidamente na China. Foram então testados por meio de treinamento, acompanhamento e orientação de plantadores de igrejas servindo em mais de cem nações, a maioria trabalhando entre povos não alcançados.

Envolva todos os discípulos

O propósito principal da vida é glorificar a Deus. Podemos fazer isso melhor quando o conhecemos mais intimamente e o servimos

---

[22] Editado a partir de um artigo originalmente publicado na edição de maio-junho de 2017 da *Missão Fronteiras*, www.missionfrontiers.org, pág. 29-35.

[23] O Dr. Curtis Sergeant tem servido entre Povos Não Alcançados e Povos Não Engajados, em equipes de liderança sênior de agências, incluindo a *International Mission Board* (SBC) e o *e3 Partners Ministry*, como consultor para muitas grandes agências, e como instrutor de missões e plantação de igrejas em bem mais de 100 países. Atualmente, oferece sobretudo treinamento em abordagens de ministério de multiplicação e orienta aqueles que já treinou anteriormente.

com mais fervor. Deus pretende que todo discípulo se engaje no ministério. Aqueles que têm os dons de liderança listados em Efésios 4:11-12 devem capacitar aqueles com outros dons para fazer o trabalho do ministério. Isso resulta na edificação do Corpo de Cristo. *Cada crente tem um dom e um chamado únicos. No entanto, todos devem estar empenhados em viver o Grande Mandamento* (Mateus 22:37-40) *e realizar a Grande Comissão* (Mateus 28:18-20).

Se obedecermos à *Grande Comissão*, faremos discípulos que se reproduzem. Isso porque parte do processo de fazer discípulos é ensinar os novos "a obedecer a tudo o que [Cristo ordenou]" (Mt 28:20) e a própria comissão é um desses mandamentos. Portanto, por definição, todo crente deve estar envolvido em fazer discípulos que se reproduzem. É um pequeno passo para, a partir daí, começar a reproduzir as comunidades espirituais (igrejas). Isso porque precisamos de uma comunidade espiritual para obedecer a vários outros mandamentos. A reprodução de discípulos resultará na reprodução de igrejas como uma questão de obediência.

Deus deseja realizar este algo em nós: conformar-nos à imagem de Cristo. Ele também quer realizar algo por intermédio de nós: trazer glória ao Seu nome, sendo uma bênção para todos. Somos chamados a abençoar os que ainda não creem, ao ser testemunhas de Sua graça e misericórdia. E somos chamados a abençoar os companheiros crentes, encorajando-os, fazendo parcerias e capacitando-os.

Seja digno de ser reproduzido

Devemos sempre aspirar a crescer em nosso caráter, fé, fruto do Espírito e obediência. Tal crescimento no discipulado nos transforma em algo que vale a pena ser reproduzido. *Deus não quer multiplicar a mediocridade*. Portanto, todo discípulo precisa passar tempo examinando a si mesmo e, quando necessário, se arrepender. Jamais devemos contentar-nos com o nível de maturidade, amor e fé que o Senhor já nos trouxe. Devemos sempre buscar amar mais plenamente o Senhor nosso Deus com todo o nosso coração, mente, alma e força. E amar de forma mais plena nosso próximo como a nós mesmos. Uma forma de buscarmos isso é estruturar nossas comunidades espirituais para proporcionar "duplo compromisso". Ou seja, compromisso de obedecer ao Senhor e compromisso de compartilhar com os outros o que recebemos.

A economia espiritual de Deus difere da economia terrena. A economia espiritual do Senhor se baseia na doação do que se tem. Deus nos revela mais de si mesmo quando compartilhamos fielmente com os outros o que já sabemos sobre Ele. Deus nos fala mais claramente quando obedecemos ao que Ele já falou.

Qual, então, é a coisa mais amorosa que podemos fazer uns pelos outros? É apoiar uns aos outros na responsabilidade de obedecer ao que aprendemos do Senhor e compartilhar isso com outros. Isso não é legalismo, mas amor. Faremos isso se realmente quisermos o melhor uns para os outros. Se quisermos a maior bênção espiritual, discernimento e intimidade mais profunda com nosso Pai.

Isso pode ser feito de várias maneiras, mas a mais simples é a minha favorita. Acontece ao final de cada momento de discussão bíblica e oração em pequenos grupos. Cada discípulo diz aos outros no grupo uma coisa específica que o Senhor está dizendo a ele/ela para fazer. E eles compartilham com quem planejam falar sobre o assunto. A(s) pessoa(s) com quem compartilham pode(m) ser não crente(s). Nesse caso, a conversa seria de natureza pré-evangelística ou de natureza evangelística. Ou a pessoa pode ser um crente. Nesse caso, o objetivo seria encorajar ou capacitar. Na vez seguinte em que o grupo se reunir, cada pessoa compartilhará como eles obedeceram ao que o Senhor falou com eles e compartilharam com os outros. Nesse cenário, todo o grupo pode apoiar-se em compromisso. Eles contam como aplicaram a Palavra de Deus em sua própria vida e como transmitiram suas percepções a outros. Isso mantém cada discípulo sempre envolvido em alcançar os crentes perdidos ou em ajudar os discípulos, ou ambos.

Repensando a liderança

O ministério não é apenas para os maduros em Cristo, mas para todos os que o seguem. Portanto, todos nós somos líderes em algum sentido da palavra. Na igreja, frequentemente pensamos em líderes como aqueles que servem com dons específicos. Talvez aqueles listados em Efésios 4:11-12 (apóstolos, profetas, evangelistas, pastores ou mestres) ou oficiais da igreja (bispos/pastores, presbíteros ou diáconos). Temos a tendência de pensar que os líderes da igreja devem ser crentes maduros. Isto é verdade para os tipos de líderes que acabamos de mencionar. Entretanto, Deus deu a *cada* crente uma esfera de influência. Uma dona de casa pobre e analfabeta no mundo em desenvolvimento pode liderar seus filhos e vizinhos. Esse tipo de "liderança" precisa de mais ênfase no Reino de Deus hoje. As Escrituras mostram a importância da liderança informal, bem como da formal. Observe, por exemplo, a ordem de que um líder da igreja "deve governar bem sua própria família, tendo os filhos sujeitos a ele, com toda a dignidade" (1Tm 3:4).

Penso nesse tipo de liderança usando a imagem de uma mãe pata conduzindo seus patinhos. Como eles andam ou nadam em fila única, apenas o primeiro patinho segue a mãe pata. Cada um dos outros patinhos segue o que está na frente deles na fila. Para conduzir um patinho como esse, não é preciso ser um pato maduro. Um só precisa estar um passo à frente de outro patinho. Seguindo essa imagem, há apenas um Líder de líderes — Jesus. Todos nós somos simplesmente patinhos. Nenhum de nós é totalmente maduro (na medida total da estatura de Cristo). Estamos todos em processo. No entanto, isso não nos isenta do chamado de Deus para liderar aqueles que pudermos. Somos chamados a aproveitar ao máximo todas as oportunidades de liderança que Deus nos dá.

Ajude a formar novos crentes

Como podemos iniciar um padrão de dupla prestação de contas, envolvendo cada discípulo na liderança? Isso começa conduzindo novos crentes a imediatamente evangelizarem seus próprios amigos e familiares. Assim que alguém decide arrepender-se e seguir Jesus, eu digo: "É uma grande bênção trazer outros para um relacionamento com Jesus. Uma bênção maior é iniciar uma nova comunidade espiritual. A maior bênção é capacitar outros para iniciarem novas comunidades espirituais. Nesse exato momento, quero ajudar você a ter uma bênção, uma grande bênção e a maior bênção".

Peço, então, a eles que façam uma lista de 100 pessoas com as quais precisam compartilhar as boas-novas sobre Jesus. Peço que selecionem cinco com quem compartilhar imediatamente. Ensino a eles uma maneira de compartilhar o evangelho ajustada a seu contexto. Em seguida, peço que pratiquem cinco vezes. Cada vez eles simulam que estão compartilhando com uma das cinco pessoas de sua lista. Faço a mesma coisa ao ajudá-los a se prepararem para compartilhar seu testemunho e a praticá-lo. Esse processo leva pelo menos duas horas, mas vale muito o tempo investido. Quando finalizo, estabeleço um horário para que eles se encontrem novamente comigo. Depois os envio para compartilharem sua fé. Eu digo a eles o que fazer se alguma das cinco pessoas com quem eles compartilharem decidir seguir o Senhor. Eles devem seguir o mesmo processo que eu segui com eles. Muitas vezes uma ou mais pessoas vêm ao Senhor como resultado. Às vezes uma nova comunidade espiritual (igreja) nasce muito rapidamente.

Quando me reúno com eles novamente, pratico o modelo de dupla prestação de contas. E se eles não tiverem compartilhado com cinco pessoas e dado seguimento a qualquer um que tenha respondido positivamente? Revisamos novamente o mesmo material e nos certificamos de que estejam bem-preparados. Isso estabelece um padrão para sua vida espiritual. Mais responsabilidade e liderança são dadas àqueles que têm sido fiéis. Isso começa com as pequenas tarefas que eles já praticaram. Pequenos passos são importantes nesse processo. Essa abordagem é mais facilmente praticada em um ambiente de grupo pequeno. Portanto, se você faz parte de uma igreja maior, você pode oferecer esses padrões de prestação de contas como parte das reuniões de um grande grupo.

Prepare para autoalimentação

Cada novo discípulo deve ser capacitado para alimentar a si próprio espiritualmente em pelo menos quatro coisas: as Escrituras, a oração, a vida na igreja e a perseguição e o sofrimento. Essas são algumas das principais maneiras pelas quais Deus nos faz crescer até a maturidade.

Queremos que os crentes aprendam a interpretar e a aplicar bem as **Escrituras**. Isso acontece mais facilmente por meio do ensino de uma série de perguntas a serem usadas em qualquer estudo das Escrituras. Isso inclui perguntas para ajudá-los a observar, interpretar e aplicar as Escrituras. Muitos conjuntos de perguntas podem ser usados dessa forma. A decisão sobre qual usar depende da idade, educação e maturidade espiritual dos crentes. Após ler ou ouvir uma passagem das Escrituras, cada crente deve ser capaz de fazer três coisas. *Devem ser capazes de dizer o que ela diz, o que significa e como pode ser aplicada em sua vida*. Vão ficar melhores nisso com o passar do tempo. O ponto aqui é estabelecer um padrão de como eles veem e correspondem às Escrituras.

A **oração** é outra ferramenta-chave que Deus usa para nos fazer crescer à semelhança de Cristo. Por meio da oração, falamos com o Senhor e ouvimos Seu coração e mente. Também ministramos tanto a crentes como a não crentes. A oração é uma ferramenta de ensino e um instrumento de evangelismo. De fato, orar pelos não crentes na presença deles pode ser uma das melhores ferramentas evangelísticas. Poderíamos usá-la com mais frequência do que fazemos. A melhor maneira de ensinar a oração a um novo crente é pelo exemplo, reforçado pelo estudo do ensinamento bíblico sobre oração.

A **igreja** é o Corpo de Cristo. A Bíblia ensina que os membros do Corpo de Cristo têm dons e habilidades diversos (veja Efésios 4; 1 Coríntios 12; Romanos 12; 1 Pedro 4). Esses trabalham juntos para edificar o Corpo e levá-lo à maturidade. Essa ideia é fortalecida por "uns aos outros" que aparece várias vezes no Novo Testamento. As Escrituras nos dizem mais de 50 vezes para fazermos algo uns pelos outros no Corpo. Precisamos uns dos outros para crescer.

Perseguição e sofrimento também podem trazer crescimento espiritual. A Bíblia diz que "todos que desejam viver piedosamente em Cristo Jesus serão perseguidos" (2Tm 3:12). Sabemos que temos um inimigo que se opõe a nós de muitas maneiras à medida que seguimos o Senhor. Os novos crentes precisam entender como Deus age mediante a perseguição e o sofrimento. Ele usa isso para aperfeiçoar nosso caráter, provar nossa fé, capacitar-nos para o ministério e oferecer um testemunho. Saber sobre isso antes que aconteça algo pode ajudar a evitar o desânimo. Pode ajudar-nos a aproveitar ao máximo essas oportunidades, em vez de desperdiçá-las ou reagir mal a elas.

Crentes que entendem e aplicam essas coisas, mais a mútua prestação de contas, estão bem capacitados. Podem iniciar um movimento inteiro de novas igrejas, mesmo que algo os separe de sua comunidade espiritual. Eles têm o poder do Espírito Santo e acesso às Escrituras. Isso, mais essas habilidades básicas, podem movê-los em direção à maturidade e capacitá-los a trazer outros consigo. Tal movimento é difícil de ser interrompido.

Use o ciclo de treinamento

À medida que os crentes aumentam sua competência nessas áreas, *devemos ajudá-los a compreender as fases do ciclo de treinamento*. Isso os guiará quando começarem a trabalhar com novos crentes ou novas igrejas. Isso os ajudará a saber quando e como fazer a *transição de ser modelo para dar assistência, observar, partir*. Esse é um processo natural pelo qual eles podem ajudar outros a crescerem como indivíduos e como grupo.

Comparo esse processo com o de ensinar uma criança a andar de bicicleta. O primeiro passo para uma criança aprender a andar de bicicleta é ver outra pessoa andando de bicicleta. Isso leva apenas um momento, mas indica um **modelo**. Ao fazer discípulos ou plantar igrejas, esse também pode ser um processo muito rápido. Mas não importa quão bom seja o modelo; simplesmente servir de modelo jamais treinará alguém a andar de bicicleta. O aprendiz deve subir no assento e começar a pedalar por si mesmo. Isso nos leva à segunda fase.

Precisamos **dar assistência** ao iniciante imediatamente. Isso significa que o principiante está "no assento" e nós os mantemos de pé. Eles não podem fazer isso sem nós. Mas, desde os primeiros momentos, tentamos reduzir sua dependência de nós. Assim que achamos que eles são capazes de manter seu próprio equilíbrio e impulso, nós os liberamos. Devemos estar dispostos a deixá-los cair, pois isso pode acontecer muitas vezes enquanto eles aprendem. Não devemos deixar que nosso medo de que eles caiam nos impeça de deixá-los ir. Isso é parte do processo de aprendizagem. Essa etapa de aprendizagem dura um pouco mais do que a etapa de ser modelo, mas ainda assim deve ser mantida o mais curta possível. Espero passar por essa etapa em cerca de três meses em um ambiente de plantação de igrejas. Durante esse tempo, sigo ao lado como "mentor na sombra". Encontro-me sozinho com os líderes naturais da nova igreja e sirvo de modelo para o que eles devem fazer quando todo o grupo se reúne. Durante esse período eu cubro as habilidades de autoalimentação mencionadas anteriormente.

Após dar assistência, eu **observo**. Essa fase é bem mais longa e costuma levar muitos anos. Mas acontece a uma distância maior e com menos frequência. Uma pessoa pode observar muitas igrejas ao mesmo tempo. No Novo Testamento vemos o apóstolo Paulo usar esse ciclo. Ele foi modelo e deu assistência a uma nova igreja quando entrou pela primeira vez em uma cidade. Esse foi um processo muito breve em todas as igrejas, exceto em Corinto (18 meses) e Éfeso (3 anos). A fase de observação, no entanto, durou muitos anos. Ele visitou, enviou companheiros de trabalho para verificar as coisas e escreveu cartas. Ele se certificou de que as igrejas praticassem o que haviam recebido.

Uma vez que as habilidades básicas tenham sido aprendidas, é hora de o mentor **partir**. Um instrutor nem sempre pode observar quando alguém anda de bicicleta. Isso não seria prático ou útil e deixaria o ciclista embaraçado. O mesmo é verdade no aprendizado espiritual. O mais rapidamente possível, novos crentes e novas igrejas devem começar a produzir, e não apenas a receber. A reprodução espiritual deve acontecer. Esse é um bom sinal de que chegou o momento de começar a passar para a próxima fase. Ser modelo para a primeira geração, depois prestar assistência enquanto eles se tornam modelo para a segunda geração. Em seguida observar a terceira geração. Se os outros indicadores parecerem bons, é hora de partir. Em Atos 20:17-38, vemos Paulo deixar formalmente a igreja de Éfeso. Essa cena comovente mostra quando a saída é adequada e útil.

Entre em novas comunidades

Novos discípulos e novas igrejas também precisam tornar-se mais capazes de ver onde a igreja não está. Nesse ponto, eles podem começar a entender como cruzar culturas e outras fronteiras para fazer discípulos de todas as nações (povos). Utilizo mapas com igrejas conhecidas, mostradas com tachinhas. Isso pode começar a tornar as pessoas conscientes das lacunas geográficas. Pouco depois, também começo a explicar conceitos de lacunas em linguagem, níveis socioeconômicos, níveis de educação, etnia etc. Isso ajuda os novos crentes a começarem a procurar oportunidades para alcançar pessoas e lugares de maior escuridão espiritual.

Precisamos modelar abordagens bíblicas no ministério, assim como ensiná-las. Por exemplo, as pessoas precisam entender como procurar e reconhecer uma "Pessoa de Paz" quando entram em novas comunidades. Esse termo vem de Mateus 10 e Lucas 10, onde Jesus deu instruções a Seus discípulos. Uma "Pessoa de Paz" é receptiva, tem um círculo de influência e abrirá a porta para esse círculo. Ir em estado de carência pode muitas vezes desvendar uma "Pessoa de Paz" quando ela oferece ajuda. Uma das minhas maneiras favoritas de encontrar uma pessoa assim é iniciar uma conversa espiritual. Se alguém demonstra interesse, não fico apenas conversando com eles. Pergunto se conhecem outras pessoas que possam ter interesse em discutir tais assuntos. Se conhecem, pergunto se estariam dispostos a reuni-los. Se estiverem dispostos, é bem provável que eu tenha encontrado uma "Pessoa de Paz".

Encontrar uma "Pessoa de Paz" é útil de muitas maneiras. Primeiro, ganhar um grupo de não crentes é mais eficaz do que ganhar indivíduos e depois agrupá-los. As novas comunidades espirituais tendem a ser mais fortes e a funcionar melhor. Elas também têm níveis mais altos de confiança e amadurecem mais rapidamente. Se não tivermos certeza se encontramos uma "Pessoa de Paz", ainda assim devemos ver se podemos ajudar um novo crente ou buscador a estabelecer uma nova igreja. Eles podem fazer isso entre sua própria rede de relacionamentos em vez de simplesmente adicioná-los a uma igreja já existente. Isso pode acontecer de forma natural quando começam a compartilhar sua nova fé com a lista deles de 100 pessoas que precisam conhecer o Senhor. O padrão usado em Atos ainda funciona bem hoje. Novos crentes se reúnem em novas comunidades espirituais com novos líderes levantados dentre eles. Os cristãos, muitas vezes, apenas acrescentam novos convertidos às igrejas existentes, o que dificulta a multiplicação de discípulos e igrejas.

Conclusão

Quando elementos básicos como os mencionados neste capítulo são harmonizados, Deus costuma se mover de forma surpreendente. Os discípulos e as igrejas resultantes são muito frutíferos e mais resistentes a falsos ensinamentos. Também vemos com frequência um empurrão liderado pelo Espírito para levar o evangelho para onde ele não está. Assim, grupos de pessoas não engajadas em torno das novas igrejas ganham rapidamente acesso ao evangelho. Este padrão é fundamental: envolver cada discípulo para viver e compartilhar sua fé e conduzir outros. Podemos fazer isso com os novos crentes usando o ciclo de treinamento. Isso os ajuda a aprenderem a alimentar a si mesmos espiritualmente. Isso pode ser feito de tal forma que os discípulos o façam além de sua própria comunidade e relacionamentos. Esses simples princípios bíblicos podem fazer muito para capacitar novos crentes a se tornarem catalisadores, plantando rapidamente novas igrejas que se reproduzem.

8

Mudança de mentalidade para movimentos[24]

Por Elizabeth Lawrence[25] e Stan Parks

Deus está fazendo grandes coisas por meio dos movimentos de plantação de igrejas[26] (CPMs) ao redor do mundo em nossos dias. CPM não significa tornar a plantação tradicional de igrejas muito frutífera. O CPM descreve o fruto concedido por Deus de uma abordagem ministerial distinta — o "DNA" único do CPM orientado por Deus. As perspectivas e padrões de um

---

[24]Esse conteúdo apareceu em um artigo na edição de maio-junho de 2019 da *Missão Fronteiras*, www.missionfrontiers.org.

[25]Elizabeth Lawrence tem mais de 25 anos de experiência em ministérios transculturais. Isto inclui treinamento, envio e orientação de equipes de CPM para povos não alcançados, viver entre refugiados de um PNA, e liderar um esforço de Negócios como Missão (BAM–*Business as Mission*) em um contexto muçulmano. É apaixonada por multiplicação de discípulos.

 Para uma descrição da obra de Deus em alguns desses movimentos, veja, por exemplo, *Movimentos milagrosos: Como centenas de milhares de muçulmanos estão se apaixonando por Jesus*, por Jerry Trousdale e *O reino liberto: Como os valores do Reino do 1º século de Jesus estão transformando milhares de culturas e despertando Sua Igreja*, por Jerry Trousdale e Glenn Sunshine. (N.T.: Tradução livre de ambos os títulos, ainda não disponíveis em português, que são respectivamente *Miraculous Movements: How Hundreds of Thousands of Muslims Are Falling in Love with Jesus* e *The Kingdom Unleashed: How Jesus' 1st-Century Kingdom Values Are Transforming Thousands of Cultures and Awakening His Church*).

CPM diferem em muitos aspectos dos padrões de vida e ministério da igreja considerados "normais" para muitos de nós.

Observe que queremos identificar paradigmas que vimos Deus mudar para muitos de nós envolvidos em CPM. Mas antes de examiná-los, queremos esclarecer: não acreditamos que CPM seja a única maneira de fazer ministério ou que alguém que não faça CPM tenha um paradigma equivocado. Honramos imensamente todos aqueles que vieram antes dessa proposta; estamos sobre seus ombros. Também honramos outros no Corpo de Cristo que servem fiel e sacrificialmente em outros tipos de ministérios.

Para esse contexto, examinaremos principalmente as diferenças de paradigma para os ocidentais que procuram ajudar a catalisar um CPM. Aqueles de nós que querem estar envolvidos precisam perceber que mudanças devem acontecer em nossa própria mentalidade para criar um ambiente para os movimentos. Mudanças de mentalidade nos permitem enxergar as coisas de forma diferente e criativa. Essas alterações de perspectiva nos levam a comportamentos e resultados diferentes. Aqui estão algumas maneiras pelas quais o grande trabalho do Senhor em CPM nos chama a ajustar nossa forma de pensar.

De: "Isso é possível; eu posso ver um caminho para concretizar minha visão."

Para: *Uma visão do tamanho de Deus, impossível sem Sua intervenção. Esperando em Deus por Sua orientação e poder.*

Uma das principais razões pelas quais tantos CPMs parecem ter começado nos tempos modernos é que as pessoas aceitaram uma visão do tamanho de Deus de se concentrarem em alcançar grupos inteiros de pessoas. Quando se é confrontado com a tarefa de chegar a um grupo não alcançado composto de milhões de pessoas, torna-se óbvio que um obreiro não pode realizar nada por si só. A verdade de que "sem mim [Cristo] vocês não podem fazer coisa alguma" (Jo 15:5) se aplica a todos os nossos esforços. Entretanto, se tivermos um objetivo menor, é mais fácil trabalhar como se os frutos dependessem de nossos esforços em vez de da intervenção de Deus.

De: Visando discipular indivíduos.
Para: *Visando discipular uma nação.*

Na *Grande Comissão*, Jesus diz a Seus discípulos: "fazei discípulos de *panta ta ethne*" (todas as *ethne* / cada ethnos). A pergunta é: "Como você discipula um *ethnos* inteiro?". A única maneira é por meio da *multiplicação* — de discípulos que fazem discípulos, igrejas que multiplicam igrejas, e líderes que desenvolvem líderes.

De: "Isso não pode acontecer aqui!"
Para: *Esperando uma colheita madura.*

Ao longo dos últimos 25 anos, as pessoas têm dito com frequência: "Movimentos podem começar *naqueles* países, mas não podem começar aqui!". Hoje as pessoas apontam para os muitos movimentos no norte da Índia, mas esquecem que essa região foi o "cemitério das missões modernas" por mais de 200 anos. Alguns diziam: "Movimentos não podem acontecer no Oriente Médio, porque aquele é o coração do Islã!". No entanto, muitos movimentos agora prosperam no Oriente Médio e em todo o mundo muçulmano. Outros disseram: "Isso não pode acontecer na Europa e América e em outros lugares com igrejas tradicionais!". No entanto, agora temos visto uma variedade de movimentos começarem também nesses lugares. Deus gosta de eliminar nossas dúvidas.

De: "O que eu posso fazer?"
Para: *O que deve ser feito para ver o Reino de Deus plantado nesse grupo de pessoas (cidade, nação, língua, tribo etc.)?*

Certa vez, um grupo de treinamento discutia Atos 19:10 — como aproximadamente 15 milhões de pessoas na província romana da Ásia ouviram a palavra do Senhor em dois anos. Alguém disse: "Isso seria impossível para Paulo e os 12 crentes originais em Éfeso — eles teriam que compartilhar com 20.000 pessoas por dia!". Esse é o ponto — não havia como eles conseguirem isso. Um treinamento diário na escola de Tirano deve ter multiplicado discípulos, que multiplicaram discípulos, que multiplicaram discípulos em toda a região.

De: "O que meu grupo pode realizar?"
Para: *Quem mais pode fazer parte da realização dessa tarefa impossivelmente grande?*

Isso é semelhante à mudança de mentalidade acima. Em vez de nos concentrarmos em pessoas e em recursos de nossa própria igreja, organização ou denominação, percebemos que precisamos olhar para todo o Corpo de Cristo globalmente, com todos os tipos de organizações e igrejas da *Grande Comissão*. Também precisamos envolver pessoas com uma variedade de dons e vocações para contemplar os muitos esforços necessários: oração, mobilização, finanças, negócios, tradução, assistência, desenvolvimento, artes etc.

De: Eu oro.
Para: *Nós oramos extraordinariamente e mobilizamos outros para orar.*

Nosso objetivo é reproduzir tudo. Obviamente a oração pessoal é crucial, mas quando nos defrontamos com a tarefa colossal de alcançar comunidades inteiras, cidades e grupos de pessoas — precisamos mobilizar a oração de muitos outros.

De: Meu ministério é medido pela minha produtividade.

Para: *Estamos preparando fielmente o campo para a multiplicação (que pode ou não acontecer durante nosso ministério)?*

O crescimento é responsabilidade de Deus (veja 1 Coríntios 3:6-7). Às vezes, a tentativa de catalisar as primeiras igrejas multiplicadoras pode levar alguns anos. Aos trabalhadores de campo é dito: "Somente Deus pode produzir fecundidade. O seu trabalho é ser fiel e obediente enquanto espera Deus trabalhar". Fazemos nosso melhor para seguir os padrões, encontrados no Novo Testamento, de fazer discípulos que se multipliquem e confiamos no Espírito Santo para trazer o crescimento.

De: O missionário estrangeiro é um "Paulo", pregando na linha de frente entre os não alcançados.
Para: *O estrangeiro é muito mais eficaz como um "Barnabé", descobrindo, encorajando e fortalecendo uma cultura mais próxima de "Paulo".*

As pessoas enviadas como missionários têm sido frequentemente encorajadas a se verem como obreiros da linha de frente, no modelo do apóstolo Paulo. Agora percebemos que o estrangeiro, em vez disso, pode ter impacto maior ao encontrar e fazer parcerias com pessoas de dentro da cultura ou vizinhos próximos, que se tornam os "Paulos" para suas comunidades.

Observe inicialmente que Barnabé também era um líder que "fazia o trabalho" (veja Atos 11:22-26; 13:1-7). Portanto, os catalisadores de movimento precisam primeiro ganhar experiência, fazendo discípulos em sua própria cultura e, em seguida, trabalhar de forma transcultural para encontrar aqueles "Paulos" da cultura-alvo, que eles podem encorajar e fortalecer.

Por segundo, até mesmo esses "Paulos" têm de ajustar seus paradigmas. Os catalisadores exteriores de um grande movimento na Índia analisaram a vida de Barnabé para entender melhor seu papel. Estudaram então as passagens com os "Paulos" iniciais desse movimento. Esses líderes, por sua vez, perceberam que ao contrário de seus padrões culturais (nos quais o líder inicial é sempre preeminente), eles queriam tornar-se como Barnabé e capacitar aqueles que discipulavam para obter um impacto ainda maior.

De: Esperando que um novo crente ou grupo de novos crentes inicie um movimento.
Para: *Questionando: "Quais crentes nacionais têm sido seguidores por muitos anos e podem tornar-se catalisadores de um CPM?".*

Isso se relaciona com a ideia comum de que nós, como estrangeiros culturalmente distantes, encontraremos e ganharemos pessoa(s) perdida(s) que se tornará(ão) catalisador(es) do movimento. Embora isso possa ocorrer ocasionalmente, a grande maioria dos movimentos é iniciada por pessoas de dentro da própria cultura ou vizinhas próximas, que são crentes há poucos ou muitos anos. A própria mudanças de mentalidade deles e a nova compreensão dos princípios do CPM abrem novas possibilidades para a expansão do Reino.

De: Estamos à procura de parceiros em nosso ministério.
Para: *Estamos à procura de irmãos e irmãs para servirmos juntos a Deus.*

Às vezes, os missionários são ensinados a procurar "parceiros nacionais". Sem questionar os motivos de ninguém, alguns crentes locais acham essa frase duvidosa. Alguns dos significados errados (em geral subconscientes) podem incluir:

- "Parceria" com uma pessoa de fora significa fazer o que eles querem que seja feito.
- Em uma parceria, a(s) pessoa(s) com mais dinheiro controla(m) a parceria.

- Essa é uma transação do tipo "trabalho" em vez de um relacionamento pessoal genuíno.
- O uso de "nacional" pode parecer condescendente (como uma palavra mais educada para "nativo" — por que os americanos não são também chamados de "nacionais"?).

No perigoso e difícil trabalho de iniciar movimentos entre os perdidos, os catalisadores interiores estão procurando um profundo vínculo familiar de amor mútuo. Eles não querem parceiros de *trabalho*, mas sim um movimento de *família*, que carreguem os fardos uns dos outros e se sacrifiquem de qualquer forma possível por seus irmãos e irmãs.

De: Focar em ganhar indivíduos.
Para: *Focar em grupos — para levar o evangelho a famílias, grupos e comunidades existentes.*

Noventa por cento da salvação de pessoas relatada no livro de Atos descreve tanto grupos grandes quanto pequenos. Apenas 10% são indivíduos que experimentam a salvação por si mesmos. Também vemos Jesus concentrando-se no envio de Seus discípulos para procurar casas, e vemos Jesus muitas vezes chegando em casas. Note exemplos como o de Zaqueu, ele e toda sua família experimentando a salvação (veja Lucas 19:9-10), e a mulher samaritana chegando à fé junto com muitos de sua cidade (veja João 4:39-42).

Alcançar grupos tem muitas vantagens em relação a alcançar e reunir indivíduos. Por exemplo:

- Em vez de transferir a "cultura cristã" para um único novo crente, a cultura local começa a ser redimida pelo grupo.
- A perseguição não é isolada e focalizada no indivíduo, mas torna-se normal por meio do grupo. Eles podem apoiar uns aos outros quando em perseguição.

- A alegria é compartilhada quando uma família ou comunidade descobre Cristo juntos.
- Os não crentes têm um exemplo visível de "aqui está o que parece um grupo de pessoas como eu que seguem a Cristo".

De: Transferir a doutrina da minha igreja ou grupo, práticas tradicionais ou cultura.

Para: *Ajudar crentes dentro de uma cultura a descobrirem por si mesmos o que a Bíblia diz sobre questões vitais; deixá-los ouvir o Espírito de Deus, que os guiará em como aplicar as verdades bíblicas em seu contexto cultural.*

Podemos muito facilmente confundir nossas próprias preferências e tradições com as ordenanças bíblicas. Em uma situação transcultural, em especial, precisamos evitar repassar nossa bagagem cultural para os novos crentes. Em vez disso, se confiamos no que Jesus disse: "Todos serão ensinados por Deus..." (Jo 6:45), e o Espírito Santo guiará os crentes "a toda a verdade" (Jo 16:13), podemos confiar o processo a Deus. Isso não significa que não guiamos e treinamos novos crentes. Significa que os ajudamos a ver as Escrituras como sua autoridade e não a nós.

De: Discipulado da Starbucks: "Vamos nos encontrar uma vez a cada semana".

Para: *Discipulado de estilo de vida: minha vida está entrelaçada com a dessas pessoas.*

Um catalisador de movimento disse que seu treinador-técnico de movimento se ofereceu para falar com ele sempre que precisasse, então acabou ligando para ele em uma cidade diferente três ou quatro vezes por dia. Precisamos desse tipo de compromisso para ajudar aqueles que estão apaixonados e desesperados para alcançar os perdidos.

De: Palestra — para transferir conhecimentos.
Para: *Discipulado — para seguir Jesus e obedecer a Sua Palavra.*

Jesus disse: "Vocês são meus amigos se fazem o que eu mando" (Jo 15:14 NTLH) e "Se vocês obedecerem [...], permanecerão no meu amor" (Jo 15:10). Muitas vezes nossas igrejas enfatizam o conhecimento sobre a obediência. As pessoas com mais conhecimento são consideradas os líderes mais qualificados.

Os movimentos de plantação de igrejas enfatizam ensinar as pessoas a obedecerem a tudo o que Jesus ordenou (veja Mateus 28:20). Conhecimento é importante, mas a base principal deve ser primeiramente amar e obedecer a Deus.

De: Divisão sagrado/profano; evangelismo *versus* ação social.
Para: *Palavra e ação juntas. Atender às necessidades como algo que abre portas e como expressão e fruto do evangelho.*

A divisão sagrado/profano não faz parte de uma visão bíblica do mundo. Os CPMs não discutem se devem atender às necessidades físicas ou compartilhar o evangelho. Porque amamos Jesus, é claro que satisfazemos as necessidades das pessoas (como Ele fez) e, como fazemos isso, também compartilhamos Sua verdade verbalmente (como Ele fez). Nesses movimentos vemos a expressão natural de atender às necessidades, levando as pessoas a estarem abertas às palavras ou a fazerem perguntas que levam à verdade.

De: Edifícios especiais para atividades espirituais.
Para: *Pequenas reuniões de crentes em todo tipo de lugar.*

Edifícios de igrejas e líderes de igrejas que recebem pagamento dificultam o crescimento de um movimento. A rápida difusão do evangelho ocorre por meio dos esforços de não profissionais. Mesmo alcançar o número de pessoas perdidas nos EUA torna-se proibitivamente caro se tentarmos alcançá-las apenas por meio de edifícios de igrejas e de pessoal pago. Quanto mais em outras partes do mundo, que têm menos recursos financeiros e percentual mais elevado de pessoas não alcançadas!

De: Não evangelize até que tenha sido treinado.
Para: *Compartilhe o que você já experimentou ou aprendeu. É normal e natural compartilhar sobre Jesus.*

Com que frequência os novos crentes são convidados a se sentar e ouvir durante os primeiros anos depois de terem chegado à fé? Em geral, levam muitos anos até que sejam considerados qualificados para liderar de alguma forma. Observamos que as melhores pessoas para liderar uma família ou comunidade para chegar a fé são pessoas de dentro dessa comunidade. E o melhor momento para que elas façam isso é quando tiverem acabado de chegar à fé, antes de criarem separação entre elas e a sua comunidade.

A multiplicação envolve todos, e o ministério acontece em todos os lugares. Uma pessoa de dentro, nova/inexperiente é mais eficaz do que alguém de fora, maduro e altamente treinado.

De: Ganhe o maior número possível.
Para: *Concentre-se em poucos (ou em um) para ganhar muitos.*

Em Lucas 10, Jesus disse para encontrarem uma casa que os recebesse. Se uma "Pessoa de Paz" estivesse lá, eles seriam recebidos. Nesse ponto, não se movimente de casa em casa. Vemos com frequência esse padrão sendo aplicado no Novo Testamento. Seja Cornélio, Zaqueu, Lídia ou o carcereiro filipense, essa pessoa se torna então o catalisador-chave para sua família e comunidade mais ampla. Uma grande família de movimentos em ambientes difíceis, na verdade, se concentra no líder tribal ou líder de rede, e não em líderes individuais de famílias.

Para fazer discípulos de todas as nações, não precisamos apenas de mais boas ideias. Não precisamos apenas de mais práticas frutíferas. Precisamos de uma mudança de paradigma. As mudanças de mentalidade aqui apresentadas refletem várias facetas de tal mudança. À medida que lutamos e aplicamos *qualquer uma delas*, provavelmente nos tornaremos mais frutíferos. Mas somente quando comprarmos o pacote completo — troca do DNA tradicional da igreja pelo DNA de CPM — poderemos esperar ser usados por Deus para catalisar movimentos geracionais, que reproduzam rapidamente movimentos, que excedam em muito os nossos próprios recursos.

9

Pequenos grupos que têm o DNA de movimento de fazedores de discípulos (DMM)[27]

Por Paul Watson[28]

Grupos, e o processo do grupo, são um elemento estratégico de nossa estratégia para proclamar o evangelho em todo o mundo. Subestimar o poder dos grupos e a importância do processo grupal é um dos maiores erros que um propagador do evangelho pode cometer.

Grupos de discipulado

Use agrupamentos existentes. Há muitos benefícios em se engajar a grupos existentes em vez de iniciar grupos que são compostos de

---

[27]Adaptado de um artigo da edição de novembro-dezembro de 2012 da *Missão Fronteiras*, www.missionfrontiers.org, pág. 22-24.

[28]Paul Watson fundou o *Fazer Discípulos Contagioso* (www.contagiousdiscplemaking.com) para construir uma comunidade para os fazedores de discípulos e orientá-los na aplicação dos princípios do movimento de fazedores de discípulos nos EUA e no Canadá. É instrutor regular de *Perspectivas do Movimento Cristão Mundial* e coautor de *Fazer discípulos contagioso: Liderando outros em uma jornada espiritual de descoberta* (tradução livre do título, não disponível em português) com seu pai, David Watson.

pessoas de diferentes grupos[29]. Um deles é que, ao se engajar a grupos existentes, você reduz muitas barreiras culturais que retardam (ou interrompem) o processo de grupo. As famílias têm estruturas de autoridade já existentes. Grupos de afinidade bem estabelecidos já têm líderes e seguidores. Dito isso, os grupos ainda precisam ser discipulados. Em outras palavras, precisam ser ensinados como estudar a Bíblia juntos, como descobrir o que Deus diz por intermédio de Sua Palavra, como mudar a maneira de viver para obedecer à Palavra de Deus e como compartilhar passagens bíblicas com amigos e familiares. Veja aqui como estabelecer um DNA de grupo saudável.

Estabeleça logo o DNA. Grupos estabelecem hábitos e o DNA para reuniões muito rapidamente — até a terceira ou quarta reunião. Grupos são muito resistentes a mudanças depois que tenham estabelecido seu padrão de reunião. Consequentemente, o DNA do grupo deve ser estabelecido durante sua primeira reunião com o grupo.

Estabeleça o DNA por meio da ação. Você não pode dizer às pessoas qual DNA elas precisam ter. Você tem que levá-las a fazer coisas ou a pensar sobre as coisas de uma maneira que as leve a construir hábitos. Esses hábitos se transformam em DNA. Se você estabelecer o DNA — por meio de ação, não de instruções — então os grupos replicarão esse DNA naturalmente dentro de seus celeiros e em celeiros sobrepostos. Falaremos mais sobre isto na seção "Processo de grupo".

---

[29] O evangelho geralmente flui muito mais rapidamente por meio de grupos existentes, tais como grupos de amigos, famílias, clubes de leitura, grupos de caminhada, da filial de uma empresa, de vizinhança, círculo de amigos da escola, grupo de irmãs de fraternidade, grupos de tricô etc. Entretanto, em vez de colher o poder dos círculos sociais existentes, a Igreja tem historicamente se concentrado no evangelismo de extração, retirando indivíduos de seus grupos sociais de relacionamento existentes e transplantando-os para um novo grupo: a Igreja. Quando colocadas em um novo grupo com um grande número de pessoas que não conhecem, as pessoas precisam de tempo para se sentirem confortáveis o suficiente para se abrirem e compartilharem (uma parte essencial do processo de discipulado). O avanço do Reino pode acontecer mais rapidamente quando o evangelho é proclamado, com DNA saudável de discipulado, dentro de grupos sociais existentes.

Estabeleça o DNA por meio da repetição. O DNA do grupo é produto do que se faz, e se faz com frequência. Você não pode fazer algo uma ou duas vezes e esperar que ele se transforme em DNA.

Estabeleça o DNA certo. Há um DNA mínimo necessário para que os grupos se reproduzam após a primeira geração. Daremos uma olhada em cada elemento.

De que DNA você precisa para que grupos se multipliquem e se tornem igrejas que se reproduzem?

Oração

Assim como a oração é um elemento essencial dos movimentos, a oração é também um elemento crítico dos grupos. Desde a primeira reunião, incorporamos a oração no processo de grupo. Lembre-se: nunca pedimos às pessoas perdidas que baixem a cabeça e orem. Não explicamos o que é a oração. Não temos uma palestra sobre o fato de essa ser uma parte importante do DNA do grupo. Em vez disso, introduzimos uma simples pergunta: "Pelo que você está grato hoje?". Cada pessoa do grupo compartilha. Mais tarde, depois que eles escolhem seguir a Cristo, dizemos: "Você se lembra como abrimos cada reunião com a pergunta: 'Pelo que você está grato?'. Agora, como seguidores de Cristo, falamos com Deus da mesma maneira. Vamos dizer a Ele pelo que estamos agradecidos?".

Intercessão

Toda intercessão é oração, mas nem toda oração é intercessão. É por isso que separamos intercessão e oração como partes do DNA de grupos que se reproduzem. A intercessão envolve compartilhar preocupações e tensões pessoais, assim como as preocupações e tensões de outros. Uma simples pergunta — "Que coisas têm estressado você nesta semana?" — introduz este elemento de DNA a grupos de pessoas perdidas. Mais uma vez, cada pessoa compartilha. Depois que o grupo se torna um grupo batizado de crentes, dizemos: "Da mesma forma que vocês compartilharam coisas que estressavam uns com os outros, agora vocês podem compartilhar essas mesmas coisas com Deus. Vamos fazer isso agora".

Ministério

David Watson define ministério como: "Deus usando Seu povo para responder às orações dos perdidos e dos salvos". Como qualquer grupo — perdido ou salvo — compartilha necessidades, haverá um desejo do grupo de fazer a diferença. Tudo o que o grupo precisa é de um pequeno empurrão. Faça a pergunta: "Como compartilhamos coisas que nos estressaram, há alguma forma de podermos ajudar uns aos outros durante a próxima semana?". Continue com: "Você conhece alguém em sua comunidade que precisa de nossa ajuda?". Incorpore este DNA desde o início e você não terá que se preocupar em motivar o grupo a transformar sua comunidade quando eles se tornarem cristãos.

Evangelismo/Replicação

Você sabia que pessoas perdidas podem fazer evangelismo? Bem, elas podem se você mantiver isso simples o suficiente. Evangelismo, em sua essência, é compartilhar o evangelho com outra pessoa. Quando se trabalha com pessoas perdidas, elas não conhecem todo o evangelho. Isso é totalmente correto. Só queremos que elas compartilhem a história que acabaram de ouvir com alguém que não estava no grupo. Fazemos com que elas pensem assim com uma simples pergunta: "Quem você conhece que precisa ouvir essa história nesta semana?".

Se essa pessoa estiver interessada, em vez de trazê-la para o grupo existente, temos a primeira pessoa perdida a começar um grupo com eles, seus amigos e sua família. Assim, a primeira pessoa perdida experimenta o estudo em seu grupo original e depois replica o mesmo estudo no grupo que começou com seu amigo.

Tivemos grupos que começaram quatro outros grupos antes de o primeiro grupo se tornar um grupo de crentes batizados. Algumas semanas após o primeiro grupo ter sido batizado, os outros grupos chegaram a um lugar onde escolheram seguir a Cristo e foram batizados também.

Obediência

Como eu disse anteriormente, a obediência é um elemento crítico dos movimentos de fazedores de discípulos. A obediência tem que estar presente mesmo em nível de pequenos grupos, mesmo com grupos de pessoas perdidas. Para esclarecer, não olhamos para grupos de pessoas perdidas, apontamos o dedo e dizemos: "Você deve obedecer a essa passagem". Em vez disso, perguntamos: "Se você acredita que essa palavra é de Deus, o que você teria que mudar em sua vida?". Lembre-se, eles ainda não acreditam em Deus, então "se" é totalmente aceitável.

Quando eles escolhem seguir a Cristo, você ajusta a pergunta, muito ligeiramente: "Já que você acredita que isso vem de Deus, o que você vai mudar em sua vida?". Por sempre terem feito essa pergunta, os novos crentes não lutam com a ideia de que precisam obedecer à Palavra de Deus; que a Palavra de Deus requer algo deles; que a Palavra de Deus requer que eles mudem.

Prestação de contas

A construção, no DNA do grupo, da consciência de que devemos prestar contas dos compromissos assumidos começa na segunda reunião. Olhe para o grupo e pergunte: "Vocês disseram que iam ajudar (preencha o espaço em branco) nesta semana. Como foi isso?". Também pergunte: "Vários de vocês identificaram coisas que precisavam mudar em sua vida. Vocês fizeram essas mudanças? Como foi?". Se eles não fizeram nada, encoraje-os a tentar novamente e a estarem prontos para compartilhar o que aconteceu da próxima vez em que se reunirem. Enfatize que é importante para o grupo celebrar as realizações de todos.

Inicialmente, isso surpreenderá a todos. Eles não vão esperar isso. Na segunda reunião, no entanto, vários estarão prontos. Após a terceira reunião, todos saberão o que está por vir e estarão preparados. Obviamente, essa prática continua depois que todos são batizados.

Adoração

Você não pode pedir a pessoas perdidas que adorem um Deus em quem não acreditam. Você não deve forçá-las a mentir, cantando canções nas quais não acreditam. Mas, dito isso, é possível plantar as sementes da adoração no DNA do grupo.

Quando elas falam sobre coisas pelas quais são gratas, isso se tornará adoração. Quando falam sobre as mudanças que fizeram em sua vida ao responder às Escrituras, isso se tornará adoração. Quando celebram a diferença que fizeram em sua comunidade, isso se tornará adoração.

As canções de adoração não são o coração da adoração, assim como uma flor não é o mesmo que sua semente. A adoração é o resultado do relacionamento com Deus. Cantar canções de louvor é uma expressão da alegria que nosso relacionamento com Deus traz. Sim, no final eles cantarão louvores. O DNA da adoração, entretanto, é incorporado muito antes de eles começarem a cantar.

Escrituras

As Escrituras são centrais para a reunião. O grupo lê as Escrituras, discute as Escrituras, as pratica relembrando as Escrituras uns com os outros e é encorajado a obedecer às Escrituras. A Palavra de Deus não ocupa a segunda cadeira de algum professor. Ela é o professor. Discutiremos isso com mais detalhe no próximo elemento de DNA do Grupo.

Descoberta

Ao trabalhar com pessoas perdidas, temos que evitar cair no papel de explicar as Escrituras. Se o fizermos, tornamo-nos a autoridade, em vez de permitir que a Palavra de Deus seja a autoridade. Se somos a autoridade, a replicação é limitada por nossa capacidade de liderança e pelo tempo que temos para ensinar a cada grupo. Consequentemente, passando de as Escrituras serem a autoridade para o professor ser a autoridade, impediremos que os grupos se reproduzam como deveriam.

Essa é uma mudança difícil de ser feita. Amamos ensinar. Isso nos faz sentir bem. Sabemos as respostas e queremos compartilhar esse conhecimento com os outros. Mas se quisermos discipular pessoas que buscam nas Escrituras e no Espírito Santo respostas para suas perguntas, não podemos ser a pessoa que responde. Temos que ajudá-las a descobrir o que Deus diz a elas em Sua Palavra.

Para reforçar esta ideia, chamamos de "facilitadores" as pessoas de fora que iniciam grupos. Eles facilitam a descoberta em vez de ensinar. O trabalho deles é fazer perguntas que levem as pessoas perdidas a examinar as Escrituras. Após lerem uma passagem, eles perguntam: "O que essa passagem diz sobre Deus?" e "O que essa passagem nos diz sobre a humanidade (ou o ser humano)?" e, "Se você acreditasse que isso é de Deus, o que você teria que mudar na maneira como vive?".

O processo de descoberta é essencial para a replicação. Se os grupos não aprenderem a buscar às Escrituras e a confiarem no Espírito Santo para responder suas perguntas, não crescerão como deveriam e não replicarão muito, se é que replicarão.

Grupo-correção

A grande maioria de nossos líderes de grupo e líderes de igreja não tem um treinamento bíblico institucional. Quando as pessoas ouvem isso, perguntam: "E a heresia? Como vocês evitam que seus grupos cometam asneiras?". Essa é uma grande questão. Como líderes, devemos fazer tal pergunta.

Antes de tudo, todos os grupos têm a tendência de ser heréticos no início. Não sabem tudo sobre a Palavra de Deus. Estão num processo de descoberta sobre Deus, que os move da desobediência à obediência, mas é impossível para eles saberem tudo desde o início. À medida que o grupo lê mais juntos, que descobrem mais sobre como Deus deseja que eles se relacionem entre si, tornam-se menos heréticos. Isso é parte do discipulado.

Se vemos que estão se distanciando muito das Escrituras, introduzimos imediatamente uma nova passagem e os guiamos por meio de um estudo bíblico de descoberta sobre tal passagem. (Observe que eu não disse "ensinar" ou "corrigir". O Espírito Santo usará as Escrituras para corrigir o comportamento deles. Eles só precisam ser direcionados para a passagem correta.) Após passarem pelo estudo adicional, eles reconhecem o que precisam fazer. Mais importante ainda, eles realmente o fazem.

Segundo, precisamos perceber que a heresia geralmente começa com um líder altamente carismático (estou referindo-me a carisma, não a denominação), com alguma instrução, que ensina ao grupo o que a Bíblia diz e o que eles devem fazer para obedecer-lhe. Nesse caso, os grupos aceitam o que o líder diz e nunca examinam o que ele diz no contexto das Escrituras.

Ensinamos aos grupos a ler a passagem e analisamos como cada membro do grupo responde a ela. Os grupos são instruídos a fazer uma simples pergunta: "Onde você vê isso nessa passagem?". Quando alguém faz uma estranha declaração de obediência, o grupo faz essa pergunta. Quando alguém acrescenta um detalhe ao recontar a passagem, o grupo faz essa pergunta. Essa pergunta força todos os membros do grupo a focarem na passagem em questão e a explicarem suas percepções e obediência.

O facilitador serve de modelo para a correção do grupo. Eles também seguem o modelo focalizando a passagem em questão.

Sacerdócio do crente

Novos crentes e os que ainda não são crentes precisam perceber que não há intermediários entre eles e Cristo. Temos que incorporar DNA que remova as barreiras e os intermediários percebidos. É por isso que a Palavra de Deus deve ser central. É por isso que as pessoas de fora facilitam em vez de ensinar. É por isso que o grupo é ensinado a se autocorrigir com base no que dizem as Escrituras.

Sim, líderes surgirão. Eles têm que surgir. É natural. Mas a liderança é identificada por funções que definem uma função. Líderes não são uma classe diferente com um *status* espiritual ou especial. Quando muito, os líderes são mantidos em um nível superior de compromisso, mas seu compromisso não confere a eles um *status* especial.

Se o DNA para o sacerdócio do crente não estiver presente, você jamais terá uma igreja. O processo de discipulado deve estabelecer esse DNA.

Ao utilizar essas práticas essenciais em reuniões de grupo, vimos não crentes se tornarem discípulos obedientes a Jesus, que passam a fazer mais discípulos e a iniciar novos grupos que se tornam igrejas.

10

Os fundamentos essenciais para ajudar grupos a se tornarem igrejas — Quatro ajudas em CPM[30]

Por Steve Smith

Passando de grupo para igreja

Em movimentos de plantação de igrejas, dedicamos muito tempo para encontrar "Pessoas de Paz", ganhar tanto elas como suas famílias, agrupá-las e discipulá-las.

Mas onde as igrejas se encaixam nesse conjunto? Quando é que esses grupos se tornam igrejas, se é que se tornam? Novos crentes devem ser reunidos em igrejas. Esse é o projeto de Deus desde o início da história. Viver em comunidade como igreja é a maneira do Rei capacitar Seu povo — para ser o que foi projetado para ser e fazer o que foi chamado a fazer.

---

[30]Editado a partir de um artigo originalmente publicado na edição de setembro-outubro de 2012 da *Missão Fronteiras*, www.missionfrontiers.org, pág. 22-26.

Qualquer abordagem de CPM deve, de maneira proposital, formar grupos em igrejas em um estágio-chave no processo inicial de discipulado. Tornar-se igreja é um marco vital no processo do movimento de plantação de igrejas.

Nem todos os grupos se tornam igrejas. Algumas vezes eles se tornam células domiciliares de uma igreja maior, mas ainda desempenham as funções do Corpo de Cristo. O ponto essencial é ajudar os novos crentes a se tornarem parte do Corpo de Cristo de uma forma reprodutível que se ajuste à sua comunidade.

Duas diretrizes regem as igrejas de CPM:

1. **BÍBLICA:** *Esse modelo e/ou cada aspecto da igreja é/são consistente(s) com as Escrituras?*

    Não há um modelo bíblico padrão do que uma igreja deve ser. Vemos numerosos exemplos de modelos culturalmente adaptados nas Escrituras. Nos CPMs não propomos apenas um modelo de igreja como sendo o modelo bíblico. Muitos modelos de igreja podem ser bíblicos. Então a pergunta é: "Esse modelo (e seus elementos) é consistente com o ensinamento bíblico?".

2. **CULTURALMENTE REPRODUTÍVEL:** *Esse modelo de igreja é algo que um novo crente comum pode começar e organizar?*

    Como muitos modelos de igreja podem servir fielmente ao ensino bíblico, a questão secundária passa a ser: "Qual deles se encaixa melhor na cultura e pode se reproduzir melhor em nossa comunidade?". A diretriz geral é: "Um crente jovem comum poderia iniciar e organizar uma igreja desse tipo?". Caso contrário, a plantação de igrejas será deixada a cargo de alguns indivíduos altamente treinados.

    Com essas duas diretrizes em mente, as abordagens de CPM ajudam os crentes a iniciar igrejas simples, que permitem aos discípulos seguir fielmente Jesus como Corpo de

Cristo. Ao iniciar um CPM com o objetivo de alcançar *todos* os perdidos, defendemos igrejas de CPM que sejam relevantes e reprodutíveis. Esse tipo de igreja precisará enfatizar reuniões de igrejas menores em locais fáceis de serem encontrados. Podem incluir casas, escritórios, cafeterias e parques em vez de locais que são caros para comprar ou construir.

Quatro ajudas para tornar-se igreja

Eu estava treinando um grupo de obreiros no Sudeste Asiático quando chegamos ao assunto de ajudar pequenos grupos (por exemplo, grupos de estudo bíblico) a realmente se tornarem igrejas. Os obreiros nesse contexto estavam lutando para que igrejas começassem, sem mencionar o objetivo maior de um movimento de plantação de igrejas (CPM). Eu os levei ao longo de um conjunto de quatro ajudas no processo de plantação de igrejas — um exercício bastante simples, mas proposital para o nascimento de autênticas comunidades de fé.

Não é difícil começar igrejas reprodutíveis se você tiver um processo claro em seu evangelismo e discipulado. Um propósito claro é vital. Você deve ter uma clara lição (ou lições) em seu discipulado inicial que ajude um grupo de crentes a se tornar uma igreja de forma consciente. Para estabelecer igrejas que darão início a novas igrejas, consideramos essas quatro práticas especialmente úteis.

1) Saiba o que você está tentando alcançar: uma DEFINIÇÃO CLARA de quando um grupo se torna uma igreja.

É difícil iniciar uma igreja se você não tiver uma ideia clara de quando um grupo deixará de ser um grupo de células ou estudo bíblico para se tornar uma igreja.

Cenário: Um grupo tem se reunido independentemente de qualquer igreja há três meses. Eles têm grandes momentos de adoração e estudos bíblicos profundamente comoventes. Escutam a Palavra e tentam obedecer ao que ela diz. Estão fazendo planos para visitar um asilo a fim de ministrar às necessidades das pessoas de lá. Eles são uma igreja?

Provavelmente não há informações suficientes de lá para que você possa decidir. É uma igreja ou um grande grupo de estudo bíblico? Se sua definição de quando um grupo se torna igreja não for clara, você pode se sentir tentado a chamar esse grupo de igreja. O primeiro passo para iniciar igrejas é ter uma definição clara do que é uma igreja — os elementos essenciais e básicos de uma igreja. *Iniciamos pequenos grupos de treinamento que pretendem, desde o início, se tornar igrejas.*

O livro de Atos fornece um exemplo concreto que pode ser útil aqui.

Atividade: Leia Atos 2:36-47. Tente não tornar as coisas muito complicadas. No final das contas, o que fez desse grupo uma igreja? Escreva sua resposta.

Aqui está um exemplo de uma definição de igreja criada a partir da passagem de Atos 2. Ela enfatiza os dez elementos dos 3 C de igreja: Contrato, Características e Cuidadosos líderes.

- **Contrato (1):** Um grupo de crentes **batizados (2)** — Mateus 18:20; Atos 2:41 — que reconhecem a si mesmos como Corpo de Cristo e estão comprometidos a se reunir regularmente (At 2:46).
- **Características:** Eles **permanecem** regularmente em Cristo através das características da igreja:
- **Palavra (3):** Estudo e obediência às Escrituras como autoridade,
- **Ceia do Senhor ou Comunhão (4)**,
- **Companheirismo (5):** Cuidado amoroso de uns para com os outros,

- **Ofertar (6)** para atender às necessidades e **ministrar** a outros,
- **Oração (7)**
- **Louvor (8):** Seja falado ou cantado,
- Vivem um compromisso de **compartilhar o evangelho (evangelismo) (9)**.
- **Cuidadosos líderes (10):** Conforme a igreja se desenvolve, líderes são indicados de acordo com os padrões bíblicos (veja Tito 1:5-9) e exercem a prestação de contas mútua, incluindo a disciplina da igreja.

No interesse de plantação de igrejas, os 3 C estão em ordem de prioridade. O C mais importante é *Contrato*. O grupo se vê a si mesmo como igreja (identidade) e assumiu o compromisso (contrato) de seguir Jesus juntos. Isso não significa que eles devem ter um contrato escrito. Eles simplesmente deram um passo consciente para se tornar igreja. Muitas vezes, uma igreja se dará um nome para dar significado a esse passo.

A segunda parte da definição é Características. Um grupo pode chamar a si mesmo de igreja, mas se lhe faltam as características básicas de uma igreja, ele não é realmente uma igreja. Se um animal late, abana sua cauda e anda sobre quatro patas, você pode chamá-lo de pato, mas é realmente um cão.

Finalmente, uma igreja saudável desenvolverá rapidamente *Cuidadosos líderes* nativos (cultura local). Uma igreja pode existir antes que esses líderes se desenvolvam. Vemos um bom exemplo disso no final da primeira jornada de Paulo. Em Atos 14:21-23, Paulo e Barnabé visitaram as igrejas que haviam plantado nas semanas e meses anteriores e nomearam anciãos para elas naquele momento. Para a saúde das igrejas a longo prazo, líderes cuidadosos devem ser levantados de dentro do grupo.

O primeiro passo para começar igrejas é: *Saiba o que você está tentando alcançar e tenha uma definição clara de quando um grupo se torna uma igreja.*

2) Quando você inicia um grupo de treinamento, desde o início seja você um MODELO dos aspectos da vida de igreja mencionados acima.

Um plantador de igrejas estava tendo dificuldades em ajudar os grupos que ele estava treinando para que se tornassem igrejas. Como ele me descreveu, seus grupos de treinamento, o processo soava como uma experiência de sala de aula estéril. Como o grupo trabalhava por meio de lições, eles recebiam conhecimento, mas não entusiasmo. Naquele ambiente de sala de aula, ele estava ensinando a começarem algo *diferente* em suas casas. Estava modelando algo diferente do que esperava que eles fizessem. Sugeri que ele mudasse suas reuniões de treinamento para um formato similar ao que ele gostaria que as igrejas tivessem. Isso tornaria muito mais fácil para esses grupos se tornarem, de fato, igrejas.

A maneira mais fácil de transformar um novo grupo pequeno em uma igreja é começar a viver como igreja e modelar a igreja desde a primeira reunião. Dessa forma, quando você chega à lição de discipulado na igreja, vocês já estão experimentando isso juntos. Por exemplo, em cada reunião que começa na primeira semana, o T4T[31] emprega um processo de discipulado de três terços. Isso envolve *olhar para trás* para avaliar a semana anterior, *olhar para cima* para receber mais de Deus, e *olhar para frente* a fim de obedecer e servir-lhe fielmente. Esses três terços incorporam os elementos básicos da igreja, tais como adoração, oração, Palavra, companheirismo, evangelismo, ministério etc.

Dê o seu melhor desde a primeira reunião de um pequeno grupo para modelar o que você deseja que essa nova igreja se pareça no final. A lição sobre a igreja não deve ser uma surpresa. Você não

---

[31]T4T é uma abordagem para CPM. Veja *T4T: Uma re-revolução do discipulado* (*T4T: A Discipleship Re-Revolution*, em tradução livre; não disponível em português), de Steve Smith com Ying Kai, WIGTake Resources, 2011. Parte desse artigo foi adaptado do capítulo 16 do referido livro. Está disponível em http://www.churchplantingmovements.com/ e no Kindle da *Amazon*.

quer passar de 4 a 5 semanas juntos como uma "aula" e depois anunciar: "Hoje teremos a lição sobre igreja e nos tornaremos uma igreja", e mudar completamente seu modo de reunião. *Tornar-se uma igreja deve ser naturalmente o próximo passo no processo de se reunir.*

3) Certifique-se de ter uma LIÇÃO ESPECÍFICA (OU LIÇÕES) SOBRE IGREJA e suas ordenanças em seu discipulado inicial.

Você deve ter uma definição bíblica clara de igreja e modelar reuniões tipo igreja durante cada reunião de pequenos grupos. Se você tiver, será fácil ajudar o grupo a se tornar uma igreja quando você passar pela lição de "igreja" em seu discipulado de curto prazo. Se você quiser grupos que se tornem igrejas e plantem igrejas, inclua uma ou duas lições sobre como se tornar uma igreja por volta da sessão quatro ou cinco. Certifique-se de que isso seja algo a que os membros do grupo possam obedecer e passar aos grupos que eles começarem.

Tenha este objetivo específico em mente quando você passar pela lição da igreja: *Nessa semana nos comprometemos a nos tornar uma igreja e acrescentaremos qualquer característica que falte concernente a uma igreja.*

Por exemplo, quando um grupo passa pela(s) lição(ões) sobre igreja, em geral uma de duas coisas acontece:

Dá um passo: Um grupo reconhece que já é uma igreja e está praticando as características de igreja. Nesse ponto, dá o passo final, comprometendo-se a ser uma igreja juntos (ganha identidade e contrato).

Ou então, dá dois passos: Com mais frequência, um grupo reconhece que faltam alguns elementos de igreja. Dá dois passos conscientes para 1) acrescentar esses elementos (por exemplo, Ceia do Senhor, ofertas) e então 2) compromete-se a se tornar uma igreja juntos (contrato).

4) Use o MAPA DE SAÚDE DA IGREJA para ajudar um grupo a avaliar se tem todos os elementos da vida de igreja.

Uma grande ferramenta de diagnóstico chamada Mapeamento da Saúde da Igreja (ou Círculos da Igreja) pode ser usada com um grupo, com líderes de um grupo ou com rede de grupos para ajudá-los a determinar se o grupo é uma igreja. Essa ferramenta os ajuda a detectar fraquezas e corrigi-las. Também os ajuda a ver quais grupos podem ainda não ser uma igreja.

Os CPMs geralmente fazem isso, tornando os círculos da igreja a lição sobre a igreja. Após um pequeno grupo identificar os elementos básicos de uma igreja, a partir de Atos 2 (elas geralmente nascem com cerca de dez), desenham símbolos para si e avaliam se seu grupo os está praticando ou não.

A lição sobre a igreja faz a seguinte aplicação:

Como grupo, em um papel em branco, desenhem um círculo de linhas pontilhadas representando seu próprio grupo. Acima dele, coloque três números: o número dos que frequentam regularmente (figura de um boneco), o número dos que creem em Jesus (cruz) e o número de batizados depois de crer (água).

Se seu grupo se comprometeu a ser uma igreja, faça um círculo com linha ininterrupta em vez de linhas pontilhadas. Em seguida, coloque um ícone representando cada um dos elementos restantes, dentro ou fora do círculo. Se o grupo estiver praticando regularmente o elemento em si, coloque-o dentro. Se o grupo não estiver, ou espera que um estranho venha fazê-lo, coloque-o fora do círculo.

SÍMBOLOS:
a. **Contrato** — linha ininterrupta em vez de linha pontilhada
b. **Batismo** — água
c. **Palavra** — livro
d. **Ceia do Senhor ou Comunhão** — uma taça
e. **Companheirismo** — coração
f. **Oferta & Ministério** — cifrão
g. **Oração** — mãos orando
h. **Louvor** — boneco com mãos levantadas
i. **Evangelismo** — um amigo de mãos dadas com um amigo que ele levou à fé
j. **Líderes** — duas carinhas sorridentes

Finalmente, você pode dar um nome à sua igreja. Isso ajuda a estabelecer uma identidade como igreja em sua comunidade. Lembre-se de que seu objetivo é desenvolver um movimento de plantação de igrejas multigeracional para a 4ª Geração e além dela. Assim, incluir o número de geração o ajuda a visualizar onde você está ao presenciar Deus iniciar um movimento em sua comunidade.

Nesse ponto, é bastante fácil identificar o que está impedindo o grupo de realmente se tornar uma igreja. Embora falte algo a eles, agora você vê uma maneira de transformar esse grupo em uma igreja, e eles veem isso também! Esse processo prático e muito fortalecedor permite que o grupo faça uma discussão espontânea de ideias, em oração, sobre como adicionar cada um dos elementos ao círculo. Esses se tornam planos de ação claros para o grupo.

Gerações de igrejas

Você deve treinar os discípulos que você está preparando para que ajudem propositadamente grupos a se tornarem igrejas. Isso deve acontecer em uma etapa chave do processo de discipulado a curto prazo, tendo uma(s) lição(ões) específica(s) sobre como se tornar igreja. O mapeamento da saúde da igreja também pode ajudá-lo nesse processo. Então, tornar-se uma igreja será um passo natural no processo de discipulado. E você terá passado um marco importante em direção a um movimento de plantação de igrejas. Que emocionante quando muitas gerações de crentes formam seus grupos de novos crentes nas igrejas, por volta da quarta ou quinta reunião! Quando isso acontece ao longo de quatro gerações de novas igrejas, os movimentos de plantação de igrejas surgem!

> Se você não tem nenhuma lição ou processo intencionalmente reprodutível de transformar um grupo em igreja, então espere poucas novas igrejas!

> Se você incluir um simples processo de plantação de igrejas com uma lição sobre igreja logo no início, então você pode esperar novas gerações de igrejas!

Esse pode não ser um processo com o qual você já esteja familiarizado. Pode desafiar os paradigmas de seu ministério, mas não tenha medo de sacrificar certos paradigmas para ver o Reino de Deus chegar! É um processo útil para nos ajudar a voltar à revolução original de discipulado demonstrado no livro de Atos. É um processo útil para nos ajudar a voltar a alguns dos movimentos mais explosivos da história. É um processo para nos ajudar a cooperar mais plenamente com o Espírito de Deus.

A grande simplicidade e o caráter proposital desse processo significam que qualquer crente, fortalecido pelo Espírito, pode tornar-se um plantador de igrejas. As igrejas não se destinam a se multiplicar apenas ao longo da paisagem do campo missionário. Elas devem se multiplicar e estão se multiplicando em casas, centros comunitários, escolas, parques e cafeterias em todo o mundo. Que venha o reino de Deus!

Usando as quatro ajudas com a equipe do Sudeste Asiático

Quando eu trabalhava as quatro ajudas com a equipe no Sudeste Asiático, chegamos à quarta ajuda, o mapeamento da saúde da igreja, ou, para abreviar, "círculos da igreja". Chamei um dos obreiros mais antigos para o quadro branco. Pedi a ele que descrevesse um pequeno grupo de crentes para a classe. Quando ele descreveu esse grupo de estudo bíblico, eu o representei com um círculo de linha pontilhada no quadro. Passando por Atos 2:37-47, pedi que ele avaliasse quais dos elementos da igreja, descritos na referida passagem, estavam acontecendo regularmente nesse pequeno grupo. Se um elemento estivesse sendo praticado, nós desenhávamos um símbolo que o representava dentro do círculo. Se estivesse faltando, o desenhávamos fora do círculo.

Como todos nós demos um passo atrás para avaliar o *status* desse grupo que se tornou igreja, o diagrama mostrou claramente algumas fraquezas. O grupo não estava praticando a Ceia do Senhor nem estava doando para atender às necessidades de outros. Os símbolos para esses dois elementos foram desenhados fora do círculo de linhas pontilhadas. Desenhei uma seta da Ceia do Senhor para o interior do círculo e perguntei ao meu companheiro: "O que seria necessário para esse grupo começar a praticar a Ceia do Senhor?". O obreiro pensou por um momento. Ele então disse que quando retornasse ao seu local de serviço, poderia facilmente treinar o líder do grupo para implementar a Ceia do Senhor na semana seguinte. Assim que o companheiro deu suas respostas, eu as resumi ao longo da seta como planos de ação.

Fiz o mesmo com doação, desenhando uma seta para o interior do círculo. Depois que discutimos as ideias sobre os planos de ação para colocar isso em prática, escrevi esses planos de ação também na seta.

Finalmente, cheguei à questão fundamental: "Será que esse um pequeno grupo se vê como uma igreja?". Depois de pensar um pouco, o obreiro decidiu que não. Eu sugeri que se o grupo pudesse se comprometer a ser igreja, eles teriam uma identidade como igreja e se tornariam verdadeiramente uma igreja. Se isso acontecesse, iríamos colorir o círculo pontilhado para ser um círculo de linha ininterrupta. Perguntei ao obreiro o que seria necessário para ajudar o grupo a dar esse passo. Ele sentiu que duas coisas finalizariam sua transição de um grupo de sensibilização para uma igreja genuína. Primeiro, conduzi-los em um estudo de Atos 2:37-47, depois ajudá-los a fazer um contrato firme com Deus e uns com os outros. Escrevi esse plano de ação no círculo de linha pontilhada representando o grupo.

Com entusiasmo, o obreiro e o grupo visualizaram os três principais planos de ação no quadro branco. Todos eram muito possíveis. Na verdade, o obreiro planejou fazer essas coisas na semana seguinte com dois grupos pequenos, quase idênticos. Esse obreiro, servindo em um local remoto, tremia de empolgação. Por mais de sete anos, ele e sua família haviam trabalhado para compartilhar amplamente o evangelho. Eles tinham treinado parceiros nacionais e discipulado novos crentes em grupos. Durante todo esse tempo, eles ansiavam pelo início das primeiras igrejas entre esse grupo de pessoas. Agora, por meio de um passo simples, mas focado e proposital, eles iriam testemunhar o nascimento das primeiras igrejas!

Eu vi este obreiro novamente algum tempo depois, pouco mais de um ano após aquele evento de treinamento. Não só aqueles grupos se tornaram igrejas. Eles agora estão ajudando outros novos grupos a caminharem pelo mesmo processo de se tornar igrejas.

11

As margens de um movimento[32]

Por Steve Smith

Anteriormente, analisamos a importância de estabelecer o DNA para um movimento do Reino dentro de minutos e horas após o compromisso de um novo discípulo com Cristo. Isso traz à tona um dos maiores temores sobre os movimentos de plantação de igrejas (CPMs): que a heresia e a imoralidade surjam no movimento. As Escrituras deixam claro que problemas surgirão em qualquer ministério (por exemplo, Mateus 13:24-30,36-43). Esse foi um fator fundamental para Paulo escrever às suas igrejas, abordando heresia, imoralidade e uma série de outros pecados.

Uma característica dos CPMs é que eles estão fora de seu controle pessoal, mas permanecem dentro do controle do Rei. Uma premissa básica dos CPMs é exercer influência adequada para moldar o movimento, mas não usurpar o papel do Espírito Santo para controlar e ser o Mestre do movimento.

---

[32] Editado de um artigo originalmente publicado na edição de janeiro-fevereiro da *Missão Fronteiras*, www.missionfrontiers.org, pág. 29-32.

Renunciar ao controle, contudo, não significa renunciar à influência. No início do discipulado em um movimento, há claras margens (valores) a serem estabelecidos, que permitem que os rios impetuosos dos CPMs permaneçam dentro dos limites da ortodoxia e da moralidade. Não precisamos temer a heresia e a imoralidade se tivermos um plano para lidar com elas. Se não tivermos, devemos temê-las muito.

As margens de um movimento: Obediência apenas à Palavra de Deus como autoridade

Em última análise, você não pode controlar um CPM, ou qualquer outro movimento de Deus, desde que você queira que ele continue a crescer como um movimento de Deus. O que você pode fazer é dar um empurrão e moldá-lo, e colocar parâmetros que permitam a você chamar de volta os crentes e as igrejas quando eles inevitavelmente se desviam do caminho. Esses parâmetros são as margens dos canais pelos quais o movimento fluirá. As margens o mantêm no canal da ortodoxia, ortopraxia e santidade.

A alternativa é o controle restritivo de um movimento, semelhante aos velhos odres frágeis de Mateus 9:14-17. Jesus condenou o pesado fardo dos rituais que os líderes judeus haviam imposto ao povo de Deus; eles eram inflexíveis e escravizadores. Nestes odres de vinho, a ortodoxia e a moralidade são controladas por meio de regras e supervisão pessoal e, por fim, suprimem o crescimento do Reino.

Em CPM, o essencial é dar aos crentes, igrejas e líderes emergentes uma forma de ouvir Deus falar em Sua Palavra (autoridade), um valor para obedecer ao que Ele diz (obediência), incluindo a vontade de autocorrigir o movimento, não importando as consequências. A autoridade das Escrituras e a obediência são as margens gêmeas do rio para manter bíblico o movimento.

AUTORIDADE apenas da Palavra de Deus

O valor da *Sola Scriptura* dos reformadores tem sido defendido pelos crentes há centenas de anos. Na prática, porém, é fácil se afastar da *Sola Scriptura*, criando autoridades funcionais concorrentes para novos crentes e igrejas. Teoricamente, dizemos: "As Escrituras são sua autoridade final". Na prática, é fácil para o missionário que declarações de fé, tradições da igreja ou "palavras do Senhor" usurpem funcionalmente as Escrituras como autoridade absoluta.

Entregar Bíblias a novos crentes e dizer a eles que as estudem não faz das Escrituras sua autoridade final. Em vez disso, é preciso incutir um valor de que a Palavra de Deus é sua autoridade absoluta. Em CPM ou novas igrejas iniciadas, você estabelece o DNA para quase todos os novos crentes compreenderem e praticarem. Desde o primeiro dia, você deve demonstrar que as Escrituras são a autoridade para toda a vida.

Por fim, o movimento pode se espalhar além de sua influência direta. Que autoridade eles seguirão quando surgirem dúvidas ou disputas? Se você os coloca para valorizar a Palavra MAIS sua opinião, o que acontecerá quando outro professor entrar (ortodoxo ou falso professor) e cujas opiniões contradisserem as suas? Como você os chamará de volta quando eles saírem do caminho?

Se você não lhes deu um valor de que as Escrituras são a autoridade absoluta, você não tem como chamá-los de volta quando eles erram. É a sua opinião contra a de qualquer outra pessoa. Se você estabeleceu sua palavra como uma autoridade, então você está estabelecendo o movimento para o fracasso.

Um precedente bíblico: 1 Coríntios 5

Até mesmo Paulo, um apóstolo de Cristo, resistiu a estabelecer sua opinião como a autoridade. Em vez disso, ele remeteu suas igrejas de volta às Escrituras. Desde o início, a heresia e a imoralidade se infiltraram nas igrejas que Paulo estabeleceu. Não havia maneira de evitar isso. Mas Paulo construiu nas igrejas uma maneira de tratar. Um exemplo é encontrado em 1 Coríntios 5.

> *Por toda parte se ouve que há imoralidade entre vocês, imoralidade que não ocorre nem entre os pagãos, a ponto de alguém de vocês possuir a mulher de seu pai.* (1 Coríntios 5:1)

Tal pecado nos levaria a desprezar a ortodoxia de um movimento. Paulo, porém, foi realista e reconheceu que o inimigo semearia o joio. Ele não deixou que isso abalasse sua fé em seguir em frente.

A resposta à situação foi remover essa pessoa transgressora de seu meio até que ele se arrependesse (veja 1 Coríntios 5:5). Nesse ponto, Paulo poderia ter usado sua autoridade como pai espiritual. O problema é que Paulo nem sempre estaria presente para responder a cada situação no futuro. Além disso, criaria o movimento para divisão: sua opinião contra a opinião de outra pessoa (por exemplo, 2 Coríntios 11:3-6).

Em vez disso, Paulo indicou para eles a Palavra de Deus.

> *Não devem associar-se [...]. Com tais pessoas vocês nem devem comer.* (1 Coríntios 5:11)

Paulo faz referência a Deuteronômio 22 como guia para essa decisão:

> *Se um homem for surpreendido deitado com a mulher de outro, os dois terão que morrer, o homem e a mulher com quem se deitou. Eliminem o mal do meio de Israel. [...] Nenhum homem poderá tomar por mulher a mulher do seu pai, pois isso desonraria a cama de seu pai.* (Deuteronômio 22:22,30)

Como você desenvolve esse valor de apenas as Escrituras ser autoridade final? Uma das melhores maneiras é minimizar a resposta direta a perguntas importantes (suas opiniões) e, em lugar disso, encaminhar os crentes para a Escritura apropriada, na qual devem meditar para uma decisão.

Em movimentos saudáveis, a resposta padrão é: "O que a Bíblia diz?". Ao perguntar isso repetidas vezes, os crentes rapidamente percebem que devem valorizar a Bíblia como a autoridade absoluta, não a você o professor, o plantador de igrejas ou o missionário.

Para fazer isso, movimentos saudáveis desenvolvem um método simples para os crentes aprenderem a ler ou ouvir a Bíblia e interpretá-la com precisão. À medida que os discípulos se aproximam da Palavra com o coração aberto e uma hermenêutica saudável, eles continuarão a crescer na compreensão bíblica, tornando-se alimentadores de si mesmos.

Isso não significa que você nunca responderá a perguntas. Mas ao resistir à tentação de responder suas perguntas e dar ao grupo de crentes um método saudável para interpretar as Escrituras, você perceberá que o Corpo de Cristo tem uma capacidade admirável de obter respostas bíblicas da liderança do Espírito Santo. O poder de autocorreção do Corpo é surpreendente (veja Mateus 18:20).

OBEDIÊNCIA: Valor para obedecer a tudo que a Palavra diga

Para garantir que o movimento permaneça dentro das margens do rio bíblico você deve, em segundo lugar, construir um valor para obedecer ao que a Palavra de Deus diz.

Na situação de 1 Coríntios 5, Paulo guiou os coríntios à obediência:

> *Eu escrevi com o propósito de saber se vocês seriam aprovados, isto é, se seriam obedientes em tudo.* (2 Coríntios 2:9)

Que passo difícil para eles! Mesmo assim obedeceram. A obediência amorosa era seu valor básico como seguidores de Jesus.

Somente o discipulado baseado na obediência manterá o CPM nas margens da ortodoxia e da santidade. Nos CPMs você frequentemente pede às pessoas que sejam obedientes à Escritura que estudam a cada semana. Então você amorosamente os mentem em compromisso, e vice-versa, pela obediência na próxima reunião. Isso reforça a obediência. Sem ela, os discípulos desenvolvem rapidamente um valor para serem ouvintes da Palavra, não praticantes.

O inimigo está trabalhando ativamente para enganar e criar problemas. Mas se a obediência é o valor, você tem um meio de chamar de volta os crentes que estão no erro. Isso foi o que aconteceu em 1 Coríntios 5.

A obediência necessariamente inclui a disciplina do grupo para conduzir a questão. Como os coríntios, os discípulos devem acreditar que é melhor obedecer à Palavra e sofrer quaisquer consequências para a correção do que continuar em pecado.

Um estudo de caso: Espancadores de esposas

Vários de nós planejamos passar uma semana treinando 12 líderes locais, que representavam 80 igrejas Ina em um CPM florescente na Ásia Oriental.

Uma regra básica era: Tente *não* responder às perguntas deles e, em vez disso, pergunte: "O que a Bíblia diz?". Isso é muito mais fácil na teoria do que na prática!

Certa tarde, um pastor, amigo meu, passou uma hora ensinando Efésios 5: Maridos amem suas esposas. A aplicação parecia ser clara como cristal.

Depois de seu ensino, perguntei se havia alguma pergunta. Um homem de 62 anos, atrás de mim, levantou nervosamente a mão. "Gostaria de saber se isto significa que temos que parar de bater em nossas esposas!...".

Meu amigo pastor e eu ficamos perplexos. Como aquele homem poderia sonhar que havia espaço para bater na esposa depois de um ensinamento tão claro da Palavra de Deus?

De volta à nossa regra básica: "O que diz a Bíblia?". Foi nesse ponto que nossa fé no poder do Espírito Santo foi posta à prova.

Compartilhamos cuidadosamente com todo o grupo:

Se orarmos, o Espírito Santo será nosso Mestre. Se formos à Sua Palavra, Ele nos dará uma resposta clara sobre bater em esposas.

Primeiro, quero que vocês parem como grupo e clamem ao Espírito Santo: "Espírito Santo, seja nosso Mestre! Queremos confiar em ti! Precisamos de ti para nos dar discernimento!".

Juntos, em uníssono, curvamos nossa cabeça e declaramos várias vezes aquela oração a Deus. Quando terminamos de orar, eu disse para o grupo:

Com o Espírito Santo como seu Mestre, abram suas Bíblias em Efésios 5. Juntos, leiam e peçam a Deus para ajudá-los a responder essa pergunta. Quando chegarem a uma concordância, nos avisem.

Os doze líderes se uniram e começaram a falar rapidamente no dialeto Ina, que o resto de nós não conseguia entender. Enquanto isso, nos reunimos em oração. Clamávamos a Deus: "Senhor, por favor, deixe que eles acertem isso! Não precisamos de um movimento de espancadores de esposas!". Tivemos que confiar que o Espírito de Deus no grupo poderia superar a confusão ou as objeções de uma ou duas pessoas.

Enquanto isso, o tumulto no grupo Ina subiu e caiu e subiu e caiu. Uma pessoa se levantava e transmitia uma ideia, depois as outras a admoestavam. Então, outra pessoa expressaria uma opinião e alguns concordariam. Finalmente, após uma espera muito longa, um dos líderes se levantou solenemente e pronunciou, com uma postura digna do Conselho de Calcedônia, sua decisão:

"Após estudar as Escrituras, decidimos — *PARAR* de bater em nossas esposas!".

Ficamos muito aliviados, mas pensei: "Por que demorou tanto?!". Um ou dois dias depois, um desses líderes, um homem Ina que era meu amigo íntimo, me explicou em particular a discussão deles. "Temos um ditado na língua Ina: 'Para ser um homem de verdade, todos os dias você deve bater em sua esposa'".

Percebi rapidamente a importância da pergunta do homem de 62 anos e a razão pela qual a resposta demorou tanto tempo. Sua verdadeira pergunta não era: "Temos que parar de bater em nossas esposas?". Em vez disso, após uma descoberta surpreendente do padrão sagrado dos caminhos de Deus e o choque com sua própria cultura, a verdadeira pergunta era: "Posso ser um seguidor de Jesus e ainda ser um homem de verdade em minha cultura?".

Teríamos interferido se eles tivessem chegado a uma resposta não bíblica? Claro que sim. Mas se tivéssemos encurtado o processo, dando a eles rapidamente a resposta, teríamos perdido a lição mais profunda de Deus para eles.

Naquele dia, e em muitas outras situações parecidas mais tarde, a Palavra de Deus foi reforçada como a autoridade final, não a cultura ou qualquer professor bíblico. Um grupo de jovens crentes confiou no Espírito para guiá-los na verdade e então atendeu ao chamado para obedecer a qualquer resposta que Ele lhes desse. O grupo enfrentou o desafio de redefinir a masculinidade em sua sociedade, apesar da zombaria que receberiam.

Prossiga com os movimentos do Reino em sua área. Mas não ore para que a chuva inunde a terra com rios antes que você tenha preparado as margens dos rios para guiar os canais das águas! Defina esse DNA dentro de minutos e horas após a primeira entrada no grupo.

12

Um movimento de plantação de igrejas é um movimento de liderança[33]

Por Stan Parks

Ao olhamos ao redor do mundo hoje, vemos que a maioria dos movimentos de plantação de igrejas (CPM) dinâmicos começa em áreas com pobreza, crises, turbulência, perseguição e poucos cristãos. Em contraste, em áreas com paz, riqueza, proteção e muitos cristãos, as igrejas estão, muitas vezes, fracas e em declínio.

Por quê?

Crises nos forçam a olhar para Deus. A falta de recursos geralmente nos força a confiar no poder de Deus e não em nossos programas. A presença de apenas alguns cristãos significa que a tradição da igreja não é tão poderosa. Isso torna mais provável que a Bíblia se torne a principal fonte de nossa estratégia e princípios.

---

[33]Revisão do autor de um artigo originalmente publicado na edição de julho-agosto de 2012 da *Missão Fronteiras*, www.missionfrontiers.org.

O que as igrejas existentes podem aprender com esses novos movimentos de Deus[34]? Podemos (e devemos) aprender muitas lições; algumas das mais importantes estão relacionadas com liderança. Em regiões áridas, temos que procurar trabalhadores *na* colheita, à medida que novos crentes se levantam para liderar o caminho para alcançar seus próprios grupos de pessoas não alcançadas.

De muitas maneiras, um CPM é, na verdade, um movimento de multiplicação e desenvolvimento de líderes de igreja. O que faz a diferença entre simplesmente plantar igrejas e ver movimentos sustentáveis de igrejas? Em geral é o desenvolvimento de liderança. Não importa quantas igrejas sejam plantadas, a menos que aqueles de dentro da cultura se tornem líderes, as igrejas permanecerão estrangeiras. Elas se reproduzirão lentamente ou pararão de crescer quando os líderes iniciais atingirem seu limite.

Victor John é um líder de um imenso CPM entre os mais de 100 milhões de falantes de Bhojpuri do norte da Índia, em área anteriormente conhecida como "cemitério das missões modernas". John ressalta que, embora a igreja exista na Índia há quase 2.000 anos, datando do apóstolo Tomé, 91% dos indianos ainda não têm acesso ao evangelho! Ele acredita que isso se deve principalmente à falta de desenvolvimento de líderes.

John conta que, a partir do século 4, a Igreja Oriental primitiva importou líderes do Oriente e usou a língua siríaca no culto, o que o deixava limitado aos falantes de siríaco. Os católicos do século 16 usavam a língua local, mas nunca pensaram em ter líderes locais.

---

[34]CPM é apenas uma expressão moderna para movimento cristão, como muitos ao longo da história. Não é algo que redescobrimos 2.000 anos depois. Os princípios foram descobertos, esquecidos e redescobertos muitas vezes. Exemplos de movimentos cristãos na história incluem Atos; muitos povos do Império Romano nos primeiros 200 anos da Igreja; a Igreja do Oriente, que fundou comunidades cristãs que se estendem do Mediterrâneo à China e à Índia; a evangelização irlandesa de grande parte do norte da Europa em 250 anos; o movimento missionário morávio; o metodismo; os movimentos que varreram as tribos das colinas birmanesas; os últimos 60 anos da Igreja na China; e assim por diante.

A partir do século 18, os protestantes nomearam líderes locais, mas os métodos de treinamento permaneceram ocidentais e os líderes locais não puderam reproduzi-los. "A substituição das lideranças nativas foi feita com um grande conflito de interesses. Nenhum nativo, nacional ou obreiro local jamais poderia ser chamado de líder — esse título era reservado apenas aos brancos. Essas organizações missionárias focaram na substituição da liderança existente e não no movimento ou crescimento."[35]

Com muita frequência nas igrejas hoje — seja no campo missionário ou onde estamos — nosso foco é substituir a liderança existente para manter a instituição funcionando, em vez de focarmos na parteira que permite o nascimento, por Deus, de novos discípulos e igrejas. Apesar da evidência esmagadora de que novas igrejas são muito mais eficazes em alcançar pessoas perdidas, muitas igrejas simplesmente procuram crescer em vez de também iniciar novas igrejas. Os seminários continuam esse padrão, reforçando a mentalidade de administrar igrejas existentes em vez de colocar ênfase igual ou maior no treinamento de alunos para iniciarem novas igrejas. Escolhemos investir a grande maioria de nosso tempo e recursos em nosso próprio conforto, em detrimento daqueles que vão para a eternidade no inferno. (Os cristãos representam 33% da população mundial, mas recebem 53% da renda anual do mundo e gastam 98% dela consigo mesmos[36].)

Quando olhamos para os CPM modernos, podemos discernir alguns princípios claros para multiplicar e desenvolver líderes. O desenvolvimento de líderes começa no início do ministério. Os padrões usados no evangelismo, discipulado e formação de igrejas *estão* desenvolvendo líderes. Esses padrões preparam o terreno para o desenvolvimento contínuo de liderança.

---

[35] A importância da liderança nativa (*The Importance of Indigenous Leadership*), de Victor John em *O Jornal do CPM* (janeiro-março 2006:59-60)

[36] David Barrett e Todd Johnson, *Enciclopédia Cristã Mundial: Uma Pesquisa Comparativa de Igrejas e Religiões no Mundo Moderno* (Oxford, Oxford Press, 2001), 656.

Visão: ela é do tamanho de Deus

Os catalisadores de CPM começam acreditando que um PNA inteiro ou toda a cidade, região e nação podem e serão alcançados. Em vez de perguntar: "O que posso fazer?", eles perguntam: "O que deve ser feito para ver um movimento iniciado?". Isso mantém o foco deles e o foco dos novos crentes diretamente em Deus. Isso os força a confiar em Deus para ver o impossível acontecer. Essas pessoas de fora, no início, desempenham um papel crucial em lançar a visão para possíveis parceiros que se unirão ao trabalho de colheita. Qualquer forasteiro, ao chegar, deve encontrar um vizinho próximo que seja daquela cultura ou crentes internos que se levantem e liderem os esforços iniciais para alcançar o grupo. À medida que os líderes internos emergem e se multiplicam, eles "pegam" a mesma visão que é do tamanho de Deus.

Oração: fundamento para frutos (João 14:13-14)

Uma pesquisa com plantadores efetivos de igrejas em um grande CPM descobriu que eles eram um grupo muito diversificado. Mas tinham uma coisa principal em comum: todos passavam pelo menos duas horas por dia em oração e tinham momentos especiais semanais e mensais de oração e jejum com suas equipes. Não eram ministros pagos. Cada um deles tinha um trabalho "normal", mas sabiam que seus frutos estavam ligados à sua vida de oração. Esse compromisso de oração por parte dos plantadores é transmitido aos novos crentes.

Treinamento: todos são treinados

Uma mulher em um treinamento de líderes indianos de CPM disse: "Não sei por que eles me pediram para falar sobre plantação de igrejas. Não sei ler e não sei escrever. Tudo o que posso fazer é curar enfermos, ressuscitar mortos e ensinar a Bíblia. Só consegui plantar umas 100 igrejas". Não desejamos ser tão "humildes" quanto ela?

Nos CPMs todos esperam ser treinados e treinar outros o mais rapidamente possível. Em um país, quando nos pediram para treinar líderes, as preocupações de segurança só permitiram que nos reuníssemos com 30 líderes. Mas a cada semana esse grupo treinava outras 150 pessoas, usando os mesmos materiais de treinamento bíblico.

Ensino: o manual de treinamento é a Bíblia

Uma das melhores maneiras de evitar fardos desnecessários é usar a Bíblia como manual de treinamento. Os líderes de CPM desenvolvem outros líderes, ajudando-os a depender da Bíblia e do Espírito Santo, e não de si mesmos. Quando os novos crentes fazem perguntas, o plantador de igrejas geralmente responde: "O que a Bíblia diz?". Ele então os orienta a examinar vários trechos das Escrituras e não apenas seu texto-base favorito. Uma verdade fundamental vem de João: "'Todos serão ensinados por Deus'. Todos os que ouvem o Pai e dele aprendem vêm a mim" (6:45 NTLH). O plantador de igrejas pode ocasionalmente exortar ou dar informações, mas sua abordagem mais comum é ajudar os novos crentes a encontrarem as respostas por si mesmos. Fazer discípulos, formar igrejas e desenvolver líderes são ações centradas na Bíblia. Isso permite a reprodução efetiva de discípulos, igrejas e líderes.

Obediência: fundamento na obediência e não no conhecimento (João 14:15)

O treinamento bíblico em CPM é poderoso porque não se concentra apenas no conhecimento. Espera-se que cada pessoa obedeça ao que aprende. Muitas igrejas focam principalmente no conhecimento — os líderes são aqueles que têm mais conhecimento (ou seja, instrução). O sucesso é reunir mais membros e ensinar a eles mais informações. Nos CPMs, o foco não está no *quanto você sabe, mas no quanto você obedece*. Quando os grupos estudam a Bíblia, eles perguntam: "Como vou/vamos obedecer a isso?". Na próxima vez em que eles se encontrarem, responderão: "Como eu/nós obedecemos?". Espera-se que todos obedeçam, e os líderes são identificados como aqueles que ajudam os outros a obedecer. Obedecer aos mandamentos de Deus prescritos na Bíblia é o caminho mais rápido para que discípulos e líderes se tornem maduros.

Estratégia: os evangelhos e Atos fornecem a principal estratégia e modelos

A Bíblia não contém apenas mandamentos; também contém padrões e modelos. Na década de 1990, Deus levou várias pessoas que trabalhavam entre os não alcançados a focarem em Lucas 10 como padrão para a missão[37] em novas áreas. Cada CPM que conhecemos usa uma variação desse padrão de obreiros, saindo de dois em dois. Vão em busca da "Pessoa de Paz", que abre sua casa e *oikos* (família ou grupo). Ficam com essa família enquanto compartilham a verdade e o poder, e procuram levar todo o *oikos* ao compromisso com Jesus. Como esse é um grupo natural (não um grupo de estranhos reunidos), a liderança já está presente e só precisa ser moldada em vez de se fazer um transplante em massa.

Conceder poder: as pessoas se tornam líderes liderando

Isso parece óbvio, mas muitas vezes é esquecido. Um exemplo disso ocorre no modelo de descoberta dos CPMs, onde o *oikos* interessado passa a estudar a Bíblia. Uma série-chave de perguntas é usada para "fazer discípulos" daqueles que estudam a história de Deus desde a Criação até Cristo. Em alguns desses CPMs, a pessoa que é de fora nunca fará as perguntas. Em vez disso, ele ou ela se reunirá separadamente para treinar uma pessoa de dentro para fazer as perguntas. As respostas vêm da Bíblia, mas quem faz as perguntas aprende a facilitar o processo de aprendizado e obediência. Vemos um exemplo disso no *Treinamento para Treinadores*

---

[37] Também visto em Marcos 6, Lucas 9, Mateus 10. Esse mesmo padrão pode ser visto em várias adaptações em Atos.

(T4T). Cada novo discípulo aprende a compartilhar o que aprende — treinando outros e, assim, crescendo na capacidade de liderar. O mesmo princípio se aplica ao desenvolvimento contínuo de líderes: os crentes têm a oportunidade de praticar e treinar muito mais rapidamente do que na maioria das igrejas tradicionais.

Liderança bíblica: padrões das Escrituras

Quando os líderes surgem e são nomeados, os padrões bíblicos indicados em Tito 1:5-9 são usados como requisitos para os novos líderes na igreja e os em 1 Timóteo 3:1-7 para os líderes da igreja estabelecida. Os crentes descobrem e aplicam papéis e responsabilidades a partir de um estudo completo das passagens sobre liderança. Ao fazer isso, eles encontram vários elementos de caráter e habilidades necessárias em cada estágio do amadurecimento da igreja. Também evitam padrões ou requisitos extrabíblicos estrangeiros para os líderes da igreja.

Imparcialidade: foco no frutífero (Mateus 13:1-18)

Os líderes são escolhidos não com base em seu potencial, personalidade ou estilo, e sim em sua fecundidade. Quando alguém pergunta aos treinadores de CPM como sabemos quem será frutífero quando treinamos pessoas pela primeira vez, muitas vezes rimos. Não temos ideia de quem será frutífero. Treinamos todos e os "menos prováveis" muitas vezes se tornam os mais frutíferos, enquanto os "mais prováveis" frequentemente não fazem nada. Líderes se tornam líderes ao alcançar pessoas que se tornam seus seguidores. Quando esses líderes emergem, mais tempo é dado àqueles que são mais frutíferos para que possam produzir mais frutos. Fins de semana/semanas de treinamento especial, conferências anuais de treinamento, programas de treinamento intensivo (muitas vezes itinerantes) são algumas das ferramentas utilizadas para continuar desenvolvendo e capacitando líderes frutíferos. Depois, eles, por sua vez, capacitam outros.

Compartilhamento: vários líderes (Atos 13:1)

Na maioria dos CPMs, as igrejas têm vários líderes para garantir mais estabilidade e desenvolver mais líderes. Isso tem a principal vantagem de possibilitar que os líderes mantenham seus empregos existentes. Isso permite que o movimento se espalhe entre os crentes comuns e evite a dependência incapacitante de fundos externos para pagar os líderes. Vários líderes podem gerenciar melhor as tarefas de liderança. Eles também têm mais sabedoria juntos e apoio mútuo. A aprendizagem entre pares e o apoio entre várias igrejas também desempenham papéis importantes para ajudar os líderes individuais e as igrejas a prosperarem.

Igrejas: foco em novas igrejas

Designar e desenvolver líderes permite a plantação de novas igrejas de forma regular. E isso acontece naturalmente. Quando uma nova igreja começa e está cheia de paixão por seu novo Senhor, pede-se que repitam o padrão que levou à sua salvação. Então eles começam a procurar pessoas perdidas em suas redes e repetem o mesmo processo de evangelismo e discipulado que acabaram de vivenciar e foram treinados para reproduzir. Nesse processo, eles geralmente percebem que alguns líderes têm o dom de focar dentro da igreja (pastores, mestres etc.) e alguns têm o dom de focar fora (evangelistas, profetas, apóstolos etc.). Os líderes internos aprendem a liderar a igreja — a ser e a fazer tudo o que uma igreja deve ser (veja Atos 2:37-47), tanto por dentro como por fora. Os líderes externos servem de modelo e capacitam toda a igreja para alcançar novas pessoas.

Conclusão

O que podemos aprender de Deus nesses novos movimentos que Ele fez nascer? Estamos dispostos a deixar de lado os preconceitos culturais e denominacionais e usar a Bíblia como nosso manual primário para o nascimento e desenvolvimento de líderes? Se seguirmos comandos e padrões bíblicos e evitarmos exigências extrabíblicas para líderes, veremos muito mais líderes surgindo. Veremos muitas, muitas pessoas perdidas a mais serem alcançadas. Estamos dispostos a fazer este sacrifício em nome dos perdidos e da glória de nosso Senhor?

Em todo o mundo

*Este evangelho do Reino será proclamado
em todo o mundo como testemunho a todos os povos,
e então virá o fim.* (Mateus 24:14 — Adaptado pelo editor)

13

Progresso surpreendente[38]

Por Robby Butler[39]

Vejam, estou fazendo uma coisa nova! Ela já está surgindo! Vocês não a reconhecem? (Isaías 43:19)

Em meados de 2019, a equipe de pesquisa da *Coalizão 24:14* relatou que mais de 70 milhões de pessoas (quase 1% da população mundial) passaram a seguir Jesus nas últimas décadas, em mais de 1.000 movimentos de igrejas de rápida reprodução. Isso está acontecendo principalmente entre Povos Não Alcançados e de Fronteira[40]. E esse novo mover do Espírito Santo continua a crescer exponencialmente!

---

[38]Adaptado de "Glimpses through the Fog" ("Vislumbres através da Névoa") na edição de março--abril de 2018 da *Missão Fronteiras*, www.missionfrontiers.org

[39]Robby Butler serviu no Centro para Missões Mundiais dos EUA de 1980 a 2004. Atua agora como consultor para líderes de igrejas e missões e é escritor ocasional para Missão Fronteiras.

[40]JoshuaProject.net/assets/media/articles/frontier-peoples-introduction.pdf

No final de 2015, pesquisadores estimaram um total de cerca de 100 movimentos em todo o mundo. Basearam essa estimativa em relatórios confiáveis de movimentos verificados por visitas ao local. No final de 2016, estimavam em torno de 130. E em maio de 2017, Kent Parks relatou quase 160 movimentos[41].

Em poucos meses, a formação da *Coalizão 24:14* expandiu a confiança entre líderes e pesquisadores de movimento, levando muitos mais líderes de movimento a compartilharem seu progresso. Organizações e redes confiáveis relataram rapidamente cerca de 2.500 engajamentos de movimento[42]. Isso incluiu quase 500 movimentos[43], que produziram milhões de novos discípulos. Em meados de 2019, a contagem havia aumentado para mais de 1.000 movimentos!

O que trouxe esse salto — de 160 movimentos conhecidos em meados de 2017 para mais de 1.000 em meados de 2019? Não foi devido principalmente ao novo trabalho iniciado, mas ao novo trabalho conjunto. Isso, por sua vez, levou a uma maior consciência da obra do Espírito Santo.

Como isso passou despercebido por tanto tempo?

Como no primeiro século, esses movimentos se espalharam rapidamente por meio de famílias e relacionamentos pré-existentes. Eles aumentaram por meio da interação diária de crentes nas casas e em lugares públicos, sem edifícios novos e especiais. Assim, as pessoas que identificam "igreja" como edifícios especiais não percebem facilmente a realidade silenciosa da multiplicação dos movimentos.

---

[41]Lausanne.org/best-of-lausanne/finishing (Kent lidera a agência missionária *BEYOND*).

[42]Engajado com estratégia de movimento, mas ainda não se reproduzindo até quatro gerações.

[43]Baseado em relatos confiáveis de quatro ou mais linhagens reproduzindo até quatro ou mais gerações.

Líderes de missão compartilham seus relatórios apenas com aqueles em quem confiam profundamente. Seu objetivo é uma melhor colaboração. E eles têm um bom motivo para restringir seus relatórios a apoiadores e colegas de confiança.

- Pessoas de fora, mesmo com boas intenções, podem prejudicar rapidamente um movimento.
- O financiamento externo matou muitos movimentos potenciais.
- Atenção indesejada aumenta a perseguição a movimentos.

Um pequeno número de movimentos terminou. Mas a maioria continua crescendo rapidamente. Alguns também estão espalhando-se para outros PNA. Alguns movimentos grandes continuaram por 20 anos ou mais. Eles diminuíram a taxa de crescimento à medida que cresciam. No entanto, a maioria dos movimentos são novos e estão crescendo rapidamente.

Os movimentos se multiplicam mais rapidamente do que podem ser rastreados por métodos anteriores. Bons termos e métodos para rastrear tais movimentos ainda estão em desenvolvimento. Em alguns casos, não seria sensato que uma equipe externa visitasse um movimento. Nesses casos, os pesquisadores buscam relatórios detalhados e informações de confirmação de outras fontes. Esses relatórios levam a uma verdadeira...

Nova realidade surpreendente

No início de 2019, relatórios confiáveis apoiaram essa nova visão.

- Em 1995: pelo menos 5 movimentos completos com 15.000 novos discípulos.
- Em 2000: pelo menos 10 movimentos com 100.000 novos discípulos.
- Em 2019: pelo menos 1.000 movimentos com mais de 70 milhões de novos discípulos!
- E pelo menos 90% desses movimentos estão entre PNA!

Movimentos agora existem em quase 80% dos agrupamentos de povos[44] do *Joshua Project* (Projeto Josué). Vários milhares de engajamentos de movimento estão buscando ativamente se tornar movimentos completos (tendo reprodução consistente de quatro ou mais gerações espirituais em múltiplos fluxos — Nível 5 ou superior)[45].

Atualmente, apenas uma fração de Povos Não Alcançados e de Fronteira possui um movimento completo. Portanto, ainda são necessários milhares de movimentos. No entanto, temos muitas razões para esperar um crescimento rápido e contínuo dos movimentos.

Fatores encorajadores

A contagem global de movimentos provavelmente continuará crescendo, por meio de:

- Revisão adicional dos relatórios de movimento.
- Engajamentos existentes se transformando em movimentos.
- Mais plantadores de igrejas aprendendo a conduzir movimentos.
- Igrejas tradicionais (visíveis) aprendendo a iniciar movimentos.
- Mobilização de mais obreiros para conduzir movimentos.
- Treinamento de movimento mais eficaz, com experiência monitorada.
- Novo aprendizado a partir de sucessos e fracassos uns dos outros.
- Disseminação natural de movimentos para novos povos e lugares.
- Multiplicação planejada de movimentos existentes.

---

[44]JoshuaProject.net/global/clusters

[45]Veja o *Continuum* de CPM em MultMove.net/cpm-continuum

- Mais crentes orando especificamente por movimentos.
- Mais descobertas sobre o que Deus já está fazendo.

Características comuns de igrejas de movimentos

Em movimentos, as igrejas geralmente...

- Abençoam e discipulam famílias e unidades sociais mais do que indivíduos.
- Levantam e preparam líderes naturais de dentro dos grupos existentes.
- Concentram seu estudo da Bíblia em como melhor conhecer e obedecer a Deus.
- Discipulam mais pela descoberta guiada pelo Espírito do que pelo ensino especializado.
- Cultivam a maturidade, obedecendo com amor ao que eles aprendem.
- Reúnem-se em casas e lugares públicos mais do que em prédios especiais de igrejas.
- Média de 15 pessoas em reuniões interativas regulares.
- Procuram multiplicar novas igrejas em vez de crescer em tamanho.
- Empregam padrões simples que cada discípulo pode seguir e reproduzir.
- Capacitam os discípulos para se multiplicarem, em vez de apenas servi-los.
- Trabalham em prol de muitas novas gerações (não apenas igrejas filhas).
- Espalham-se principalmente por meio de redes de relacionamento.
- Mostram-se mais estáveis do que igrejas de estranhos reunidos.
- Não são facilmente vistas por estranhos e pela comunidade ao seu redor.

Exemplos da vida real
- Ying e Grace eram plantadores de igrejas altamente eficazes. A cada ano, eles ganhavam de 40 a 60 pessoas para Cristo. Eles as organizariam em uma igreja e então se mudariam para uma nova parte de sua cidade. (Ao final de 10 anos, se cada uma dessas igrejas dobrasse de tamanho, isso poderia ter produzido 1.200 novos crentes.) Então foi solicitado a Ying que tentasse alcançar um povo não alcançado com uma população de 20 milhões. No ano 2000, Ying e Grace foram treinados nos princípios do movimento. Começaram a treinar discípulos para iniciar pequenas igrejas que se multiplicariam rapidamente. Nos 10 anos seguintes, 1,8 milhão de novos discípulos foram batizados. Eles também eram discipulados usando uma abordagem simples em que os discípulos treinariam novos discípulos. O número de igrejas se multiplicou para 160 mil, com uma taxa média de crescimento anual de 50%[46]! Pesquisadores, mais tarde, verificaram esse movimento. Descobriram que os números, na verdade, eram maiores do que os relatados.
- Trevor trabalha em um grupo com mais de 99% de muçulmanos. Ele começou buscando crentes locais que desejavam abençoar os muçulmanos e estavam dispostos a tentar algo novo. Orientou esses crentes a começarem a multiplicar pequenos estudos bíblicos de descoberta. Também os ajudou a aprender com os sucessos e fracassos uns dos outros. Cada um deles iniciou um movimento de estudos bíblicos de descoberta. Por meio desses estudos, muitos muçulmanos passaram a ter fé em Cristo. Eles compartilharam com suas

---

[46]*T4T: Uma re-revolução do discipulado: A história por trás do movimento de plantação de igrejas em mais rápido crescimento do mundo e como pode acontecer em sua comunidade!* por Steve Smith. Tradução livre de *T4T: A Discipleship Re-Revolution: The Story Behind the World's Fastest Growing Church Planting Movement and How it Can Happen in Your Community!*, não disponível em português) (MultMove.net/t4t).

famílias, amigos e outras pessoas que conheciam. Alguns deles se mudaram para outras áreas e levaram o evangelho com eles. Em agosto de 2017, essa rede de movimentos já havia se espalhado para 40 idiomas em oito países. Isso incluiu um total de 25 movimentos completos e muitos mais engajamentos de movimento. Em janeiro de 2018, apenas cinco meses depois, essa rede se espalhou para 47 idiomas em 12 países![47]

- VC relata: "Muitos missionários vieram ao meu país, mas não viram o fruto de seu trabalho. Temos o privilégio de ver este fruto. Passamos do evangelismo à formação de discípulos, à plantação de igrejas e agora ao início de movimentos. Estamos confiantes de que até 2020 teremos uma equipe em cada aldeia!".
- Dwight Martin foi criado na Tailândia e voltou adulto para servir à igreja nacional com tecnologia para rastrear o crescimento da igreja. Em abril de 2019, a *Christianity Today* dedicou sua história de capa a como isso está trazendo clareza à necessidade remanescente na Tailândia, e como o movimento existente que Dwight descobriu agora planta mais igrejas em duas semanas do que mais de 300 missionários evangélicos com a Sociedade Evangélica da Tailândia em um ano inteiro.[48]

Mais clareza em relação à tarefa remanescente

Desde o início de 2018, a nova classificação de Povos de Fronteira trouxe uma clareza renovada para a tarefa remanescente[49]. Deus está estimulando a oração global unida por movimentos entre os

---

[47]Observe os livros "para ativistas de movimento" de Trevor.
[48]TinyURL.com/ThaiCPM
[49]JoshuaProject.net/frontier/3

maiores grupos remanescentes de Povos de Fronteira[50]. Nunca na história, o Espírito Santo estimulou tal cooperação global em oração e trabalho focados, nem um progresso tão rápido.

Essas boas-novas do reino *serão* pregadas em todo o mundo...

Aquele que dá testemunho destas coisas diz: "Sim, venho em breve!" Amém. Vem, Senhor Jesus! (Apocalipse 22:20)

---

[50]Prayer.MultMove.net/the31

14

Como Deus está se movendo para alcançar os não alcançados[51]

Por Dr. David Garrison[52]

Há pouco mais de 20 anos, o termo movimento de plantação de igrejas entrou pela primeira vez em nosso vocabulário missionário. Na época, estávamos nos maravilhando com o surgimento anômalo de igrejas reproduzindo igrejas a um ritmo que só tínhamos lido no livro de Atos, do Novo Testamento. Na esperança de aprender com essas obras extraordinárias de Deus, peguei um livreto descritivo de 57 páginas em 1999, chamado *movimentos de plantação de igrejas*.

Aquele pequeno livreto circulou pelo mundo com traduções nativas em mais de 40 idiomas (veja bit.ly/cpmbooklet). Ao que

---

[51]Esse conteúdo é de um artigo que apareceu na edição de janeiro-fevereiro de 2018 da *Missão Fronteiras*, www.missionfrontiers.org, p. 17.

[52]Por mais de três décadas, o Dr. David Garrison tem sido um pioneiro em entender movimentos de plantação de igrejas. Autor e editor de vários livros, Garrison atualmente serve como Diretor Executivo do Global Gates, um ministério dedicado a alcançar os confins da Terra por meio de pessoas de grupos menos alcançados que chegaram em cidades globais.

parece, os quatro movimentos que inicialmente traçamos foram apenas o início de uma onda do Reino que abriria caminho para milhões de novos crentes nos anos que se seguiram.

Hoje o Corpo de Cristo continua a aprender novas maneiras de aplicar os princípios dinâmicos de CPM. Deus está usando servos fiéis para catalisar novos movimentos em ambientes hindus, muçulmanos, seculares, urbanos, rurais, ocidentais e não-ocidentais em todo o mundo. A seguir, cinco breves pinceladas de como Deus está usando os princípios de CPM para produzir uma colheita na África, Ásia, Haiti e Flórida.

15

Como Deus está se movendo entre os não alcançados na África Oriental[53]

Por Aila Tasse[54]

A través de movimentos de plantação de igrejas (CPMs) e movimentos de fazedores de discípulos (DMMs) ocorreram coisas fantásticas entre povos não alcançados na África Oriental. Desde 2005, já vimos 7.571 igrejas plantadas com 185.358 novos discípulos. Várias linhagens começaram multiplicando-se em CPMs adicionais. Em Ruanda, o movimento está em 14 gerações de novas igrejas. O Quênia está com nove gerações. Deus está impactando 11 países, incluindo Tanzânia, Burundi, Uganda, e até mesmo o Sudão, apesar da guerra.

---

[53] Esse conteúdo é de um artigo que apareceu na edição de janeiro-fevereiro de 2018 da *Missão Fronteiras*, www.missionfrontiers.org, pág. 18, com atualização de dados e relatos de "movimento de fazedores de discípulos na África Oriental", na edição de novembro-dezembro de 2017 da *Missão Fronteiras*, pág. 12-15.

[54] Dr. Aila Tasse é o fundador e diretor da *Lifeway Mission International* (www.lifewaymi.org), um ministério que tem trabalhado entre os não alcançados há mais de 25 anos. Aila treina e orienta DMM na África e ao redor do mundo. Ele é parte da Rede de CPM da África Oriental e coordenador regional da *New Generations* para a África Oriental.

Cresci no norte do Quênia, às margens do deserto. Um dia, enquanto orava, Deus me deu uma visão. Ele me mostrou 14 dos 22 povos não alcançados no Quênia, cada um deles vivendo naquele deserto.

Senti que Deus estava me chamando, mas eu não queria aceitar o chamado. Tinha passado por tanta perseguição de minha família e da comunidade que queria deixar a área. Naquela época, não havia cristãos entre os povos nativos. As igrejas de lá eram todas constituídas por pessoas que trabalhavam para o governo ou para ONG.

Em 1998, comecei a cumprir a visão de Deus e, nos anos seguintes, comecei a implementar os princípios de CPM. Levei a sério a aplicação de um padrão mais simples de igreja, que era muito mais reprodutível. Dois outros fatores-chave que me ajudaram a multiplicar igrejas foram as ideias de ajudar as pessoas a *descobrirem* a verdade (em vez de alguém lhes dizer isso) e a *obediência* como um padrão normal de discipulado. A estratégia de DMM tem como foco os estudos bíblicos de descoberta, onde as pessoas perdidas são apresentadas às Escrituras e descobrem a verdade por si mesmas e *obedecem* a qualquer coisa que Deus esteja falando a elas. Essa estratégia não os força a se converterem, mas foca nas Escrituras e no que o Espírito Santo fala à pessoa através delas. O líder de estudos bíblicos de descoberta os ajuda a ouvir Deus, e Ele se move de maneira poderosa neles.

Até o momento, engajamos todos os 14 PNA no deserto e fomos além. Agora estamos falando de 300 grupos de pessoas não alcançadas, de acordo com o Projeto Josué (*Joshua Project*). Estamos trabalhando nisso país por país na África Oriental, orando e focando nos menos alcançados, nos menos engajados.

Jesus nos ordenou que fizéssemos discípulos (não convertidos) enquanto vamos, até que nenhum espaço permaneça intocado por uma explosão mundial de discípulos. Isso não acontecerá plantando e fazendo crescer igrejas uma de cada vez. Não acontecerá tentando construir mega igrejas ou pagando a algumas pessoas para tentar fazer isso. Acreditamos que a única maneira de a Igreja cumprir a *Grande Comissão* é fazendo discípulos que possam fazer discípulos. Temos visto Deus fazer isso na África Oriental, às vezes em parceria com as igrejas existentes.

Um cético do DMM inicia um forte movimento de fazer discípulos

Agali deu treinamento de movimento de fazedores de discípulos a um grupo de pastores em 2015. Dos que fizeram o treinamento DMM, um pastor chamado Roba veio até ele e expressou sérias dúvidas de que as igrejas existentes pudessem fazer esse tipo de mudança. Agali não argumentou, mas desafiou Roba a iniciar o processo em sua comunidade. Roba aceitou o desafio e foi para sua comunidade em busca de uma "Pessoa de Paz". A comunidade era predominantemente uma comunidade muçulmana, onde os homens gostavam de se reunir na praça pública à tarde para tomar chá e socializar.

Roba foi para a praça pública certa tarde. Cumprimentou os homens e se ofereceu para pagar o chá deles, dizendo que tinha ido para conhecê-los. Disse que, embora fosse cristão e eles fossem muçulmanos, são vizinhos há muito tempo e, como pessoas que honram a Deus, talvez devessem se conhecer melhor. Os muçulmanos convidaram Roba para sentar-se com eles. Enquanto conversavam juntos, Roba teve a oportunidade de contar uma história da Bíblia. Contou a eles a história de Zaqueu. Os homens estavam escutando atentamente a história e quando ele chegou à parte da história quando Jesus disse: "Hoje a salvação chegou a essa casa porque esse homem também é filho de Abraão", seus ouvintes ficaram mais atentos quando o nome de Abraão foi mencionado. Depois de terminar de tomar chá, e ao se despedirem, convidaram o pastor a estar novamente com eles e contar mais histórias.

Alguns dias depois, Roba se juntou a eles novamente para tomar chá. Após as habituais saudações e falando sobre os acontecimentos atuais na comunidade, Roba perguntou se eles se lembravam da história que ele lhes contara em sua primeira visita. Disseram que sim. Pediu que repetissem a história para ele, o que eles fizeram. Depois de repetir a história, seguiu-se uma animada discussão. Um deles perguntou a Roba se ele acredita que Jesus é Deus. Roba devolveu a pergunta aos homens e perguntou: "Se Jesus na história de Zaqueu foi capaz de dar salvação aos homens, isso não mostra que Jesus poderia ter atributos divinos que não são encontrados nos homens?". Alguns dos homens responderam em concordância, acenando com a cabeça.

Essas reuniões durante o chá tornaram-se frequentes e regulares. Numa progressão natural dos relacionamentos, muitos Grupos de Descoberta e igrejas foram estabelecidos entre esses muçulmanos, resultando em 32 pequenas igrejas.

Odres novos para vinhos novos

Quando o pastor Kamau foi convidado para conduzir um treinamento em DMM entre um grupo de pastores de um distrito específico, ele não esperava que muita coisa acontecesse. Estavam céticos porque as pessoas do distrito eram conhecidas como cristãos muito nominais, e as igrejas existentes tinham muitas tradições eclesiásticas fortes, que não faziam avançar o evangelho. O pastor Kamau viu pouca esperança de que os pastores dessas igrejas aceitassem o desafio dos movimentos de fazedores de discípulos e o aplicasse entre seu povo.

Mas, felizmente, foi provado que o pastor Kamau estava enganado. Apenas quatro meses após o treinamento em DMM, aquela região viu 98 novos Grupos de Descoberta, quatro gerações na profundidade de algumas linhagens.

O pastor Ado compartilhou que o treinamento em DMM que ele recebeu do pastor Kamau mudou sua mentalidade. Ado relatou que imediatamente após ter feito o treinamento em DMM, ele substituiu a pregação de domingo por Grupos de Descoberta para ver o que aconteceria, se alguma das pessoas relataria como obedeceria a Deus.

Ele informou que seus membros relataram uma alegria renovada em seu relacionamento com Deus e de uns com os outros. Alguns membros relataram ter sido curados de enfermidades durante as orações do Grupo de Descoberta.

O pastor Ado disse que os membros de sua igreja também foram treinados para iniciar Grupos de Descoberta em suas casas e em seus bairros e mais 42 grupos foram iniciados em apenas alguns meses.

Vemos Deus usando muitas pessoas e grupos, e louvamos a Deus pela rede e colaboração da 24:14. Precisamos trabalhar juntos como Corpo de Cristo. Precisamos aprender com os outros, assim como compartilhar o que estamos aprendendo.

16

Como Deus está se movimentando pelo Sul da Ásia[55]

Pela família "Walker"[56]

Nossa equipe consiste em um casal casado, outro expatriado e dois colegas de trabalho nacionais, Sanjay* e John* (o irmão mais novo de Sanjay). Somos cooperadores. Não há um sentido de "nós" ou "eles". Somos todos apenas discípulos de Jesus, pessoas que tentam ouvi-lo e fazer o que Ele diz. Sempre que um de nós sente a necessidade de uma mudança ou de uma nova abordagem no trabalho, nós a apresentamos ao restante da equipe da maneira mais humilde possível e depois buscamos o Senhor para confirmação em Sua Palavra.

---

[55] Essa é uma ampliação de um artigo publicado na edição de janeiro-fevereiro de 2018 da *Missão Fronteiras* e inclui material extraído do livro *Dear Mom and Dad: An Adventure in Obedience* (Queridos papai e mamãe: Uma aventura na obediência, em tradução livre, não disponível em português), de R. Rekedal Smith.

[56] A família "Walker" começou o trabalho transcultural em 2001. Em 2006, eles se juntaram a *Beyond* (www.beyond.org) e em 2011 começaram a aplicar os princípios do DMM. Eles se uniram à "Phoebe" em 2013. Phoebe e os Walker mudaram de país em 2016 e têm apoiado os movimentos a distância.

Nós expatriados não viemos para o campo com essa perspectiva. Passamos muitos anos no campo girando nossas rodas. Estávamos ocupados, mas infrutíferos. Em 2011, assistimos a treinamentos de fazedores de discípulos patrocinados por nossa agência. Os treinamentos mudaram nossa vida. Por duas semanas, estudamos a Palavra de Deus. Não lemos livros sobre missões ou estudamos padrões modernos em missões. Simplesmente abrimos nossas Bíblias e procuramos respostas a perguntas como: "Jesus tinha uma estratégia para alcançar pessoas perdidas?".

Deus usou os treinamentos para mudar nossos paradigmas. Mais importante ainda, nos deparamos com essa questão: "E se, em vez de nos concentrarmos no que podemos fazer (engenharia, ensino, administração, comunicação), nos concentrarmos no que precisa ser feito?". Em todos os anos em que estivemos no campo, nos concentramos em usar nossas habilidades. E se a pergunta nunca tivesse sido sobre nossas habilidades, mas sim "o que precisa ser feito para salvar os perdidos?". A resposta a essa pergunta incluiria necessariamente habilidades que não temos (como fazer amizade com estranhos, orar com não crentes e seguir as instruções dadas em Lucas 10). Que alívio perceber que obedecer à ordem de Jesus de fazer discípulos (veja Mateus 28:19) não gira em torno de nossos métodos, tipos de personalidade ou níveis de inteligência! Jesus não convidou Seus primeiros discípulos a segui-lo porque eram os melhores ou os mais inteligentes. Eles eram pescadores sem instrução, vis coletores de impostos e oprimidos desamparados. Mas eles obedeciam a Jesus.

Estávamos muito empolgados. Pela primeira vez em nossa vida no campo, começamos a nos concentrar no desejo de Deus de que ninguém perecesse em vez de nas nossas habilidades. Começamos a tentar coisas novas, incluindo:

1. Obediência pessoal (busca de pessoas que abririam suas casas ao evangelho);

2. Aumento da oração (não mais apenas uma atividade de tempo pessoal e devocional; a oração passou a fazer parte da descrição de nosso trabalho);

3. Visão de corpo com os crentes existentes para se associarem a essa empreitada;

4. Treinamento de cristãos interessados, e

5. Recebimento de orientação dos que estão à nossa frente.

Poucos meses após receber treinamento, encontramos um conhecido chamado Sanjay, um homem que não víamos há vários anos. O que vem a seguir é a perspectiva de Sanjay sobre essa reunião.

Nasci em uma família cristã. Seguimos as tradições cristãs. Quando eu tinha idade suficiente, recebi quatro anos de treinamento bíblico e depois me tornei um professor bíblico. Com o tempo, comecei 17 igrejas diferentes em áreas rurais, em uma grande área geográfica do meu país.

Em dezembro de 2011, conheci o irmão Walker na estrada em Delhi. Ele perguntou se eu gostaria de ir a sua casa para um treinamento sobre plantação de igrejas. Naquele momento da minha vida, eu era um homem muito orgulhoso. Tinha um grande ministério. Tinha começado uma escola e um centro de treinamento bíblico. Pensei: "O que esse cara pode me ensinar?". Decidi não ir.

Contudo, um mês depois, liguei para desejar a ele um Feliz Ano Novo. Quando liguei, ele disse: "Falei com você sobre um treinamento sobre plantação de igrejas. Por que você não vem?".

Dessa vez, eu cedi. Disse que iria e levaria alguns amigos.

Quando chegamos, ele nos deu água para beber e nos agradeceu por termos ido. Depois nos deu papel e caneta e disse: "Hoje vamos estudar as Escrituras. Vou preparar *chai* para todos. Enquanto faço isso, todos vocês, por favor, copiem Mateus 28:16-20 de suas Bíblias para seu pedaço de papel. Ao lado da passagem, escrevam como vão aplicá-la em sua vida".

Pensei: "Que tipo de treinamento é esse? Tudo o que ele fez foi me dar um pedaço de papel e uma caneta!". Eu já tinha um treinamento em faculdade bíblica. Tinha completado 12 anos de ministério muito bem-sucedido. Mas, em 10 minutos, eu era um homem transformado.

Li em Mateus 28 que Jesus disse que devemos ir e fazer discípulos. Escrevi isso. Mais tarde, depois de compartilhar o que estava no meu papel, o irmão me perguntou: "Sanjay, você tem um ministério muito grande, mas você tem algum discípulo?". Pensei: "Não tenho um sequer. Em 10 anos, não fiz nada por Jesus. Ele disse para fazer discípulos, mas até hoje, eu não tenho nenhum".

No mês seguinte, voltei para visitar novamente os Walkers. Sentamos juntos e estudamos a Palavra de Deus. Decidi que, a partir de então, deixaria para trás todas as outras coisas. Voltei para casa com um desejo — de não fazer nada menos, nada mais, do que fazer discípulos. Renunciei à escola que havia iniciado, a meu cargo no ministério internacional que pagava um bom salário e a meu trabalho como presidente do centro de treinamento bíblico. Deixei tudo. Desde aquela época, tenho me concentrado em obedecer ao mandamento de Jesus e nada mais. E Deus tem provido fielmente para todas as nossas necessidades.

Começamos a nos reunir aproximadamente uma vez por mês com Sanjay e 15 amigos que ele convidou de vários distritos de seu estado. A maioria eram crentes de origem cristã, enquanto alguns eram crentes de origem hindu. Os que aplicavam os princípios de CPM começaram a ver rapidamente os frutos. Sanjay era o principal treinador e encorajador desse grupo.

- Em dezembro de 2012 havia 55 Grupos de Descoberta, todos compostos por pessoas perdidas.
- Em dezembro de 2013 havia 250 grupos (igrejas e grupos de descoberta).
- Em dezembro de 2014 havia 700 igrejas e estima-se que 2.500 foram batizados.
- Em dezembro de 2015 havia 2.000 igrejas e estima-se que 9.000 foram batizados.
- Em dezembro de 2016 havia 6.500 igrejas e estimava-se em 25.000 o número de batismos.
- Em dezembro de 2017 havia 21.000 igrejas e tornou-se impraticável tentar contar os batismos.
- Em dezembro de 2018 havia 30.000 igrejas.

Aqui estão algumas das muitas lições que aprendemos:

1. Mateus 10, Lucas 9 e 10 oferecem uma *estratégia eficiente* para se conectar com pessoas perdidas.

2. *Milagres* (cura e/ou libertação demoníaca) são um componente consistente das pessoas que entram no Reino.

3. Quanto mais fácil for o processo de descoberta, mais eficaz será. Assim, *simplificamos* a ferramenta várias vezes.

4. O treinamento a partir da Palavra de Deus é mais poderoso, eficiente e com mais potencial para ser reproduzido do que ferramentas e métodos feitos pelo homem.

5. É melhor *investir profundamente na capacitação das pessoas que estão aplicando* os princípios do CPM do que focar em realizar mais treinamentos.

6. Todos devem obedecer amorosamente a Jesus, e todos devem passar o treinamento para alguém mais.

7. É vital *mostrar quando alguém está seguindo a tradição e não a Palavra, mas apenas com* sensibilidade cultural e confiança crescente, não como um ataque.

8. É vital chegar aos *lares*, não apenas aos indivíduos.

9. Usar os estudos bíblicos de descoberta tanto para pré-igrejas como para igrejas.

10. Capacitar discípulos analfabetos e semialfabetizados para fazer o trabalho é o que dá mais frutos. Para esse fim, *fornecemos aparelhinhos de som recarregáveis e baratos* com conjuntos de histórias em cartões de memória para aqueles que não sabem ler. Cerca da metade das igrejas foi plantada com o uso desses aparelhos. Discípulos se sentam juntos, ouvem as histórias e as aplicam às suas vidas.

11. Círculos de liderança oferecem *orientação mútua*, sustentável e reprodutível para líderes.

12. A oração intercessora e a oração de escuta (que inclui tempo de silêncio para ouvir a Deus) são cruciais.

O movimento tem chegado consistentemente além da 4ª Geração de grupos em muitos lugares. Em alguns poucos locais, chegou a 29 gerações. De fato, isso não é apenas um movimento, mas são múltiplos movimentos em mais de seis regiões geográficas, diversas línguas e diversos contextos religiosos. Apenas uma pequena parte das igrejas utiliza edifícios especiais ou espaços alugados; quase todas são igrejas domésticas, que se reúnem em uma casa ou pátio, ou debaixo de uma árvore.

Nossos papéis como catalisadores externos (Expatriados)

- Oferecemos mudanças de paradigma simples, replicáveis e bíblicas.
- Fornecemos forte apoio à oração como equipe e também mobilizamos apoio estratégico de oração no exterior.
- Fazemos perguntas.
- Treinamos nacionais para que treinem outros.
- Oferecemos orientação se/quando o passo seguinte não estiver claro.
- Somos muito cuidadosos ao enfrentar um problema sobre o qual possamos discordar de Sanjay e John. Nós os consideramos mais importantes do que nós mesmos. Eles não são nossos funcionários, mas cooperadores que buscam obedecer ao Senhor juntos. Assim, nós os encorajamos a não apenas acolher o que falamos sobre qualquer assunto, mas também a buscar o Senhor pessoalmente para ver o que Ele está dizendo.
- Algumas vezes convidamos nosso mentor pessoal do DMM para se encontrar com Sanjay e John para que eles possam ouvir de alguém que tenha visto e feito mais do que nós.
- Nós nos esforçamos para diminuir seus sentimentos de dependência em relação a nós. Optamos ativamente por sair do caminho o mais rapidamente possível.
- Fornecemos ferramentas para líderes de discipulado (treinamentos bíblicos e treinamentos para crescimento de liderança) e ferramentas para discipulado nas igrejas (estudos de descoberta).

O papel da mulher no movimento

Líderes femininas têm surgido em linhagens de fazedores de discípulos facilitadas por líderes masculinos. Líderes femininas também se multiplicaram e desenvolveram outras líderes femininas. Na verdade, as líderes femininas constituem um componente-chave do trabalho, possivelmente mais de 30 a 40% dos líderes centrais dos movimentos. Mulheres, mesmo jovens, lideram igrejas domésticas, plantam novas igrejas e batizam outras mulheres.

O papel de líderes-chave internos

Os nacionais são os que fazem o trabalho "real". Percorrem as estradas poeirentas, entram nas casas e oram por milagres e libertação. São eles que iniciam os estudos bíblicos com simples agricultores e suas famílias, ficando em suas casas e comendo sua comida, mesmo quando a temperatura está próxima de 40 graus e não há eletricidade ou água. Fazem o trabalho e estão entusiasmados com os frutos que estão produzindo! Suas histórias alimentam o restante de nós para continuarmos.

Fatores-chave em andamento

1. **Oração de escuta.** Orar é nosso trabalho. O Senhor alterou e ajustou nossas abordagens muitas vezes por meio da oração. Ouvir é uma parte importante da oração. Tem havido muitas mudanças ao longo do caminho. Tantas perguntas: O que vem a seguir? Devemos trabalhar com essa pessoa? Chegamos a um "impasse"; que Escrituras devemos usar para o próximo treinamento? Será um bom uso dos nossos recursos? É hora de dispensar esse irmão que não está aplicando o modelo, ou devemos dar mais uma chance a ele? Devemos continuar o treinamento nessa cidade ou é um beco sem saída? Nós, a equipe inteira, aprendemos a sentar e aguardar a resposta de Deus, não importa qual seja a pergunta.

2. **Milagres.** O movimento tem crescido principalmente em bases relacionais por intermédio de milagres. Temos visto muitas curas e libertações de demônios. Milagres não apenas abrem portas para um estudo bíblico de descoberta, mas notícias sobre milagres se espalham ao longo das relações familiares e de relacionamentos para que outras famílias se abram. Por exemplo, um discípulo pode encontrar uma oportunidade de orar por uma pessoa endemoniada. Quando a pessoa é liberta, a palavra se espalha por toda sua família, incluindo parentes que vivem em outras aldeias. Esses parentes pedem ao discípulo que também vá orar por eles. Quando o discípulo e a pessoa recém-libertada vão e oram, muitas vezes um milagre acontece também para os parentes, e outro estudo bíblico de descoberta começa. Dessa forma, pessoas simples e sem instrução — inclusive aquelas que mal chegaram ao Reino — veem o Reino de Deus crescer.

3. **Avaliação.** Fazemos muitas perguntas: "Como estamos indo? Nossas ações atuais nos levarão para onde queremos ir? Se fizermos _____, os nacionais poderão fazê-lo sem nós? Eles podem replicar isso?".

4. **Somos muito cautelosos quanto ao uso do dinheiro.**

5. **Adaptamos nosso material.** Somos seletivos quanto aos materiais que utilizamos. Se um novo recurso que nos foi dado não se encaixa bem, nós o ajustamos. Não há uma fórmula que funcione para todos.

6. **Estamos centrados nas Escrituras.** Qualquer "bom ensinamento" que pudéssemos ministrar nunca seria tão eficaz quanto o que o Espírito Santo pode imprimir no coração das pessoas por meio da Palavra de Deus. Portanto, cada

treinamento que conduzimos tem uma forte base bíblica. Durante os treinamentos, todos fazem observações, apresentam perguntas e se aprofundam.

7. **Cada um compartilha com os outros o que aprende.** Ninguém é um lago; todos somos rios. Espera-se que os discípulos passem cada treinamento que recebem para suas próprias linhagens de discipulado.

Louvamos a Deus pelo grande trabalho que Ele tem feito desde que nossa equipe começou a focar exclusivamente no mandato de fazer discípulos de todas as nações!

17

Como Deus está se movendo entre os muçulmanos do Sudeste Asiático[57]

Por Yehezkiel[58]

Consideramos que o plantador de igrejas de fora (mesmo se for o nacional) é a Geração 0. A pessoa local (Geração 1 — G1) que ouve o evangelho e responde, crendo, é batizada, discipulada e imediatamente treinada para alcançar sua família, amigos e conhecidos. Quando o crente G1 compartilha o evangelho com seus contatos e eles creem, os novos crentes são imediatamente batizados, discipulados e treinados pelo crente local. Esse grupo se torna uma igreja doméstica G1 com o crente local como seu líder.

---

[57]Esse conteúdo é de um artigo que apareceu na edição de janeiro-fevereiro de 2018 da *Missão Fronteiras*, www.missionfrontiers.org, pág. 19-20.

[58]Yehezkiel serve como Diretor de Missões para uma Igreja Batista no Sudeste Asiático. Nossa rede ministerial está focada em iniciar movimentos em terras muçulmanas do Sudeste Asiático. A pedra angular essencial da nossa rede de plantação de igrejas é o próprio evangelho. O evangelho funciona como nosso primeiro filtro quando interagimos com as pessoas. Na primeira vez em que encontramos alguém, compartilhamos o evangelho no início de nossa conversa: em qualquer lugar, a qualquer hora e com qualquer um. Mediante a apresentação do evangelho, iniciamos o processo de plantação de uma congregação, por meio desse novo crente local.

Os crentes se reúnem rotineiramente todas as semanas na igreja doméstica G1 para adorar a Jesus, celebrar a Ceia do Senhor e estudar juntos a Palavra de Deus, usando um guia que fornecemos. Muito rapidamente eles assumem a responsabilidade de alcançar sua rede de relacionamentos. Os crentes da G1 são discipulados e treinados para discipular e treinar outros e estabelecer comunidades domésticas com as novas pessoas que alcançam.

A igreja doméstica funciona como um centro de envio no qual todos os participantes são capacitados para se tornarem plantadores de igrejas. Toda semana após o culto, cada membro da comunidade sai para alcançar, discipular e treinar outros. Aqueles que chegam à fé são imediatamente batizados, discipulados e treinados para alcançar sua rede de contatos e reuni-los em uma igreja doméstica.

Esse processo continua com supervisão, avaliação e treinamento constante. Dessa forma, temos sido capazes de estabelecer milhares de comunidades domésticas. Nos últimos anos, dezenas de milhares de pessoas chegaram à fé e foram batizadas, até 20 gerações. Nossa rede ministerial também se estendeu a outras áreas para ajudar obreiros em outras ilhas e grupos étnicos do Sudeste Asiático.

Esse processo de multiplicação é o que queremos dizer com movimento de plantação de igrejas. Essa abordagem requer um compromisso de longo prazo, com avaliação e monitoramento contínuos, que não ponham em perigo o processo de plantação da igreja em si.

A autonomia das igrejas domésticas é uma alta prioridade. Os líderes são rapidamente capacitados para que possam assumir o ministério. Nós, como líderes da Geração 0, rapidamente damos autoridade aos líderes locais para desempenharem todas as funções de uma igreja. Eles batizam, recebem as pessoas na comunidade, ensinam a Palavra de Deus, celebram a Ceia do Senhor e assim por diante. Chamamos esse processo de capacitação de "Modelar, Auxiliar, Observar e Dar Poder". Este processo começa assim que as pessoas chegam à fé. A autonomia é planejada e aplicada desde o início.

Os crentes nesse movimento não só entendem o objetivo final, mas também vivem efetivamente o estilo de vida que cumpre esse objetivo. Nosso trabalho é assegurar que esse entendimento e prática continuem a ser transferidos para cada novo crente e igreja doméstica, geração após geração.

18

Como Deus está se movendo para que não reste lugar algum sem o evangelho no Haiti[59]

Por Jephte Marcelin[60]

Sou um dos servos em *No Place Left* Haiti. Nossa visão é obedecer fielmente a Jesus, fazendo discípulos que fazem discípulos, plantando igrejas que plantam igrejas e mobilizando missionários para as nações até que não reste mais lugar sem o evangelho. Fazemos isso entrando em campos vazios, compartilhando o evangelho com qualquer um que escute, discipulando aqueles que respondem, organizando-os em novas igrejas e levantando líderes do meio deles para que repitam o processo. Isso está acontecendo em cada lugar diferente do Haiti. Quando essas igrejas se reúnem em casas, debaixo de árvores e em todos os lugares, estamos vendo novos líderes e equipes sendo levantados da colheita.

---

[59]Esse conteúdo é de um artigo que apareceu na edição de janeiro-fevereiro de 2018 da *Missão Fronteiras*, www.missionfrontiers.org, pág. 21-22.

[60]Jephte Marcelin é nativo do Haiti e trabalha para não ver nenhum lugar onde o evangelho ainda não seja conhecido. Aos 22 anos, Jephte renunciou a um futuro brilhante como médico para realizar o plano de Deus para sua vida como um catalisador de movimento.

Um grande exemplo disso é Joshua Jorge, um de nossos líderes de equipe. Ele está trabalhando para não sobrar mais lugar onde o evangelho não seja pregado em Ganthier, uma área localizada no sudeste do Haiti. Recentemente, ele enviou dois de seus "Timóteos", o Wiskensley e o Renaldo, para uma área chamada Anse-à-Pitres. Seguindo o exemplo de Lucas 10, foram sem nenhuma provisão extra e procuraram uma casa de paz. Chegaram e imediatamente começaram a compartilhar o evangelho de casa em casa, pedindo ao Senhor que os conduzisse ao povo preparado por Deus. Após algumas horas, encontraram um homem na rua chamado Calixte. Ao compartilharem com ele sobre a esperança encontrada somente em Jesus, ele recebeu o evangelho e entregou sua vida a Jesus.

Wiskensley e Renaldo perguntaram a Calixte onde ele morava, e ele os conduziu até sua casa. Entraram na casa, compartilharam sobre Jesus com toda sua família e todos decidiram seguir Jesus naquele dia. Esses dois embaixadores passaram os quatro dias seguintes com essa família, treinando-os e levando-os à colheita para compartilharem com seus vizinhos. Durante esses quatro dias, 73 pessoas se voltaram e creram em Jesus, 50 delas foram batizadas e formaram uma nova igreja na casa de Calixte. Wiskensley e Renaldo continuaram a retornar para treinar alguns líderes emergentes em ferramentas simples, bíblicas e reprodutíveis. Em apenas algumas semanas, essa nova igreja já havia se multiplicado em duas outras igrejas! Louvado seja Jesus!

Meu povo tem sido oprimido física e espiritualmente há gerações. No Haiti se diz ao povo: "Você não pode seguir Jesus enquanto sua vida não estiver limpa". Dizem: "Não leiam a Bíblia porque não a entenderão". Jesus diz: "Sigam-me e eu os farei pescadores de homens". Agora estamos ouvindo Jesus. Os haitianos estão encontrando a liberdade no evangelho da Graça. Ao seguirmos a estratégia do Reino de Jesus, que nos foi dada nos evangelhos e no livro de Atos, sendo fiéis em obedecer a todos os Seus mandamentos,

O Senhor da colheita está fazendo uma grande obra. Estamos verdadeiramente experimentando um mover do Espírito de Deus. Milhares de haitianos estão aceitando sua identidade como embaixadores de Cristo e milhares de novos agrupamentos de Jesus estão sendo formados. Não estamos buscando construir nosso próprio reino, mas entregando o Reino de Deus. E Ele o está multiplicando!

Começamos a implementar os princípios do movimento em fevereiro de 2016. Estamos agora seguindo sete linhagens de igrejas de quarta geração (e mais), representando mais de 3.000 novas igrejas e 20.000 batismos.

19

Como Deus está fazendo coisas simples crescerem e se multiplicarem[61]

Por Lee Wood[62]

Em março de 2013, participei de um treinamento de discipulado da *Metacamp*, facilitado por Curtis Sergeant. O foco estava em obediência e treinamento de outros para fazer discípulos que fazem discípulos, levando à multiplicação de igrejas domésticas simples. Cheguei ao treinamento com uma paixão pelo discipulado e uma saudável insatisfação com meu *status quo*. Entendi *por que* somos chamados a fazer discípulos — para que o mundo possa saber —, mas fiquei confuso em relação a como. No treinamento, aprendemos *como* e a importância de fazer discípulos como expressão de nosso amor por Deus e pelos outros.

---

[61]Esse conteúdo é de um artigo que apareceu na edição de janeiro-fevereiro de 2018 da *Missão Fronteiras*, www.missionfrontiers.org, pág. 22.

[62]Lee Wood, que era órfão, jovem abusado e viciado, recebeu Jesus aos 23 anos e sua vida foi totalmente transformada. Sua energia extraordinária é contagiosa para todos os que o rodeiam. A paixão de seu coração está discipulando outros por Cristo até que o mundo inteiro saiba.

Saí ansioso para aplicar os princípios: conte sua história, conte a história de Deus, forme grupos e treine-os para fazer o mesmo. Agarrando a oportunidade, começamos com 63 grupos no primeiro ano e treinamos outros para fazer o mesmo. Alguns grupos se multiplicaram até a quarta geração. Centenas de grupos se formaram nos dois primeiros anos, mas com um acompanhamento fraco, eles não se sustentavam ou se multiplicavam da maneira que deveriam. Estávamos tão ocupados formando grupos que falhamos em seguir todos os princípios que tínhamos aprendido.

Felizmente, Curtis não desistiu de nós. Ele continuou nos treinando, enfatizando princípios criticamente importantes:

1. Cuide da profundidade do seu ministério. Deus se encarregará da amplitude.

2. Invista profundamente nos poucos que estão obedecendo.

3. Continue fazendo o que você está fazendo e você vai melhorar nisso.

4. Coisas simples crescem. Coisas simples se multiplicam.

5. Obedeça e treine outros.

Voltamos para resgatar o que fosse possível. Investimos naqueles que estavam claramente obedecendo ao chamado. (Não fazer isso foi nosso fracasso mais significativo em nossos esforços anteriores). Começamos a orar, caminhando intencionalmente em alguns dos piores lugares de Tampa, para encontrar "Pessoas de Paz" — pessoas preparadas para receber Cristo e transmitir a boa-nova a seus relacionamentos — entre o menor, o perdido e o derradeiro. À medida que aprendíamos mais, começamos a treinar outras pessoas localmente e, por fim, globalmente. Grupos saudáveis começaram a se multiplicar. O movimento se expandiu para outras cidades da Flórida e quatro outros estados. Com a ajuda de alguns de nossos primeiros discípulos, ele se expandiu para dez outros países. Começamos a enviar missionários para povos não alcançados e não engajados depois de dois anos, a partir de um movimento totalmente orgânico e descentralizado.

Em parceria com outra rede, enviamos treinadores a mais de 70 países, onde estão tendo início ou estão em andamento movimentos que se automultiplicam de pessoas alcançando outras do seu círculo de relacionamento para Cristo. Além disso, outros começaram a vir para nossa cidade para treinamento de imersão em um modelo de igreja urbana emergente, engajando-se em CPM que transforma comunidades.

Tudo isso vem de compartilhar nossas histórias pessoais de como Jesus mudou nossa vida, contando a história de Jesus (o evangelho) e seguindo alguns princípios simples: investir profundamente naqueles poucos, manter isso simples, aprender fazendo e confiar em Deus para o resultado.

Como? Amar a Deus, amar os outros e fazer discípulos que fazem discípulos. Coisas simples crescem e coisas simples se multiplicam.

20

O que é necessário para cumprir a *Grande Comissão*?

Por Stan Parks

Nas instruções finais a Seus discípulos (veja Mateus 28:18-20), Jesus apresentou um plano maravilhoso para todos os que o seguem — tanto os daquela época como os de agora.

Nós vamos em Nome daquele que tem *toda* a autoridade — no Céu e na Terra. Recebemos o poder do Espírito Santo enquanto vamos — às pessoas em *nossa* Jerusalém, Judeia, Samaria ("inimigos" próximos) e aos confins da Terra. Jesus nos chama para fazermos discípulos de todas as *ethnē*, batizando-os em nome do Pai, do Filho e do Espírito Santo e ensinando-os a *obedecer* a tudo o que Ele ordenou. E Ele está sempre conosco.

O que é necessário para cumprir a *Grande Comissão*? Na tentativa de compreender a "tarefa remanescente", usamos termos como "não alcançado", "não evangelizado", "não engajado", e "menos alcançado"[63].

---

[63] Os sete próximos parágrafos foram extraídos e editados de https://justinlong.org/2015/01/unreached-is-not-unevangelized-is-not-unengaged/. Consulte este artigo para obter mais informações sobre esses termos.

Muitas vezes usamos estes termos de forma intercambiável. Isso pode ser bastante perigoso, pois eles não significam a mesma coisa e podemos não querer dizer a mesma coisa quando os usamos.

"Não alcançado" foi originalmente definido em uma reunião de missiólogos, realizada em Chicago, logo após a ideia completa de povos não alcançados ter-se tornado popular. Foi definido como "um grupo de pessoas sem uma igreja que possa evangelizar o grupo até suas fronteiras sem ajuda transcultural".

"Não evangelizado", como é geralmente usado, foi definido na *Enciclopédia Cristã Mundial* como uma equação matemática para estimar o número de pessoas dentro de um grupo de pessoas que teriam tido acesso ao evangelho pelo menos uma vez na vida. É uma quantificação do número de pessoas que têm acesso ao evangelho. Um grupo pode ser, por exemplo, 30% evangelizado, o que significa que os pesquisadores estimam que 30% já ouviram o evangelho e 70% não ouviram. Não é uma declaração sobre a qualidade da igreja local ou de sua capacidade para concluir a tarefa por conta própria.

"Não engajado" foi criado pelo movimento *Finishing the Task* e definido como um grupo de pessoas sem uma equipe com uma estratégia de plantação de igrejas. Se um grupo de vários milhões de pessoas tem uma equipe de dois ou três que o "engajou" com uma estratégia de plantação da igreja, ele está "engajado" (mas quase certamente *mal-atendido*). *Finishing the Task* mantém a lista de não engajados derivada de outras listas.

"Menos alcançado" é um termo genérico que se refere ao núcleo da tarefa remanescente. Não tem uma definição específica, e é frequentemente usado quando não se deseja uma definição específica.

Qual é a tarefa?

O objetivo da 24:14[64] é ser parte da geração que cumpre a *Grande Comissão*. E pensamos que a melhor maneira de cumprir a

---

[64] Como descrito no capítulo 1: "A visão 24:14".

Grande Comissão (fazer discípulos de cada grupo de pessoas) é por meio de movimentos do Reino em cada povo e lugar.

Todos esses termos — não evangelizados, não alcançados, não engajados, menos alcançados — são úteis de maneiras distintas. No entanto, podem ser confusos e até contraproducentes, dependendo de como são utilizados.

Queremos ver todos *evangelizados*, mas não *apenas* evangelizados. Em outras palavras, não é suficiente que todos *ouçam* o evangelho. Sabemos que serão feitos *discípulos* "de todas as nações, tribos, povos e línguas" (Ap 7:9).

Queremos ver cada grupo de pessoas *alcançado* — tendo uma igreja forte o suficiente para evangelizar seu próprio povo. Mas isso não é tudo o que queremos. O Projeto Josué (*Joshua Project*) diz que um grupo alcançado tem 2% de cristãos evangélicos. Isso significa que eles estimam que aqueles 2% podem compartilhar a boa notícia com os 98% restantes. Esse é um passo importante, mas não ficamos satisfeitos se apenas 2% de um povo se tornar seguidor de Jesus.

Queremos ver todos os grupos *engajados*, mas não *apenas* engajados. Você gostaria que sua cidade de cinco ou dez milhões de pessoas tivesse apenas dois obreiros servindo para levar o evangelho?

A redação original da *Grande Comissão* deixa claro o único *mandamento* central nestas palavras: fazer discípulos (*mathēteusate*). Não apenas discípulos individuais, mas discipulando *ethnē* — grupos étnicos inteiros. Os outros verbos ("ir", "batizar", "ensinar") apoiam o comando principal — discipular todas as *ethnē*.

A palavra grega *ethnos* (singular de *ethnē*) é definida como "um corpo de pessoas unidas por parentesco, cultura e tradições comuns, *nação, povo*"[65]. Apocalipse 7:9 completa a imagem das

---

[65] *A Greek-English Lexicon of the New Testament and Other Early Christian Literature*, terceira edição, 2000. Revisado e editado por Frederick William Danker, baseado em Walter Bauer e outras edições anteriores em inglês por W.F. Arndt, F.W. Gingrich, e F.W. Danker. Chicago e Londres: University of Chicago Press, pág. 276.

ethnē ("nações") que serão alcançadas, acrescentando mais três termos descritivos: tribos, povos e línguas — vários grupos com identidades comuns.

A definição de grupo de pessoas de Lausanne 1982 diz: "Para fins de evangelização, um grupo de pessoas é o maior grupo dentro do qual o evangelho pode ser difundido como um movimento de plantação de igrejas sem encontrar barreiras de compreensão ou aceitação".

Como discipulamos toda uma nação, tribo, povo, língua?

Vemos um exemplo em Atos 19:10, que diz que todos os judeus e gregos da província da Ásia (15 milhões de pessoas!) "ouviram a palavra do Senhor" em dois anos. Em Romanos 15:19-23, Paulo afirma que de Jerusalém até o Ilírico não havia mais lugar para seu trabalho pioneiro.

Então, o que é necessário para cumprir a *Grande Comissão*? Certamente *somente Deus* pode determinar quando a *Grande Comissão* será finalmente "cumprida". No entanto, o objetivo parece ser o de fazer discípulos de uma massa crítica de pessoas em cada *ethnos*, resultando em igrejas. Discípulos vivendo o Reino de Deus — dentro e fora da igreja — transformando suas comunidades e trazendo continuamente mais pessoas para o Seu reino.

Engajamento em movimentos do Reino

É por isso que aqueles que firmaram o compromisso 24:14 se concentram em ver engajamentos em movimentos do Reino. Reconhecemos que somente um movimento de multiplicação de discípulos, igrejas e líderes pode discipular inteiramente comunidades, grupos linguísticos, cidades e nações.

Com muita frequência, em missões, perguntamos apenas: "O que eu posso fazer?". Em vez disso, precisamos perguntar: "O que deve ser feito?", para cumprirmos nossa parte na Grande Comissão.

Não podemos nos contentar apenas em dizer: "Irei e tentarei ganhar algumas pessoas para o Senhor e iniciar algumas igrejas".

Precisamos perguntar: "O que é necessário para ver este único ethnos ou essas várias ethnē discipulados?".

Em uma região desafiadora e não alcançada, abrangendo vários países, uma equipe missionária serviu em muitos lugares e viu 220 igrejas serem iniciadas em três anos. Isto é muito bom, especialmente à luz de seus contextos difíceis e, algumas vezes, hostis. Mas essa equipe tinha a visão de ver a região inteira discipulada.

A pergunta deles era: "O que é necessário para discipular nossa região nesta geração?". A resposta foi que um sólido começo (um começo — não um fim) exigiria 10.000 igrejas. Portanto, 220 igrejas em três anos não seriam suficientes!

Deus mostrou a eles que, para alcançar sua região, seriam necessárias múltiplas linhagens de igrejas de rápida reprodução. Eles estavam dispostos a mudar tudo. Quando Deus enviou-lhes treinadores de movimento de plantação de igrejas, buscaram as Escrituras, oraram e fizeram algumas mudanças radicais. Até agora, Deus iniciou mais de 7.000 igrejas naquela região.

Certo pastor asiático havia plantado 12 igrejas em 14 anos. Isto foi bom, mas não estava mudando o *status* de perdidos em sua região. Deus deu a ele e a seus companheiros de trabalho uma visão para se integrarem em ver todo o Norte da Índia alcançado. Eles começaram o árduo trabalho de desaprender padrões tradicionais e aprender mais estratégias bíblicas. Hoje 36.000 igrejas foram iniciadas. E isso é apenas o começo daquilo para o qual Deus os chamou.

Em outra parte do mundo não alcançado, Deus iniciou uma enxurrada de movimentos entre um grupo linguístico que resultou no alcance de outros sete grupos linguísticos e de cinco megacidades. Eles viram de 10 a 13 milhões de pessoas batizadas em 25 anos. Os convertidos, contudo, não representam o foco deles. Quando perguntado como ele se sente sobre esses milhões de novos crentes, um de seus líderes disse: "O meu foco não são os salvos, mas os que ainda não alcançamos — os milhões que ainda vivem na escuridão, pois não fizemos o que precisa ser feito".

Uma marca desses movimentos é que uma pessoa ou uma equipe de pessoas aceita uma visão do tamanho de Deus. Ver toda uma região de múltiplos países repleta do Reino de Deus. Ver um grupo inteiro de pessoas não alcançadas — de oito milhões, ou 14 milhões ou três milhões — serem alcançadas, de modo que todas tenham uma chance de responder ao evangelho. Eles perguntam: "O que deve acontecer?" e não "O que podemos fazer?". Como resultado, eles se ajustam aos padrões de Deus e são preenchidos com o Seu poder. Eles desempenham um papel em fazer nascer igrejas que se reproduzem, que começam a discipular e a transformar seus grupos.

O objetivo inicial da 24:14 no movimento de *engajamentos* em cada povo e lugar não alcançado não é a linha de chegada. É apenas uma linha de partida para cada povo e lugar (ou seja, os grupos de pessoas naquele lugar). Não podemos concluir a tarefa entre cada grupo até que a tarefa tenha sido iniciada entre todos os grupos.

O que é necessário para cumprir a Grande Comissão?

Para ver Movimentos do Reino em cada povo e lugar não podemos confiar apenas na escolha de estratégias e métodos. Precisamos estar prontos e comprometidos em buscar a mesma dinâmica que Deus deu à Igreja Primitiva. Naqueles primeiros anos, o evangelho se espalhou até que nenhum lugar não alcançado foi deixado naquelas regiões iniciais.

O que é necessário para nossas igrejas voltarem a isso?

Eles se dedicavam ao ensino dos apóstolos e à comunhão, ao partir do pão e às orações. Todos estavam cheios de temor, e muitas maravilhas e sinais eram feitos pelos apóstolos. Todos os que criam mantinham-se unidos e tinham tudo em comum. Vendendo suas propriedades e bens, distribuíam a cada um conforme a sua necessidade. Todos os dias, continuavam a reunir-se no pátio do templo. Partiam o pão em suas casas, e juntos participavam das refeições, com alegria e sinceridade de coração, louvando a Deus e tendo a simpatia de todo o povo. E o Senhor lhes acrescentava todos os dias os que iam sendo salvos. (Atos 2:42-47)

O que é necessário para respondermos como Pedro e João diante das autoridades?

Julguem os senhores mesmos se é justo aos olhos de Deus obedecer aos senhores e não a Deus. Pois não podemos deixar de falar do que vimos e ouvimos. (Atos 4:19-20)

O que é necessário para ver o Senhor conceder ousadia e realizar grandes sinais e maravilhas como as que vemos ao longo de Atos?

"Agora, Senhor, considera as ameaças deles e capacita os teus servos para anunciarem a tua palavra corajosamente. Estende a tua mão para curar e realizar sinais e maravilhas por meio do nome do teu santo servo Jesus." Depois de orarem, tremeu o lugar em que estavam reunidos; todos ficaram cheios do Espírito Santo e anunciavam corajosamente a palavra de Deus. (Atos 4:29-31)

O que é necessário para que mais de nós estejamos dispostos a morrer pelo evangelho, como Estêvão em Atos 7?

O que é necessário para estarmos prontos e dispostos a suportar grandes perseguições, como a perseguição registrada em Atos 8:1-3, que resultou na propagação do evangelho?

O que é necessário para levarmos o evangelho aos "inimigos" de nosso povo, como fez Filipe quando levou o evangelho a Samaria em Atos 8:5-8?

O que é necessário para que oremos para irmos e acolhermos a conversão radical daqueles que agora perseguem os cristãos? Para acreditarmos que eles poderiam tornar-se grandes missionários como Paulo foi?

O que é necessário para sermos libertos de nosso egoísmo, para tratarmos os outros como igualmente importantes e para percebermos como Pedro, que disse:

> *Agora percebo verdadeiramente que Deus não trata as pessoas com parcialidade, mas de todas as nações aceita todo aquele que o teme e faz o que é justo.* (Atos 10:34-35)

O que é necessário para estarmos dispostos a trabalhar e sofrer como Paulo, que disse:

> *Trabalhei muito mais, fui encarcerado mais vezes, fui açoitado mais severamente e exposto à morte repetidas vezes. Cinco vezes recebi dos judeus trinta e nove açoites. Três vezes fui golpeado com varas, uma vez apedrejado, três vezes sofri naufrágio, passei uma noite e um dia exposto à fúria do mar. Estive continuamente viajando de uma parte a outra, enfrentei perigos nos rios, perigos de assaltantes, perigos dos meus compatriotas, perigos dos gentios; perigos na cidade, perigos no deserto, perigos no mar, e perigos dos falsos irmãos. Trabalhei arduamente; muitas vezes fiquei sem dormir, passei fome e sede, e muitas vezes fiquei em jejum; suportei frio e nudez. Além disso, enfrento diariamente uma pressão interior, a saber, a minha preocupação com todas as igrejas.* (2 Coríntios 11:23-28)

O que é necessário para plantar igrejas em todas as nossas regiões, como as igrejas iniciadas nos tempos do Novo Testamento?

O que é necessário para ver o evangelho proclamado como um testemunho para todas as *ethnē* (Mateus 24:14)?

Que preço estamos dispostos a pagar?

Como testemunho a todos os povos

*Este evangelho do Reino será proclamado em todo o mundo **como testemunho a todos os povos**, e então virá o fim.* (Mateus 24:14 — Adaptado pelo editor)

21

Fatos brutais[66]

Por Justin Long[67]

Pouco antes de ascender ao Céu, Jesus deu a Seus discípulos a tarefa à qual nos referimos como a *Grande Comissão*: "ide por todo o mundo", fazendo discípulos de cada grupo de pessoas. Desde então, os cristãos têm sonhado com o dia em que essa tarefa seria concluída. Muitos de nós a conectamos com Mateus 24:14, a promessa de Jesus de que "este evangelho do Reino será pregado em todo o mundo como testemunho a todas as nações, e então virá o fim". Embora possamos debater os significados precisos da passagem, tendemos a pensar que a tarefa será "concluída" e a conclusão está de alguma forma ligada ao "fim".

Enquanto aguardamos ansiosamente o retorno de Cristo, devemos enfrentar os "fatos brutais": se o Fim da Tarefa e o Retorno de Jesus se correlacionam de alguma forma, é provável que seu retorno ainda esteja distante. De acordo com muitos indicadores, o "fim da tarefa" está ficando mais distante de nós!

---

[66]Expandido de um artigo publicado originalmente na edição de janeiro-fevereiro de 2018 da *Missão Fronteiras*, www.missionfrontiers.org, pág. 14-16.

[67]Justin Long está envolvido na pesquisa de missões globais há 25 anos e atualmente atua como Diretor de Pesquisa Global para *Beyond*, onde edita o Índice de Movimentos e a Pesquisa Distrital Global.

Como *podemos* medir "o fim da tarefa"? Duas possibilidades estão ligadas às Escrituras: uma medida de discipulado e uma medida de proclamação.

Como medida de discipulado, podemos tanto considerar o quanto do mundo afirma ser cristão como quanto do mundo poderia ser considerado um "discípulo ativo".

O Centro de Estudos do Cristianismo Global (CSGC, na sigla em inglês) contabiliza cristãos de todos os tipos. Eles nos dizem que em 1900, 33% do mundo era cristão; em 2000, 33% do mundo era cristão. E em 2050, a menos que as coisas mudem drasticamente, o mundo ainda será 33% cristão! Uma igreja que só cresce no mesmo ritmo da população não está levando o evangelho para "todo o mundo como testemunho a todas as nações".

E quanto aos "discípulos ativos"? Essa medida é muito mais difícil, já que não podemos conhecer realmente o "estado do coração". Mas em *O futuro da igreja global*, Patrick Johnstone estimou que os "evangélicos" representariam cerca de 6,9% da população mundial em 2010. Pesquisas mostram que o número de evangélicos está crescendo mais rapidamente do que a maioria dos outros segmentos do cristianismo, mas continua a ser um pequeno percentual do mundo.

O número de crentes não é, no entanto, a única medida para completar a tarefa. A "Proclamação", como observado acima, é outra. Algumas pessoas ouvirão o evangelho e não o aceitarão. Três medidas de proclamação são amplamente utilizadas: *não evangelizado, não alcançado e não engajado*. (A Missão Fronteiras analisou essas três medidas em profundidade na edição de janeiro-fevereiro de 2007: http://www.missionfrontiers.org/issue/article/which-peoples-need-priority-attention).

Não evangelizado é uma tentativa de medir quem *não tem acesso* ao evangelho: quem, realisticamente, não terá a chance de ouvir as boas-novas e responder a elas ao longo da vida. O CSGC estima que 54% do mundo era não evangelizado em 1900 e 28% é não evangelizado hoje. Essa é uma boa notícia: o percentual do mundo *sem acesso* ao evangelho caiu significativamente. Entretanto, a má notícia: em 1900, a população total de pessoas não evangelizadas era de 880 milhões. Hoje, devido ao crescimento da população, esse número subiu para 2,1 *bilhões*.

Enquanto o percentual de pessoas não evangelizadas foi cortado quase pela metade, o número total de pessoas sem acesso mais que dobrou. A tarefa continua crescendo em tamanho.

Não alcançado é ligeiramente diferente: ele mede quais grupos não evangelizados não têm uma igreja local, nativa, que possa levar o evangelho ao grupo todo sem a ajuda de missionários transculturais. O Projeto Josué (*Joshua Project*) lista cerca de 7.000 grupos não alcançados, totalizando 3,15 bilhões de pessoas, o que representa 42% do mundo.

Finalmente, grupos *não engajados* são aqueles que não têm nenhum engajamento de uma equipe de plantação de igreja. Hoje, existem 1.510 grupos não engajados: o número vem diminuindo desde sua introdução em 1999 pelo IMB (*International Mission Board*). Esse declínio é um bom sinal, mas significa que para os grupos "recém engajados", o trabalho não está terminado, apenas acabou de começar! É muito mais fácil engajar um grupo com uma equipe de plantação de igreja do que ver resultados duradouros.

O "fato brutal" é que, por qualquer uma dessas medidas, nenhum de nossos esforços existentes alcançará todas as pessoas de todos os grupos logo. Há várias razões-chave para isso.

Primeira, a maioria dos esforços cristãos vai para lugares onde a igreja está, ao invés de lugares onde ela não está. A maior parte do dinheiro doado às causas cristãs é gasto em nós mesmos e até a maior parte do dinheiro de *missões* é gasto em áreas majoritariamente cristãs. Para cada 100.000 dólares de salário, o cristão mediano doa 1 dólar para chegar aos não alcançados (0,00001%).[68]

---

[68][1] *Banco de Dados do Mundo Cristão*, 2015, *Barrett e Johnson. 2001. *Tendências Cristãs Mundiais*, p. 656, e [2] *Atlas do Cristianismo Global* 2009. Veja também: *Deployment of Missionaries, status global 2018*.

A distribuição das pessoas também reflete este desequilíbrio problemático. Apenas 3% dos missionários transculturais servem entre os não alcançados. Se contarmos todos os obreiros cristãos servindo em tempo integral, apenas 0,37% servem os não alcançados. Enviamos um missionário para cada 179.000 hindus, cada 260.000 budistas e cada 405.500 muçulmanos.[69]

Segunda, a maioria dos cristãos está fora do contato com o mundo não cristão: globalmente, 81% de todos os não cristãos não conhecem pessoalmente um crente. Para os muçulmanos, hindus e budistas, isso sobe para 86%. No Oriente Médio e no Norte da África, o percentual é de 90%. Na Turquia e no Irã é de 93% e no Afeganistão 97% das pessoas não conhecem pessoalmente um cristão.[70]

Terceira, as igrejas que estamos mantendo existem, em grande parte, em lugares com crescimento populacional lento. A população global está crescendo mais rapidamente em lugares onde não estamos. O cristianismo permaneceu estático em 33% da população mundial de 1910 a 2010. Enquanto isso, o Islã cresceu de 12,6% da população mundial em 1910 para 15,6% em 1970 e para uma estimativa de 23,9% em 2020. Isso ocorreu em grande parte devido ao crescimento populacional das comunidades muçulmanas, e não à conversão. Mas o fato é que no último século o Islã quase dobrou como percentual no mundo e o percentual de cristãos permaneceu o mesmo.[71]

Quarta, o mundo cristão está fragmentado e carece de unidade para trabalhar em conjunto para alcançar a *Grande Comissão*. Globalmente, estima-se que existam 41.000 denominações. O número de agências missionárias disparou de 600 em 1900 para 5.400 hoje. A falta geral de comunicação, e mais ainda de

---

[69] ibid.

[70] http://www.gordonconwell.edu/ockenga/research/documents/ChristianityinitsGlobalContext.pdf

[71] http://www.ijfm.org/PDFs_IJFM/29_1_PDFs/IJFM_29_1-Johnson&Hickman.pdf   http://www.gordonconwell.edu/ockenga/research/documents/ChristianityinitsGlobalContext.pdf

coordenação, é um fator que paralisa os esforços para fazer discípulos de todas as *ethnē* (etnias).[72]

Quinta, muitas igrejas, com frequência, não dão ênfase adequada ao discipulado, à obediência a Cristo e à vontade de segui-lo de todo o coração. O baixo comprometimento resulta em pouca reprodução e corre o risco de declinar ou implodir. Isso manifesta-se na perda de cristãos, aqueles que deixam a igreja. Em um ano mediano, 5 milhões de pessoas optam por se tornar cristãos, mas 13 milhões optam por deixar o cristianismo. Se as tendências atuais continuarem, de 2010–2050, 40 milhões de pessoas mudarão para o cristianismo enquanto 106 milhões deixarão a igreja.[73]

Sexta, não nos adaptamos estrategicamente à realidade de uma igreja global. Cristãos do hemisfério sul cresceram de 20% dos cristãos mundiais em 1910 para uma estimativa de 64,7% até 2020. No entanto, cristãos do hemisfério norte ainda têm uma grande proporção da riqueza cristã. Devido ao etnocentrismo e a perspectivas estreitas, priorizamos o envio de pessoas de nossas próprias culturas como missionários. Continuamos usando a maior parte de nossos recursos para apoiar equipes de culturas distantes para engajar grupos não alcançados, em vez de priorizar e fornecer recursos adequados às equipes de cultura próxima para chegar aos grupos vizinhos não alcançados.

Sétima, estamos perdendo espaço. Como resultado das seis razões anteriores e de outros fatores, há um número crescente tanto de pessoas perdidas em geral quanto de pessoas não alcançadas em particular. O número de pessoas perdidas no mundo cresceu de 3,2 bilhões de pessoas para 5 bilhões em 2015, enquanto aquelas sem acesso ao evangelho cresceu de 1,1 bilhão em 1985 para 2,2 bilhões em 2018.

---

[72] http://www.ijfm.org/PDFs_IJFM/29_1_PDFs/IJFM_29_1-Johnson&Hickman.pdf
[73] http://www.pewforum.org/2017/04/05/the-changing-global-religious-landscape/

Apesar do nosso sincero desejo de cumprir a *Grande Comissão*, a menos que mudemos a forma como "corremos a corrida", as tendências atuais nos dizem que não temos nenhuma possibilidade de ver a linha de chegada em breve. Não podemos fechar a brecha entre nós e os perdidos gradativamente. Precisamos enfrentar o fato brutal de que missões e plantação de igrejas, na mesma forma de sempre, *não atingirão o objetivo*.

Precisamos de movimentos onde o número de novos crentes exceda a taxa de crescimento anual da população. Precisamos de igrejas multiplicando igrejas e movimentos multiplicando movimentos entre os não alcançados. Isso não é um sonho ou mera teoria. Deus está fazendo isso em alguns lugares. Há mais de 650 CPMs (pelo menos quatro linhagens distintas de igrejas consistentes de 4 ou mais gerações de igrejas plantadas) disseminados em cada continente. Há mais de 250 outros movimentos emergentes, que estão tendo a 2ª ou 3ª Geração de igrejas plantadas.

Devemos prestar atenção ao que Deus está fazendo e estar dispostos a avaliar realisticamente nossos esforços para que possamos trocar estratégias minimamente frutíferas por estratégias altamente frutíferas.

Aumento de Movimentos

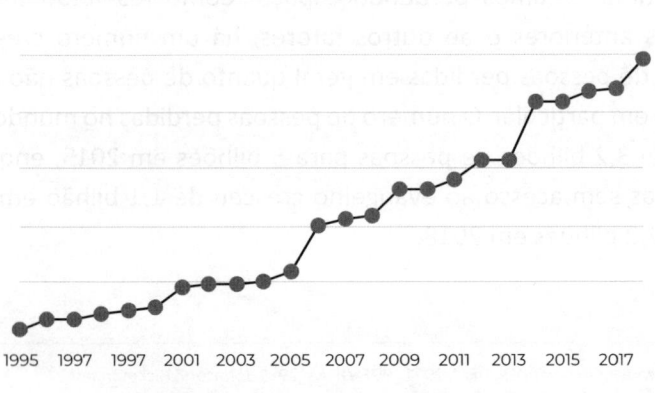

1995 1997 1997 2001 2003 2005 2007 2009 2011 2013 2015 2017

Baseado em 15% dos movimentos

Movimentos na Bíblia[74]

Por J. Snodgrass[75]

Movimento. No mundo de missões, a palavra traz fortes reações. É, como diriam os defensores, o futuro da *Grande Comissão*? Ou é simplesmente um modismo, um sonho pragmático entre certas multidões de plantadores de igrejas? A pergunta mais importante é: "Movimentos são bíblicos?".

O relato de Lucas sobre a fantástica propagação do evangelho no livro de Atos estabelece o padrão para o que queremos dizer com "movimento". Em Atos, Lucas registra a propagação do evangelho desde "Jerusalém, em toda a Judeia e Samaria, e até os confins da terra" (At 1:8)[76]. Quando aqueles que foram tocados no coração pelo sermão de Pedro em Pentecostes foram batizados, "e naquele dia houve um acréscimo [a fé] de cerca de três mil pessoas" (At 2:41).

---

[74]Editado de um artigo originalmente publicado na edição de janeiro-fevereiro da *Missão Fronteiras*, www.missionfrontiers.org, pág. 26-28.

[75]J. Snodgrass viveu e serviu como plantador de igrejas e treinador de plantação de igrejas no sul da Ásia pelos últimos 12 anos. Ele e sua esposa deram assistência na plantação de igrejas e treinaram em movimentos entre hindus e muçulmanos. Ele está finalizando um Ph.D. em Teologia Aplicada.

[76]Todas as citações bíblicas estão na Nova Versão Internacional (NVI), exceto quando indicado o contrário. Os itálicos, em determinados termos, nas citações bíblicas foram usados para ênfase.

A igreja em Jerusalém cresceu enquanto "...o Senhor lhes acrescentava diariamente os que iam sendo salvos" (At 2:47). Como Pedro e João estavam "proclamando em Jesus a ressurreição dos mortos" (At 4:2), muitos dos que tinham ouvido a mensagem creram, chegando o número dos homens que creram a perto de *cinco mil*" (At 4:4). Pouco tempo depois, Lucas afirma que "crescia mais e mais a *multidão* de crentes, tanto homens como mulheres" (At 5:14 ARA). Então, "crescia a palavra de Deus, e, em Jerusalém, se multiplicava o número dos discípulos" (At 6:7 ARA).

Esse crescimento e multiplicação continuaram enquanto o evangelho se espalhava além de Jerusalém. "A igreja passava por um período de paz *em toda a Judeia, Galileia e Samaria*. Ela se edificava e, encorajada pelo Espírito Santo, *crescia em número*, vivendo no temor do Senhor" (At 9:31). Quando os dispersos por conta da perseguição a Estêvão chegaram a Antioquia, eles falaram aos helenistas de lá: "A mão do Senhor estava com eles, e muitos creram e se converteram ao Senhor" (At 11:21). De volta à Judeia, "...a palavra do Senhor crescia e se multiplicava" (At 12:24 ARA).

Quando o Espírito Santo e a igreja em Antioquia separaram Paulo e Barnabé para a "obra", eles pregaram em Antioquia da Pisídia, os gentios ouviram e creram de bom grado. "E divulgava-se a palavra do Senhor *por toda aquela região*" (At 13:49 ARA). Mais tarde, na segunda viagem de Paulo com Silas, eles revisitaram as igrejas de Derbe e Listra. "Assim as igrejas *eram fortalecidas na fé e cresciam em número cada dia*" (At 16:5 NVT). Durante o ministério de Paulo em Éfeso, ele ia "ensinar diariamente" na escola de Tirano, de forma que "*todos os habitantes* da Ásia ouvissem a palavra do Senhor, tanto judeus como gregos" (At 19:10 ARA). À medida que o evangelho crescia em Éfeso, "a palavra do Senhor *muito se difundia e se fortalecia*" (At 19:20). Finalmente, após o retorno de Paulo a Jerusalém, os anciãos informaram a Paulo "quantas *dezenas de milhares* há entre os judeus que creram..." (At 21:20 ARA). Ao final das viagens missionárias, o corpo de crentes havia crescido dos

120 reunidos em Jerusalém (veja Atos 1:15) **para milhares espalhados por toda a bacia do nordeste do Mediterrâneo. Esses crentes se reuniam em igrejas que estavam se multiplicando em número e em fé** (veja Atos 16:5). **Eles também estavam enviando seus próprios obreiros missionários para se unirem a Paulo em seu trabalho apostólico de plantação de igrejas** (veja Atos 13:1-3; 16:1-3; 20:4). Tudo isso em uma questão de aproximadamente 25 anos[77].

Isso é *movimento*. Atos registra o *movimento* inicial do evangelho e os discípulos e igrejas que dele resultaram. O que podemos dizer sobre esse movimento? E o que isso significa para nosso trabalho hoje?

Primeiro, isso foi obra do Espírito Santo, que:

Começou
[No] dia de Pentecoste, estavam todos reunidos num só lugar [...]. De repente [...] todos ficaram cheios do Espírito Santo...
(Atos 2:1-4)

Impulsionou
...o Senhor lhes acrescentava diariamente os que iam sendo salvos. (Atos 2:47)

Mandaram trazer Pedro e João diante deles e começaram a interrogá-los: "Com que poder ou em nome de quem vocês fizeram isso?" Então Pedro, cheio do Espírito Santo, disse-lhes: "Autoridades e líderes do povo... (Atos 4:7-8)

"Agora, Senhor, considera as ameaças deles e capacita os teus servos para anunciarem a tua palavra corajosamente. Estende

---

[77]Eckhard Schnabel, *Early Christian Mission* (Missão cristã primitiva, em tradução livre, não disponível em português) 2 vols. (Downers Grove, IL: IVP Academic), 2:1476-78.

a tua mão para curar e realizar sinais e maravilhas por meio do nome do teu santo servo Jesus". Depois de orarem, tremeu o lugar em que estavam reunidos; todos ficaram cheios do Espírito Santo e anunciavam corajosamente a palavra de Deus. (Atos 4:29-31)

Mas Estêvão, cheio do Espírito Santo, levantou os olhos para o céu e viu a glória de Deus, e Jesus de pé, à direita de Deus. (Atos 7:55)

Validou
Nós somos testemunhas destas coisas, bem como o Espírito Santo, que Deus concedeu aos que lhe obedecem. (Atos 5:32)

Os apóstolos em Jerusalém, ouvindo que Samaria havia aceitado a palavra de Deus, enviaram para lá Pedro e João. Estes, ao chegarem, oraram para que eles recebessem o Espírito Santo, pois o Espírito ainda não havia descido sobre nenhum deles; tinham apenas sido batizados em nome do Senhor Jesus. (Atos 8:14-16)

Enquanto Pedro ainda estava falando estas palavras, o Espírito Santo desceu sobre todos os que ouviam a mensagem. Os judeus convertidos que vieram com Pedro ficaram admirados de que o dom do Espírito Santo fosse derramado até sobre os gentios, pois os ouviam falando em línguas e exaltando a Deus... (Atos 10:44-46)

Conduziu
E o Espírito disse a Filipe: "Aproxime-se dessa carruagem e acompanhe-a". (Atos 8:29)

Enquanto adoravam ao Senhor e jejuavam, disse o Espírito Santo: "Separem-me Barnabé e Saulo para a obra a que os tenho chamado". (Atos 13:2)

*Pareceu bem ao Espírito Santo e a nós não impor
a vocês nada além das seguintes exigências necessárias.*
(Atos 15:28)

*Paulo e seus companheiros viajaram pela região da Frígia e da
Galácia, tendo sido impedidos pelo Espírito Santo de pregar a
palavra na província da Ásia. Quando chegaram à fronteira da
Mísia, tentaram entrar na Bitínia, mas o Espírito de Jesus os
impediu.* (Atos 16:6-7)

*Agora, compelido pelo Espírito, estou indo para Jerusalém, sem
saber o que me acontecerá ali.* (Atos 20:22)

Sustentou
*A igreja passava por um período de paz em toda a Judeia,
Galileia e Samaria. Ela se edificava e, encorajada pelo Espírito
Santo, crescia em número, vivendo no temor do Senhor.*
(Atos 9:31)

Os discípulos continuavam cheios de alegria e do Espírito Santo.
(Atos 13:52)

*Cuidem de vocês mesmos e de todo o rebanho sobre o qual
o Espírito Santo os colocou como bispos, para pastorearem a
igreja de Deus, que ele comprou com o seu próprio sangue.*
(Atos 20:28)

Escrevendo sobre o que o Senhor tinha feito ao longo de suas três viagens missionárias, Paulo disse: "Não me atrevo a falar de nada, exceto daquilo que Cristo realizou por meu intermédio em palavra e em ação, a fim de levar os gentios a obedecerem a Deus [...] *por meio do poder do Espírito de Deus...*" (Rm 15:18-19).

Segundo, o movimento avançou por meio da proclamação do evangelho de Jesus Cristo e da conversão dos pecadores a Deus:[78]

Então, se levantou Pedro, com os onze; e, erguendo a voz, advertiu-os nestes termos: Varões judeus e todos os habitantes de Jerusalém, tomai conhecimento disto e atentai nas minhas palavras. Estes homens não estão embriagados, como vindes pensando, sendo esta a terceira hora do dia. Mas o que ocorre é o que foi dito por intermédio do profeta Joel:

E acontecerá nos últimos dias, diz o Senhor, que derramarei do meu Espírito sobre toda a carne [...].

E acontecerá que todo aquele que invocar o nome do Senhor será salvo.

Varões israelitas, atendei a estas palavras: Jesus, o Nazareno, varão aprovado por Deus diante de vós com milagres, prodígios e sinais, os quais o próprio Deus realizou por intermédio dele entre vós, como vós mesmos sabeis; sendo este entregue pelo determinado desígnio e presciência de Deus, vós o matastes, crucificando-o por mãos de iníquos; ao qual, porém, Deus ressuscitou, rompendo os grilhões da morte; porquanto não era possível fosse ele retido por ela. (Atos 2:14-17,21-24 ARA)

Vendo isso, Pedro lhes disse: "Israelitas, por que isto os surpreende? Por que vocês estão olhando para nós, como se tivéssemos feito este homem andar por nosso próprio poder ou piedade? O Deus de Abraão [...] glorificou seu servo Jesus [...]. Vocês negaram publicamente o Santo e Justo e pediram que lhes fosse libertado um assassino [...].

Vocês mataram o autor da vida, mas Deus o ressuscitou dos mortos. E nós somos testemunhas disso. Pela fé no nome de

---

[78] Devido a limitações de espaço, as partes principais das seguintes passagens foram extraídas — encorajamos que você leia toda a passagem para o contexto completo.

*Jesus, o Nome curou este homem que vocês veem e conhecem.
A fé que vem por meio dele lhe deu esta saúde perfeita, como
todos podem ver [...].*

*Mas foi assim que Deus cumpriu o que tinha predito por
todos os profetas, dizendo que o seu Cristo haveria de sofrer.
Arrependam-se, pois, e voltem-se para Deus, para que
os seus pecados sejam cancelados [...] e ele mande o Cristo,
o qual lhes foi designado, Jesus [...]. Tendo Deus ressuscitado
o seu Servo, enviou-o primeiramente a vocês, para
abençoá-los, convertendo cada um de vocês das suas
maldades".* (Atos 3:12-26)

*As autoridades, os líderes religiosos e os mestres da lei
reuniram-se em Jerusalém [...] e começaram a interrogá-los:
"Com que poder ou em nome de quem vocês fizeram isso?"
Então Pedro, cheio do Espírito Santo, disse-lhes: "[...] saibam
os senhores e todo o povo de Israel que por meio do nome de
Jesus Cristo, o Nazareno, a quem os senhores crucificaram,
mas a quem Deus ressuscitou dos mortos, este homem está aí
curado diante dos senhores. Este Jesus é 'a pedra que vocês,
construtores, rejeitaram, e que se tornou a pedra angular'. Não
há salvação em nenhum outro, pois, debaixo do céu não há
nenhum outro nome dado aos homens pelo qual devamos ser
salvos".* (Atos 4:5-12)

*...Estêvão respondeu: Varões irmãos e pais, ouvi [...] homens
de dura cerviz e incircuncisos de coração e de ouvidos, vós
sempre resistis ao Espírito Santo; assim como fizeram vossos
pais, também vós o fazeis. Qual dos profetas vossos pais não
perseguiram? Eles mataram os que anteriormente anunciavam
a vinda do Justo, do qual vós agora vos tornastes traidores e
assassinos, vós que recebestes a lei por ministério de anjos e não
a guardastes.* (Atos 7:1-53 ARA)

Indo Filipe para uma cidade de Samaria, ali lhes anunciava o Cristo. Quando a multidão ouviu Filipe e viu os sinais miraculosos que ele realizava, deu unânime atenção ao que ele dizia [...]. Um anjo do Senhor disse a Filipe: "Vá para o sul" [...]. No caminho encontrou um eunuco etíope [...]. Esse viera a Jerusalém para adorar a Deus e, de volta para casa, sentado em sua carruagem, lia o livro do profeta Isaías. E o Espírito disse a Filipe: "Aproxime-se" [...] Filipe correu para a carruagem, ouviu o homem lendo o profeta Isaías e lhe perguntou: "O senhor entende o que está lendo?" Ele respondeu: "Como posso entender se alguém não me explicar?" Assim, convidou Filipe para subir e sentar-se ao seu lado [...].

Então Filipe, começando com aquela passagem da Escritura, anunciou-lhe as boas-novas de Jesus. Prosseguindo pela estrada, chegaram a um lugar onde havia água [...]. Então Filipe e o eunuco desceram à água, e Filipe o batizou...
(Atos 8:5-8,26-39)

Então Pedro começou a falar: "Agora percebo verdadeiramente que Deus não trata as pessoas com parcialidade, mas de todas as nações aceita todo aquele que o teme e faz o que é justo [...]. Sabem o que aconteceu em toda a Judeia, começando na Galileia, depois do batismo que João pregou, como Deus ungiu a Jesus de Nazaré com o Espírito Santo e poder, e como ele andou por toda parte fazendo o bem e curando todos os oprimidos pelo Diabo, porque Deus estava com ele [...] somos testemunhas de tudo o que ele fez na terra dos judeus e em Jerusalém, onde o mataram, suspendendo-o num madeiro. Deus, porém, o ressuscitou no terceiro dia e fez que ele fosse visto [...]. Ele nos mandou pregar ao povo e testemunhar que foi a ele que Deus constituiu juiz de vivos e de mortos [...] todo aquele que nele crê recebe o perdão dos pecados mediante o seu nome".
(Atos 10:34-43)

Chegando em Salamina, proclamaram a palavra de Deus nas sinagogas judaicas. João estava com eles como auxiliar. (Atos 13:5)

Antes da vinda de Jesus, João pregou um batismo de arrependimento para todo o povo de Israel. (Atos 13:24)

...a nós foi enviada esta mensagem de salvação. O povo de Jerusalém e seus governantes [...] pediram a Pilatos que o mandasse executar. Tendo cumprido tudo o que estava escrito a respeito dele, tiraram-no do madeiro e o colocaram num sepulcro. Mas Deus o ressuscitou dos mortos, e, por muitos dias, foi visto [...]. "Nós lhes anunciamos as boas novas: o que Deus prometeu a nossos antepassados ele cumpriu para nós, seus filhos, ressuscitando Jesus [...].

"Portanto, meus irmãos, quero que saibam que mediante Jesus lhes é proclamado o perdão dos pecados. Por meio dele, todo aquele que crê é justificado de todas as coisas das quais não podiam ser justificados pela Lei de Moisés" [...].

Quando Paulo e Barnabé estavam saindo da sinagoga, o povo os convidou a falar mais a respeito dessas coisas no sábado seguinte. (Atos 13:16-42)

Em Icônio, Paulo e Barnabé, como de costume, foram à sinagoga judaica. Ali falaram de tal modo que veio a crer grande multidão de judeus e gentios. (Atos 14:1)

Quando eles souberam disso, fugiram para as cidades licaônicas de Listra e Derbe, e seus arredores, onde continuaram a pregar as boas-novas. (Atos 14:6-7)

No sábado saímos da cidade e fomos para a beira do rio, onde esperávamos encontrar um lugar de oração. Sentamo-nos e começamos a conversar com as mulheres que se haviam reunido ali [...].

E pregaram a palavra de Deus, a ele e a todos os de sua casa. (Atos 16:13, 32)

Paulo foi à sinagoga e por três sábados discutiu com eles com base nas Escrituras [...] e dizia: "Este Jesus que lhes proclamo é o Cristo" [...].

Logo que anoiteceu, os irmãos enviaram Paulo e Silas para Bereia. Chegando ali, eles foram à sinagoga judaica. Os bereanos [...] receberam a mensagem com grande interesse, examinando todos os dias as Escrituras, para ver se tudo era assim mesmo [...]. Por isso, discutia na sinagoga com judeus e com gregos tementes a Deus, bem como na praça principal, todos os dias, com aqueles que por ali se encontravam.
(Atos 17:2-3, 10-11, 17)

Todos os sábados ele debatia na sinagoga, e convencia judeus e gregos. (Atos 18:4)

Paulo entrou na sinagoga e ali falou com liberdade durante três meses, argumentando convincentemente acerca do Reino de Deus. Mas alguns deles se endureceram e se recusaram a crer, e começaram a falar mal do Caminho diante da multidão. Paulo, então, afastou-se deles. Tomando consigo os discípulos, passou a ensinar diariamente na escola de Tirano. Isso continuou por dois anos, de forma que todos os judeus e os gregos que viviam na província da Ásia ouviram a palavra do Senhor. (Atos 19:8-10)

O evangelho carregava consigo um poder inato para trazer salvação (veja Romanos 1:16). Ele "muito se difundia e se fortalecia" (At 19:20) e impulsionou o movimento para novas áreas.

Terceiro, produziu novas igrejas em novos lugares ao longo de uma grande área geográfica ("Jerusalém até ao Ilírico").

E, tendo anunciado o evangelho naquela cidade e feito muitos discípulos, voltaram para Listra, e Icônio, e Antioquia, fortalecendo a alma dos discípulos, exortando-os a permanecer firmes na fé; e mostrando que, através de muitas tribulações, nos importa entrar no reino de Deus. (Atos 14:21-22 ARA)

Chegou a Derbe e depois a Listra, onde vivia um discípulo chamado Timóteo. Sua mãe era uma judia convertida e seu pai era grego [...].
  Depois de saírem da prisão, Paulo e Silas foram à casa de Lídia, onde se encontraram com os irmãos e os encorajaram. E então partiram. (Atos 16:1,40)

Alguns dos judeus foram persuadidos e se uniram a Paulo e Silas, bem como muitos gregos tementes a Deus, e não poucas mulheres de alta posição [...].
  E creram muitos dentre os judeus, bem como dentre os gregos, um bom número de mulheres de elevada posição e não poucos homens [...].
Alguns homens juntaram-se a ele e creram. Entre eles estava Dionísio, membro do Areópago, e também uma mulher chamada Dâmaris, e outros com eles. (Atos 17:4,12,34)

Crispo, chefe da sinagoga, creu no Senhor, ele e toda a sua casa; e dos coríntios que o ouviam, muitos criam e eram batizados. Certa noite o Senhor falou a Paulo em visão: "Não tenha medo, continue falando e não fique calado, pois estou com você, e ninguém vai lhe fazer mal ou feri-lo, porque tenho muita gente nesta cidade". Assim, Paulo ficou ali durante um ano e meio, ensinando-lhes a palavra de Deus. (Atos 18:8-11)

Isso continuou por dois anos, de forma que todos os judeus e os gregos que viviam na província da Ásia ouviram a palavra do Senhor. (Atos 19:10)

Cessado o tumulto, Paulo mandou chamar os discípulos e, depois de encorajá-los, despediu-se e partiu para a Macedônia [...].
De Mileto, Paulo mandou chamar os presbíteros da igreja de Éfeso. (Atos 20:1,17)

Essas igrejas participaram, em graus variados, da obra de Deus com "a obediência que vem pela fé" (Rm 1:5).

Com base nessa imagem do livro de Atos, oferecemos uma definição de movimento bíblico da seguinte forma: Um avanço dinâmico do evangelho no poder do Espírito Santo ao longo de múltiplas localidades ou povos. Isso inclui grande ajuntamento de novos crentes, fé vibrante e transformadora e multiplicação de discípulos, igrejas e líderes.

A imagem que traçamos aqui inspira a pergunta: "Por que não aqui e agora?". Existem razões bíblicas convincentes para crer que os elementos dos movimentos não estão mais disponíveis para nós? Ou que movimentos como descrito em Atos não podem acontecer novamente hoje? Temos a mesma Palavra e o mesmo Espírito. Temos o registro do movimento em Atos e podemos clamar pela promessa de Deus: "Pois tudo o que foi escrito no passado, foi escrito para nos ensinar, *de forma que, por meio da perseverança e do bom ânimo procedentes das Escrituras, mantenhamos a nossa esperança*" (Rm 15:4 — ênfase do autor do artigo).

Ousamos esperar que o tipo de movimento descrito em Atos possa voltar à vida hoje? Na verdade, já voltou! Vemos, agora, centenas de movimentos ao redor do mundo!

23

A história de movimentos e da expansão do evangelho[79]

Por Steve Addison[80]

Lucas começa o livro de Atos nos contando que aquilo que Jesus começou a fazer e ensinar, Ele agora continua a fazer por meio de Seus discípulos revestidos de poder pelo Espírito Santo.

A história de Lucas sobre a Igreja Primitiva é a história da dinâmica Palavra do evangelho que cresce, se espalha e se multiplica, resultando em novos discípulos e novas igrejas. Chegamos ao final de Atos e ainda assim a história não termina. Paulo está em prisão domiciliar, aguardando julgamento; enquanto isso, a Palavra que não pode ser detida continua a se espalhar por todo o mundo. O significado de Lucas é claro: *A história continua por meio de seus leitores, que têm a Palavra, o Espírito e o mandato de fazer discípulos e plantar igrejas.*

Ao longo da história da Igreja, vemos este padrão continuar: a Palavra saindo por meio de pessoas comuns, discípulos e igrejas

---

[79] Editado de um artigo originalmente publicado na edição de janeiro-fevereiro de 2018 de *Missão Fronteiras*, www.missionfrontiers.org, págs. 29-31.

[80] Steve Addison é o autor de Movimentos Pioneiros: Liderança que Multiplica Discípulos e Igrejas (*Pioneering Movements: Leadership That Multiplies Disciples and Churches* em tradução livre, não disponível em português) www.movements.net.

se multiplicando. Enquanto o Império Romano entrava em colapso, Deus chamava um jovem chamado Patrício. Ele viveu na Grã-Bretanha romana, mas foi sequestrado e vendido como escravo por invasores irlandeses. Sozinho e desesperado, clamou a Deus, que o resgatou. Acabou formando o movimento missionário celta, que foi responsável por evangelizar e plantar cerca de 700 igrejas: inicialmente por toda a Irlanda e, depois, em grande parte da Europa nos vários séculos seguintes.

Duzentos anos após a Reforma, os protestantes ainda não tinham nenhum plano ou estratégia para levar o evangelho até os confins da Terra. Isso se manteve até Deus usar um nobre jovem austríaco para transformar uma turma de refugiados religiosos. Em 1722, o conde Nikolaus Zinzendorf abriu sua propriedade para dissidentes religiosos perseguidos. Por meio de sua liderança cristã e do poder do Espírito Santo, eles foram transformados no primeiro movimento missionário protestante, conhecido como morávios.

Leonard Dober e David Nitschmann foram os primeiros missionários enviados pelos morávios. Eles se tornaram os fundadores do movimento cristão entre os escravos das Índias Ocidentais. Nos 50 anos seguintes, os morávios trabalharam sozinhos, antes que qualquer outro missionário cristão chegasse. Naquela época, os morávios haviam batizado 13 mil convertidos e plantado igrejas nas ilhas de St. Thomas, St. Croix, Jamaica, Antigua, Barbados e St. Kitts.

Em 20 anos, os missionários morávios estavam entre os Inuit no Ártico, no sul da África, entre os nativos americanos da América do Norte e no Suriname, Ceilão, China, Índia e Pérsia. Nos 150 anos seguintes, mais de 2.000 morávios se ofereceram para servir no exterior. Foram para as áreas mais remotas, desafiadoras e negligenciadas. Isso foi algo novo na expansão do Cristianismo: uma comunidade cristã inteira — famílias e também solteiros — dedicada a missões mundiais.

Quando a Guerra da Independência Americana eclodiu em 1776, a maioria dos ministros metodistas ingleses voltou para casa. Eles deixaram para trás 600 membros e um jovem missionário inglês chamado Francis Asbury, que era discípulo de John Wesley.

Asbury deixou a escola antes de completar 12 anos para se tornar aprendiz de ferreiro. Sua compreensão do exemplo, métodos e ensino de Wesley permitiram que ele os adaptasse a um novo campo missionário, permanecendo fiel aos princípios.

O Metodismo não apenas sobreviveu à Guerra Revolucionária, mas varreu a terra. Sob Asbury, o Metodismo superou as denominações mais fortes e estabelecidas. Em 1775, os metodistas eram apenas 2,5% do total de membros da Igreja na América. Em 1850, sua participação havia aumentado para 34%. Isso foi em uma época em que os critérios metodistas para membresia eram muito mais rígidos do que das outras denominações.

O Metodismo foi um movimento. Eles acreditavam que o evangelho era uma força dinâmica no mundo, trazendo salvação. Acreditavam que Deus estava poderosa e pessoalmente presente na vida de cada discípulo, incluindo afro-americanos e mulheres, não apenas em líderes eclesiásticos. Também acreditavam que era seu dever e prioridade alcançar as pessoas perdidas e plantar igrejas em toda a nação.

O Metodismo americano se beneficiou muito do trabalho pioneiro de John Wesley e dos metodistas ingleses. Livre das limitações da sociedade tradicional inglesa, Asbury descobriu que o movimento metodista estava ainda mais à vontade em um mundo de oportunidades e liberdade.

À medida que o movimento se espalhava por meio do trabalho de jovens pregadores itinerantes, o Metodismo permaneceu coeso, devido a um sistema de comunidade bem definido. Os metodistas permaneceram conectados uns com os outros por meio de uma dinâmica de reuniões de classe, festas de confraternização, reuniões trimestrais e reuniões de acampamento. Em 1811, havia de 400 a 500 reuniões campais realizadas a cada ano, com uma participação total de mais de um milhão de pessoas.

Quando Asbury morreu em 1816, havia 200 mil metodistas. Em 1850, havia um milhão de metodistas, liderados por 4.000 pregadores itinerantes e 8.000 pregadores locais. A única organização que o superava em extensão era o governo dos Estados Unidos.

Por fim, o Metodismo perdeu sua paixão e se acomodou para desfrutar de suas realizações. No processo, deu origem ao movimento Santidade. William Seymour era um pregador da santidade, com um desejo desesperado de conhecer o poder de Deus. Era filho de ex-escravos, zelador e cego de um olho. Deus escolheu este improvável homem para desencadear um movimento que começou em 1906 em um edifício metodista abandonado na Rua Azusa.

As reuniões carregadas de fervor ocorriam durante todo o dia e noite adentro. As reuniões não tinham coordenação central, e Seymour raramente pregava. Ele ensinou o povo a clamar a Deus por santificação, plenitude do Espírito Santo e cura divina.

Imediatamente, missionários se expandiram da Rua Azusa para o mundo. Em dois anos, levaram o pentecostalismo a partes da Ásia, América do Sul, Oriente Médio e África. Eram pobres, sem treinamento e despreparados. Muitos morreram no campo. Seus sacrifícios foram recompensados; os movimentos pentecostais/carismáticos e similares tornaram-se a expressão de crescimento mais rápido e a mais globalmente diversa do cristianismo mundial.

Pela taxa atual de crescimento, haverá um bilhão de pentecostais em 2025, a maioria deles na Ásia, África e América Latina. O pentecostalismo é o movimento de expansão mais rápida — religioso, cultural ou político — de todos os tempos.

Jesus fundou um movimento missionário com o mandato para levar o evangelho e multiplicar discípulos e igrejas em todos os lugares. A história está repleta de exemplos de movimentos, assim como no livro de Atos; citei apenas alguns. Três elementos essenciais são necessários para os movimentos de Jesus: a Palavra dinâmica, o poder do Espírito Santo e discípulos que obedecem ao que Jesus ordenou.

24

Pessoas comuns como testemunhas que fazem discípulos

Por Shodankeh Johnson[81], Victor John, Aila Tasse e o líder de um grande movimento na Índia

Nos originais de seu próximo livro sobre movimento de plantação de igrejas (CPM), Shodankeh Johnson diz sobre o movimento em Serra Leoa:

Quero contar como Deus está usando muitas pessoas comuns. Como exemplo, temos muitos plantadores de igrejas cegos. Nós os discipulamos e os treinamos. Enviamos alguns

---

[81]Shodankeh Johnson é o líder do *New Harvest Ministries* (NHM) em Serra Leoa. Através do favor de Deus e do compromisso com movimentos de fazedores de discípulos, o NHM tem visto centenas de igrejas simples plantadas, mais de 70 escolas iniciadas e muitos outros ministérios de acesso iniciados em Serra Leoa nos últimos 15 anos. Isto inclui igrejas entre 15 povos muçulmanos. Também enviaram obreiros de longo prazo para 14 países na África, incluindo oito países no Sahel e Magrebe. Shodankeh fez treinamentos, catalisando orações e movimentos de fazedores de discípulos na África, na Ásia, na Europa e nos Estados Unidos. Serviu como Presidente da Associação Evangélica de Serra Leoa e como Diretor Africano da *New Generations*. Atualmente é Diretor de Oração e Ministérios Pioneiros na New Generations.

deles para a escola de cegos para aprenderem braile, para que possam ler a Bíblia. E embora sejam completamente cegos, esses homens e mulheres plantaram várias igrejas e discipularam muitas pessoas. O Senhor até os usou para discipular pessoas que não são cegas. Eles lideram grupos de descoberta e alguns dos membros têm visão normal.

Também já vimos Deus usar pessoas analfabetas que nunca foram à escola. Se você escrevesse a letra "A", eles não saberiam que é "A". Mas ao longo dos anos, por causa do processo de discipulado, eles podem citar as Escrituras. Podem explicar as Escrituras e treinar pessoas instruídas como discípulos, embora eles mesmos nunca tenham ido à escola.

Minha mãe, por exemplo, é analfabeta. Mas ela já treinou pessoas que agora são pastores e plantadores de igrejas altamente instruídos. Ela trouxe mais mulheres muçulmanas para a fé do que qualquer outra mulher que eu conheça. Ela nunca frequentou a escola, mas pode ficar de pé e citar as Escrituras. Ela pode dizer: "Vá até João 4:7-8". E enquanto você vai para lá, ela já está explicando essa parte das Escrituras.

Esse testemunho de Deus usando "pessoas comuns" é ecoado por líderes de movimentos em outras partes do mundo. Victor John, em seu livro *Bhojpuri Breakthrough*[82], escreve:

Entre os Bhojpuri, Deus agora se move entre todas as castas, até com pessoas de castas inferiores alcançando pessoas de castas superiores. Crentes de castas diferentes podem não se socializar muito uns com os outros, mas têm reuniões de adoração e oram juntos. Temos uma mulher de casta baixa que

---

[82] Publicado por WIGTake Resources, Monument, CO, 2019.

lidera uma comunidade de adoração no lado da casta baixa da aldeia, depois vai para o lado da casta alta da aldeia e lidera outra comunidade de adoração lá. Embora ela venha de uma casta baixa e seja mulher (o que a torna uma líder incomum em qualquer aldeia), Deus a está usando efetivamente tanto no contexto das castas altas como no das baixas.

O líder de outro grande movimento na Índia atesta:

Se disseram a você que somente brâmanes podem chegar a brâmanes, você foi enganado. Se disseram que somente os instruídos podem chegar aos instruídos, você foi enganado. Deus usa o menor deles.

Sobre movimentos na África Oriental, Aila Tasse compartilha estas histórias[83] de Deus em ação:

Um bêbado torna-se um fazedor de discípulos

Jarso é o líder de uma corrente que plantou 63 igrejas em dois anos entre um grupo de pessoas menos alcançadas na África Oriental. Há quatro meses, Jarso estava batizando novos seguidores de Cristo desse grupo de pessoas. Jillo, que não era um seguidor de Cristo, estava observando à distância enquanto Jarso conduzia o batismo.

Com uma cerveja na mão, Jillo observava os procedimentos e começou a zombar das preliminares do batismo. Antes de conduzir o batismo, Jarso leu a história sobre o batismo

---

[83]Extraído de "Movimentos de fazedores de discípulos na África Oriental", pelo Dr. Aila Tasse, na edição de novembro-dezembro de 2017 da *Missão Fronteiras*.

de Jesus e começou a falar sobre o Senhor. Agora, dentro do campo auditivo da pregação, Jillo se viu profundamente impregnado de tudo o que ouviu. No final da história, ele sabia que precisava seguir Jesus. Imediatamente decidiu parar de beber e até jogou fora a garrafa de cerveja consumida pela metade, que estava segurando.

Foi para casa mais cedo naquela noite. Sua esposa ficou surpresa ao vê-lo sóbrio e de mãos vazias, pois ele costumava trazer para casa algumas garrafas para beber. Sua esposa se ofereceu para lhe trazer uma garrafa de cerveja que havia comprado para ele no início do dia. Jillo a deixou chocada ao dizer que havia parado de beber e que ela deveria levar a garrafa de volta à loja e pedir reembolso.

Jillo, que não lia nem escrevia, pediu então à esposa que trouxesse a Bíblia que eles tinham em casa e lesse para ele a história de Jesus que Jarso tinha lido na cerimônia de batismo. A esposa veio com a Bíblia e quando ela terminou de ler a história, Jillo compartilhou com ela o que tinha ouvido de Jarso.

Naquela noite, Jillo e a esposa tomaram a decisão de seguir Jesus. No dia seguinte, Jillo entrou em contato com Jarso, que lhe mostrou como fazer o estudo bíblico de descoberta em família. A partir do dia seguinte, Jillo e a esposa, juntamente com seus filhos, começaram a fazer um estudo bíblico de descoberta todas as noites.

Duas semanas mais tarde, Jillo, sua esposa e alguns vizinhos que se juntaram ao Grupo Bíblico de Descoberta foram batizados. Jillo e esposa continuaram essa jornada, promovendo o surgimento de mais oito grupos de descoberta. Jillo conclui seu testemunho dizendo que, se a tendência atual continuar, é provável que todo o distrito seja transformado através do evangelho.

Uma Raabe do Novo Testamento

Nosso plantador de igrejas Wario conheceu uma jovem mulher há dois anos chamada Raabe. Essa mulher era muito bonita e quando Wario a conheceu, ela era, como sua homônima bíblica, uma profissional do sexo.

Wario começou a contar a ela a história da Raabe da Bíblia, incluindo o que foi citado sobre ela em Hebreus 11. Contou como a vida de Raabe foi transformada de uma vida de prostituição para a de uma mulher de fé e como ela entrou na linha genealógica de Jesus.

Raabe nunca tinha lido a Bíblia por si mesma. Mas sabia que na Bíblia havia uma mulher que se chamava Raabe e que tinha sido prostituta. Isso ela havia aprendido de várias pessoas que ouviam seu nome.

Mas quando ouviu pela primeira vez, de Wario, a história completa de Raabe, ela foi tocada e perguntou a Wario se poderia ser como a Raabe da Bíblia. Wario disse "sim" e se ofereceu para orar por ela. Nesse processo, ela acabou sendo libertada da escravidão demoníaca. Depois disso, sua vida mudou drasticamente.

Ela se tornou uma seguidora muito forte de Cristo e uma fazedora de discípulos. Casou-se com um seguidor de Cristo e, como casal, se tornaram comprometidos fazedores de discípulos. No último ano, eles plantaram seis novas igrejas em sua comunidade.

O líder de um grande movimento na Índia compartilha estes testemunhos do trabalho de Deus através de pessoas comuns[84].

O principal líder em uma área de nosso país, Abeer[85], tem consistentemente relatado que a abordagem do estudo bíblico de descoberta é uma grande ferramenta para o crescimento rápido da fé das pessoas. Isto é especialmente verdadeiro para pessoas analfabetas, pois cada pessoa pode facilmente ouvir a história do apresentador e discutir as questões.

Abeer tem muitas gerações de discípulos que se reproduziram a partir de seu ministério. Um dos líderes da quinta geração, Kanah, tem 19 anos. Ele já iniciou Grupos de Descoberta em três vilarejos. Um dia, esse jovem foi para a aldeia G. e ficou surpreso ao descobrir que uma família de lá dizia ser seguidora de Jesus! Kanah visitou os sete membros da família, incluindo a mãe de 47 anos, Rajee. Durante a conversa deles, Rajee disse: "Sim, sabemos de Jesus, mas não temos ideia de como vamos crescer em nossa fé, pois os pastores não vêm aqui".

Kanah sentiu uma grande simpatia por essa família porque o testemunho deles era igual ao seu. Quando ele se entregou em lealdade a Cristo pela primeira vez, não havia nenhum pastor para ensinar-lhe nos caminhos de sua nova fé. Pastores iam até sua aldeia ocasionalmente, assim como um tinha visitado essa família, mas os pastores só vinham para pregar por um tempo, recolher uma oferta, e depois partiam. Nunca se comprometeram com visitas regulares ou com qualquer tipo de discipulado. Haviam sido ensinados apenas a pregar, então foi isso que fizeram.

---

[84] Extraído de "Estudos bíblicos de descoberta — Avançando o Reino de Deus", edição de maio-junho de 2019 da *Missão Fronteiras*.

[85] Por razões de segurança, todos os nomes pessoais nos relatos deste capítulo foram alterados.

Após ouvir Rajee, Kanah disse a ela: "Tia, eu digo sinceramente, minha história é exatamente como a sua. Mas um dia, depois de muito tempo sozinho em minha fé, conheci uma equipe que me disse que, embora fosse muito bom que eu tivesse me entregado em lealdade a Cristo, a história toda não tinha sido contada. Não só devemos seguir Jesus e ser Seus discípulos, mas também recebemos ordens para ir e fazer discípulos de todas as nações".

Rajee disse: "Nós não temos uma Bíblia e não sabemos ler". Kanah disse: "Sim, eu entendo. Em minha aldeia também há muitas pessoas que não sabem ler, mas essa equipe me deu um aparelhinho com histórias bíblicas em áudio dentro dele. Se você ouvir esse aparelhinho, ouvirá a Palavra de Deus e a aprenderá, e ao discutir as perguntas que estão nele, as verdades irão mais fundo em seu coração e em sua vida".

Rajee perguntou se ela poderia ter um aparelhinho daqueles. Dois dias depois, Kanah voltou àquele vilarejo e deu à família o equipamento. Ele explicou: "Depois de ouvir essas histórias, é muito importante discutir as cinco perguntas[86] para que você possa crescer em sua fé sem depender de alguém que venha de longe e lhe ensine".

A família de Rajee havia esperado um ano inteiro para que um pastor voltasse e os ensinasse, mas nunca ninguém veio.

---

[86] As cinco perguntas, conforme estão gravadas nos conjuntos de histórias em áudio mp3 dos estudos bíblicos de descoberta, são:
1. Em toda essa história que você ouviu, de que coisa você mais gosta?
2. O que você aprende com essa história sobre Deus, sobre Jesus ou sobre o Espírito Santo?
3. O que você aprende com essa história sobre as pessoas e sobre você mesmo?
4. Como você deve aplicar essa história em sua vida nos próximos dias? Existe uma ordem a obedecer, um exemplo a seguir, ou um pecado a evitar?
5. A verdade não é para ser acumulada. Alguém compartilhou com você a verdade que beneficiou sua vida. Então, com quem você vai compartilhar essa história na próxima semana?

Então esse jovem de 19 anos os visitou em um dia e deu a eles as ferramentas necessárias para crescerem em sua fé. Com formas como essa, o Espírito Santo está trabalhando e esse movimento está crescendo. Kanah não é um pastor; não teve nenhum treinamento bíblico. Ele nem sequer é membro de uma grande igreja. É apenas um homem simples de uma aldeia. E porque ele mesmo seguiu esse padrão para aprender e crescer na fé, ele é capaz de compartilhá-lo com outros. Louvamos a Deus porque mesmo pessoas simples estão atuando como em sacerdócio real — servindo a Deus e trazendo Sua salvação a outros.

E se, em vez de depender de sermões como nosso modo de instrução, nos focássemos em discutir a Bíblia: todos interagindo sobre uma passagem em um pequeno grupo e depois *obedecendo* ao que aprenderam? Milhares de pequenas igrejas na Índia hoje estão fazendo exatamente isso. Aqui está um testemunho recente de como essa abordagem está ajudando seguidores de Jesus a crescerem na fé.

Uma mulher chamada Diya vive na "Aldeia K.", que é distante de qualquer cidade. Os residentes de lá não podem viajar ou deixar sua aldeia com muita frequência porque é muito remota. Esse isolamento realmente os incomodava. Eles se perguntavam como poderiam aprender mais sobre Deus. Uma vez, ouviram um homem falar de Jesus, que Ele é grande e capaz de fazer milagres. Mas em seu isolamento, eles se perguntavam se alguma vez ouviriam mais sobre Ele.

Um dia, vários fazedores de discípulos se encontraram na casa de um líder de igreja nas imediações daquela área. O líder perguntou: "O que fazemos com as pessoas com quem pudemos compartilhar um pouco sobre Jesus, mas que precisam saber mais? Como podemos acompanhar as pessoas que vivem tão longe e temos dificuldade em alcançar?". Essa pergunta tocou JP, um dos fazedores de discípulos.

Ele pensou: "Eu tenho uma bicicleta. Eu poderia visitar pessoas que vivem em aldeias remotas". Foi assim que JP foi parar na aldeia de Diya. Ele se encontrou com ela e toda sua família e conversaram sobre Jesus. Ele falou a eles sobre Mateus 28, que nós, que somos Seus discípulos, temos ordens de ir e fazer outros discípulos. Ele disse como ela e sua família também poderiam obedecer às ordens de Jesus e que à medida que aplicassem as instruções de Jesus em suas vidas, sua fé cresceria. Diya e toda sua família estavam muito felizes porque alguém de "fora" tinha ido até sua aldeia para se encontrar com eles para falar de Jesus!

JP deu a eles um aparelhinho sonoro, dizendo: "Irmã, aqui está uma maneira simples de vocês adorarem Jesus juntos em sua casa. Eu também sou analfabeto. Não sou sábio. Nunca fui treinado em um programa oficial de treinamento de pastores. Mas tenho esse aparelhinho com muitas histórias bíblicas". JP disse a Diya como ela e sua família poderiam usar o equipamento para estudar a Palavra de Deus. Ele o deixou com ela, e a adoração a Jesus começou naquela aldeia pela primeira vez.

Um dia, uma família vizinha foi à casa de Diya para se juntar a eles em seu estudo bíblico. No entanto, assim que ouviram a voz começando a narrar as Escrituras, a filha de 19 anos da família do vizinho começou a gritar — berrando verdadeiramente. Priya tinha um demônio dentro dela e todos ficaram com muito medo.

O que iria acontecer? Nenhum deles era pastor. O que deveriam fazer? O que o demônio faria? Ninguém sabia. Então, todos continuaram a ouvir a história. A narração continuava enquanto Priya continuava gemendo e todos os outros presentes pediam silenciosamente a Deus que fizesse um milagre. Quando a história terminou, finalmente alguém teve a coragem de dizer: "Vamos orar!". Então todos oraram por Priya e ela foi liberta do demônio! E isso não é tudo. Ela também estava doente há muito tempo e, durante aquele encontro, Deus não só a libertou do demônio, mas também a curou de sua doença. Depois de testemunhar esses dois milagres, ambas as famílias declararam que queriam ser seguidoras de Jesus! A família de Priya também começou a hospedar um grupo de estudo bíblico em sua própria casa.

Desde então, Diya e Priya visitaram 14 aldeias diferentes com o propósito de divulgar a história de Jesus! Naqueles 14 vilarejos, 28 estudos bíblicos de descoberta estão ocorrendo regularmente. Esses grupos ainda não estão amadurecidos espiritualmente. São crianças no Senhor, mas as mulheres têm fé de que muitos discípulos serão feitos nesses lugares. O principal líder da igreja na área, aquele que sediou a reunião da qual JP participou, visitou pessoalmente esses grupos e falou com eles sobre o amadurecimento em Cristo.

Esse é o poder da Palavra de Deus e de Seu Espírito, trabalhando onde não há seminários ou líderes eclesiásticos pagos. Apenas pessoas simples ouvindo as palavras de Deus e colocando-as em prática, como o "homem sábio" que Jesus descreveu em Mateus 7. Jesus disse que quem ouve Suas palavras *e* as obedece é como um homem sábio que construiu sua casa na rocha para que nada a movesse, nem chuvas ou mesmo enchentes. Que precioso e maravilhoso ser ensinado nessa lição por pessoas que não sabem nem ler!

Nosso Deus está deixando claro que ele pode usar *todos* os tipos de pessoas para fazer discípulos. Ele se deleita em mostrar seu incrível poder através da fraqueza humana. Como disse o apóstolo Pedro à família de Cornélio: "Vejo claramente que Deus não mostra nenhum favoritismo" (At 10:34 NVT). Deus tem satisfação em fazer coisas extraordinárias por meio de pessoas comuns. Enquanto lemos relatos dessas testemunhas "comuns" ao redor do mundo, o que o Pai poderia querer nos dizer sobre o *nosso* papel como testemunhas dele?

25

Movimentos multiplicando movimentos

Deus tem feito "infinitamente mais do que tudo quanto pedimos ou pensamos" ao iniciar mais de 600 movimentos do tipo "Livro de Atos" dos tempos modernos, a maioria deles entre PNA. Quando esses movimentos começam, podemos esperar que eles concentrem toda sua energia nas tremendas necessidades de seu próprio povo. Em vez disso, estamos entusiasmados em descobrir que muitos movimentos estão agora multiplicando movimentos entre outros grupos. Ao ler este capítulo e os próximos dois, alegre-se conosco e junte-se a nós para orar e trabalhar para ver um aumento exponencial de movimentos multiplicando movimentos.

Como o CPM Bhojpuri iniciou outros movimentos[87] *Por Victor John[88]*

Deus está trabalhando de forma surpreendente entre os falantes de Bhojpuri do norte da Índia, com um movimento de plantação de

---

[87]Extraído com permissão do livro *Bhojpuri Breakthrough* (Monument, CO: WIGTake Resources, 2019).

[88]Victor John, um nativo do norte da Índia, serviu como pastor por 15 anos antes de mudar para uma estratégia holística, visando a um movimento entre o povo Bhojpuri. Desde o início dos anos 90, ele tem desempenhado um papel catalisador, da concepção até o grande e crescente movimento Bhojpuri.

igrejas (CPM) de mais de 10 milhões de discípulos de Jesus batizados. A glória de Deus nesse movimento brilha ainda mais contra o pano de fundo da história dessa área. A área dos Bhojpuri, na Índia, é fértil em muitos aspectos — não apenas em seu solo. Muitos líderes religiosos nasceram aqui. Gautama Buda recebeu sua iluminação e proferiu seu primeiro sermão nessa área. A ioga e o jainismo também tiveram sua origem aqui.

A área Bhojpuri foi descrita como um lugar de escuridão — não apenas por cristãos, mas também por não cristãos. O Prêmio Nobel V.S. Naipaul, depois de viajar pelo leste de Uttar Pradesh, escreveu um livro intitulado *Uma área de trevas*, descrevendo bem o *pathos* e a depravação da região.

No passado, essa região era muito, muito hostil ao evangelho, que era visto como estrangeiro. Era conhecida como "o cemitério das missões modernas". Quando a condição de estrangeiro foi retirada, as pessoas começaram a aceitar as boas-novas.

Mas Deus não quer alcançar somente os falantes de Bhojpuri. Quando Deus começou a nos usar para alcançar além do grupo Bhojpuri, algumas pessoas perguntaram: "Por que vocês não se limitam a alcançar os Bhojpuri? Eles são tantos! Cento e cinquenta milhões é um grande número de pessoas! Por que vocês não ficam lá até que esse trabalho esteja terminado?".

Minha primeira resposta é a natureza pioneira do trabalho evangelístico. Fazer trabalho apostólico/pioneiro envolve sempre procurar lugares onde as boas-novas não criaram raízes: procurar oportunidades de tornar Cristo conhecido onde Ele ainda não é conhecido. Essa é uma razão pela qual expandimos nosso trabalho para outros grupos linguísticos.

Segundo, as várias línguas se sobrepõem em seu uso, uma com a outra. Não há uma linha divisória clara onde termina o uso de uma língua e começa outra. Além disso, os crentes muitas vezes se mudam por causa de relacionamentos, como casamento, ou por receber uma oferta de emprego em outro lugar. Como as pessoas do movimento viajaram ou se mudaram, as boas-novas foram com elas.

Algumas pessoas voltaram e disseram: "Nós vemos Deus trabalhando nesse outro lugar. Gostaríamos de começar um trabalho naquela área". Dissemos a elas: "Vão em frente!".

Então elas voltaram um ano depois e disseram: "Plantamos 15 igrejas lá". Ficamos maravilhados e abençoados, porque aconteceu organicamente. Não havia nenhuma agenda, nenhuma preparação e nenhum financiamento. Quando perguntaram o que viria a seguir, começamos a trabalhar com elas para ajudar os crentes a se fundamentarem na Palavra de Deus e a amadurecerem rapidamente.

Terceiro, iniciamos centros de treinamento que expandiram o trabalho, tanto intencionalmente como não intencionalmente (mais plano de Deus do que nosso). Às vezes, pessoas de um grupo linguístico próximo vinham a um treinamento e depois voltavam para casa e trabalhavam entre seu próprio povo.

Uma quarta razão para a expansão é que, algumas vezes, as pessoas vieram até nós e disseram: "Precisamos de ajuda. Vocês podem vir nos ajudar?". Nós as ajudamos e as encorajamos o melhor que pudemos. Esses têm sido os fatores-chave da mudança para áreas vizinhas além dos Bhojpuri.

O trabalho começou entre os Bhojpuri, em 1994, e depois se estendeu para outras línguas e áreas, nesta ordem: Awadhi (1999), Cousins (2002), Bengali (2004), Magahi (2006), Punjabi, Sindhi, Hindi, inglês (em comunidades urbanas) e Haryanvi (2008), Angika (2008), Maithili (2010) e Rajasthani (2015).

Louvamos a Deus pelo fato de o movimento ter-se expandido de diversas maneiras para diferentes grupos linguísticos, diferentes áreas geográficas, múltiplos grupos de castas (dentro dessas áreas linguísticas e geográficas) e diferentes religiões. O poder das boas-novas continua a romper todos os tipos de fronteiras.

O trabalho entre o povo Maithili serve como um exemplo muito bom de parceria. Nossa parceria com um líder-chave foi um experimento para expandir o movimento. Em vez de abrirmos nosso próprio escritório, com nossa própria equipe, atingimos o mesmo objetivo de uma maneira mais reprodutível.

Embora esses movimentos sejam liderados por nativos, continuamos a ser parceiros. Recentemente, começamos a treinar mais de 15 líderes Angika em Bihar Oriental em um ministério holístico (integrado). Planejamos ajudar a iniciar centros de ministério holístico em três locais Angika diferentes no ano seguinte e a levantar mais líderes locais Angika. Nosso parceiro-chave trabalhando entre os Maithili também está estendendo o trabalho para a área Angika.

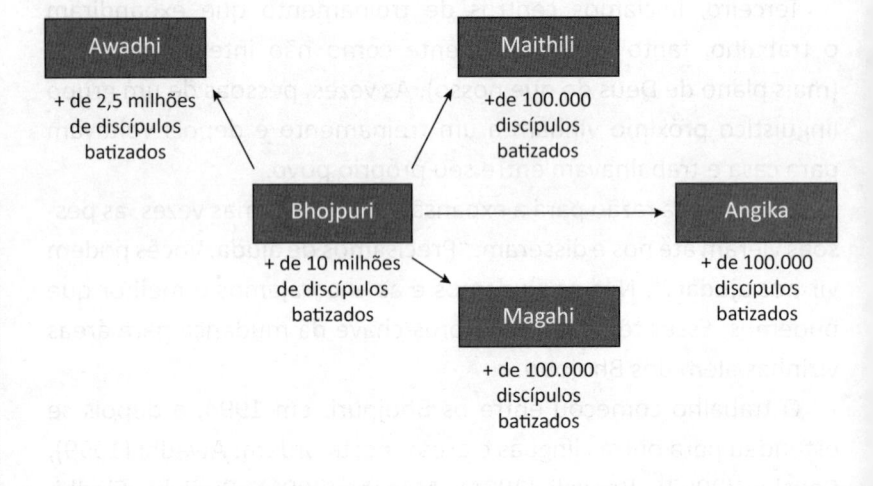

```
         Awadhi                              Maithili
    + de 2,5 milhões                        +de 100.000
      de discípulos                          discípulos
        batizados                             batizados
              ↖                          ↗
                     Bhojpuri                              Angika
                                         →
                   + de 10 milhões                      + de 100.000
                     de discípulos                       discípulos
                       batizados    ↘                     batizados
                                         Magahi
                                      + de 100.000
                                       discípulos
                                        batizados
```

26

Movimentos iniciam movimentos no Sul e Sudeste da Ásia[89]

Por Kumar[90]

Em 1995, comecei a compartilhar o evangelho entre povos não alcançados e a plantar igrejas. Meu objetivo era plantar 100 igrejas até 2020. Em 2007, eu havia plantado 11 igrejas. Algumas pessoas considerariam isso um sucesso, mas fiquei devastado porque percebi que, nesse ritmo, não havia como chegar a 100 igrejas até 2020. Durante dois meses, eu clamei ao Senhor: "Mostre-me o caminho para plantar 100 igrejas!". Então, em meados de 2007, fui convidado para um treinamento em "Quatro Campos — Plantação de igrejas com orçamento zero". Só pude participar de uma sessão, mas aquela hora mudou minha

---

[89] Esse conteúdo é de um artigo que apareceu na edição janeiro-fevereiro da *Missão Fronteiras*, www.missionfrontiers.org, pág. 34.

[90] Kumar cresceu como construtor de templos, filho de um sacerdote não cristão. Depois de mais de uma década de plantação de igrejas tradicionais, ele começou a usar um modelo de reprodução, e Deus tem trabalhado através de Kumar e muitos outros para plantar milhares de igrejas nos últimos 10 anos.

vida e meu ministério. Vi que Jesus capacitou Seus discípulos para se multiplicarem de uma maneira que exigia financiamento externo zero.

Percebi que estava plantando igrejas tradicionais, nas quais os novos crentes eram passivamente dependentes de mim. Vi que precisava, em vez disso, discipular novos crentes para compartilhar o evangelho, fazer discípulos e formar novas igrejas. Comecei a plantar igrejas de "orçamento zero", que começaram a se reproduzir.

No início, apenas 14 pessoas — aprendizes orais não escolarizados — chegaram à fé. Treinei esses 14 em minha casa no decorrer de um mês. Como todos eles tinham empregos regulares, pessoas diferentes vinham em dias diferentes. Era realmente um desafio, mas o Senhor me disse para não desistir. Depois de terem sido treinados, eles saíram para plantar igrejas.

Menos de um ano depois, quando reuni todos e fiz o mapeamento dos frutos, tínhamos 100 igrejas! Usando a abordagem dos Quatro Campos (modelo CPM), tínhamos atingido a meta de 100 igrejas 12 anos antes!

Perguntei ao Senhor "Para onde devo ir agora?". Ele disse: "Não vá a lugar algum. Treine igrejas. Treine as 100 igrejas para plantarem mais três igrejas cada uma". Enquanto eu treinava meus líderes eclesiásticos locais, eles treinavam seu povo. Algumas igrejas plantaram cinco novas igrejas. Outras não plantaram nenhuma. No ano seguinte, a rede de 100 igrejas havia crescido para 422. Treinamos essas igrejas para plantar mais três igrejas cada uma. No ano seguinte, tínhamos 1.268 igrejas.

Então o Senhor me disse: "Lance a visão para outras igrejas". Comecei, então, a fazer isso em outras partes do país. Disse às pessoas: "Venham e vejam o que o Senhor está fazendo; vejam como nossos crentes vivem e servem". À medida que as pessoas vinham e eram treinadas, elas se multiplicavam para a terceira e quarta geração. Eu pedi 5.000, e o Senhor deu 5.000. Quando eu pedi 50.000, o Senhor deu 50.000.

Esse movimento está iniciando outros novos movimentos por meio de três formas primárias:

1. Crentes com uma visão de alcançar seu próprio povo vêm para observar nosso trabalho e receber dez dias de treinamento. Depois eles retornam para iniciar um movimento.

2. Nós vamos pessoalmente a seus países, já que alguns não têm condições de vir até onde estamos. Primeiro fazemos um treinamento inicial, depois convido alguns deles para um segundo treinamento, onde faço 50% do treinamento e eles fazem 50%. Em seguida, para o terceiro treinamento, eu os treino para fazer todo o treinamento. Na sequência, faço o acompanhamento com o treinamento contínuo daqueles que implementaram os princípios do treinamento. A cada três meses, procurarmos telefonar para eles e ver como estão indo. Em seguida, voltamos para o acompanhamento. Continuamos fazendo o acompanhamento em diferentes países em um rodízio trimestral.

3. Finalmente, lançamos a visão às coalizões de parceiros para "não restar mais lugar" em suas regiões. Para o treinamento de acompanhamento, enviamos treinadores mestres (pessoas que entendem o modelo completo e podem treinar outros para iniciar os movimentos) a fim de capacitá-los.

Temos agora o engajamento de 56 PNA anteriormente não engajados. Temos ministério em quase todos os estados de nosso país e o trabalho se estendeu a 12 países do Sul da Ásia e do Sudeste Asiático. Desenvolvemos 150 treinadores *master* em nosso país. Estou muito encorajado por 24:14, aprendendo que não estou sozinho; estou no caminho certo. Outros em 24:14 também estão vendo grandes frutos e têm uma visão semelhante. O objetivo de nossa rede se ajusta com o da *Coalizão 24:14* — Não queremos ver mais lugar sem uma testemunha do evangelho até 2025.

27

Rendidos — Movimentos iniciam movimentos no Oriente Médio[91]

Por "Harold"[92] e William J. Dubois[93]

Quando a mensagem criptografada apareceu no meu telefone, fiquei atônito com sua simplicidade e ousadia, e constrangido novamente com as palavras de "Harold", meu querido amigo e parceiro no Oriente Médio. Apesar de ser um ex-Imã, terrorista da Al Qaeda e líder talibã, seu caráter foi radicalmente transformado pelo poder perdoador de Jesus. Eu confiaria a Harold minha família e minha própria vida — e confiei. Juntos

---

[91]Esse conteúdo é de um artigo publicado na edição de janeiro-fevereiro de 2018 da *Missão Fronteiras*, www.missionfrontiers.org, pág. 36-37.

[92]"Harold" nasceu em uma família islâmica, criado e educado para ser um jihadista radical e imã. Após sua conversão radical a Jesus, Harold usou sua educação, influência e capacidade de liderança para fazer crescer um movimento de seguidores de Jesus. Agora, mais de 20 anos depois, Harold ajuda a mentorear e a liderar uma rede de movimentos da igreja doméstica entre povos não alcançados.

[93]"William J Dubois" trabalha em áreas altamente sensíveis nas quais o evangelho está espalhando-se poderosamente. Ele e sua esposa passaram os últimos mais de 25 anos treinando novos crentes da colheita para que cresçam em sua capacidade de liderança e multipliquem igrejas domésticas entre povos não alcançados.

lideramos uma rede de movimentos de igrejas domésticas em mais de 100 países, chamada Família de Igrejas Antioquia.

Eu havia enviado a Harold uma mensagem no dia anterior, perguntando se algum dos nossos ex-muçulmanos, agora irmãos e irmãs seguidores de Jesus que vivem no Iraque, estaria disposto a ajudar a resgatar yazidis. Ele respondeu: "Irmão, Deus já tem falado a nós sobre isso há vários meses, a partir de Hebreus 13:3 — *'Lembrem-se [...] dos que estão sendo maltratados, como se fossem vocês mesmos que o estivessem sofrendo no corpo'*. Você está disposto a estar conosco no resgate de cristãos perseguidos e de minorias yazidi do Estado Islâmico?".

O que eu poderia dizer? Nos últimos anos, nossa amizade havia se consolidado em um profundo compromisso de percorrer o mesmo caminho com Jesus e de trabalhar juntos para cumprir a *Grande Comissão*. Estávamos trabalhando fervorosamente para treinar líderes que multiplicassem nossa entrega apaixonada a Jesus, levando Sua mensagem de amor às nações. Agora Harold estava pedindo a mim para dar outro passo, mais profundo, para resgatar pessoas da escravidão ao pecado e dos crimes horríveis do Estado Islâmico.

Eu respondi: "Sim, Irmão, estou pronto. Vamos ver o que Deus vai fazer".

Em poucas horas, equipes de plantadores de igrejas locais do Oriente Médio, treinados e experientes, se voluntariaram para deixar seus postos e fazer o que fosse necessário para resgatar essas pessoas do Estado Islâmico. O que descobrimos mudou nosso coração para sempre.

Deus já estava trabalhando! Destroçados pelas ações demoníacas e bárbaras dos terroristas do Estado Islâmico, os yazidis começaram a encher nossos locais secretos subterrâneos, que chamamos de "Campos de Refugiados Comunidade da Esperança". Mobilizamos equipes de seguidores locais de Jesus para fornecer assistência médica gratuita, aconselhamento em cura de traumas, água potável, abrigo e proteção. Foi um movimento de igrejas domésticas seguidoras de Jesus, que viviam sua fé para impactar outras pessoas.

Descobrimos também que os melhores obreiros vinham de igrejas domésticas próximas. Eles conheciam a língua e a cultura, e tinham o coração pulsante pelo evangelismo e pela plantação de igrejas. Enquanto outras ONGs que se registraram junto ao governo tiveram que restringir sua mensagem de fé, nossos esforços não formais baseados na igreja eram cheios de orações, leituras das Escrituras, curas, amor e cuidados! E por nossos líderes de equipe terem sido generosamente perdoados por Jesus, eles viviam completamente rendidos e cheios de coragem e ousadia.

Logo começaram a chegar cartas:

"Sou de uma família yazidi. Há muito tempo a condição do meu país tem sido precária por causa da guerra. Mas agora se agravou por causa do Estado Islâmico".

"No mês passado, eles atacaram nossa aldeia. Mataram muitas pessoas e me sequestraram junto com outras meninas. Muitos deles me estupraram, trataram-me como um animal e me bateram quando eu não obedecia às ordens deles. Eu implorava: 'Por favor, não me façam isso', mas eles riam e diziam: 'Você é nossa escrava'. Eles mataram e torturaram pessoas, muitas pessoas, na minha frente."

"Um dia eles me levaram para outro lugar para me vender. Minhas mãos estavam amarradas e eu gritava e chorava enquanto nos afastávamos dos homens que me venderam. Após 30 minutos, os compradores disseram: 'Querida irmã, Deus nos enviou para resgatar as meninas yazidi dessas pessoas más'. Então vi que havia 18 garotas que eles haviam comprado."

"Quando chegamos ao acampamento Comunidade da Esperança, entendemos que Deus enviou Seu povo para nos salvar. Soubemos que as esposas desses homens entregaram suas joias de ouro e pagaram para que fôssemos libertas. Agora estamos a salvo, aprendendo sobre Deus e tendo uma vida boa."

(De um líder de um de nossos Campos de Refugiados Comunidade da Esperança.)

"Muitas famílias yazidi aceitaram Jesus Cristo e pediram para se juntar aos nossos líderes para trabalhar e servir seu próprio povo. Isso é muito bom porque podem compartilhar com eles pela sua própria forma cultural. Hoje, como seguidores de Jesus, estamos orando pelo povo afetado para que Deus supra suas necessidades e os proteja dos combatentes islâmicos. Por favor, junte-se a nós em oração."

Um milagre tinha começado. Um movimento de seguidores de Jesus de nações próximas, agora rendidos — todos anteriormente aprisionados pelo Islã —, haviam sido libertos de seus próprios pecados para viver para Jesus como seu Salvador. Estavam dando sua vida para salvar outros. Agora, um segundo movimento de seguidores de Jesus tinha começado entre os yazidis.

Como isso pôde acontecer? Como escreveu D. L. Moody: "O mundo ainda está para ver o que Deus pode fazer com um homem plenamente consagrado a ele. Com a ajuda de Deus, eu almejo ser esse homem".

E então virá o fim

Este evangelho do Reino será proclamado em todo o mundo como testemunho a todos os povos, ***e então virá o fim.***

(Mateus 24:14 — Adaptado pelo editor)

28

24:14 — A guerra que finalmente acaba[94]

Por Stan Parks e Steve Smith

Uma guerra renovada tem sido travada silenciosamente durante os últimos 30 anos ou mais. No início, ela começou como uma insurgência silenciosa de alguns "combatentes da liberdade", que não queriam ver bilhões de pessoas vivendo e morrendo sem acesso ao evangelho. Os radicais, não se conformando que tantos vivessem em cativeiro com o "governante deste mundo", deram suas vidas para ver Jesus libertar os prisioneiros.

Essa insurgência se espalhou mais rapidamente e mais amplamente do que a Primavera Árabe. Provocou uma mudança mais duradoura do que a queda da Cortina de Ferro. As faíscas iniciais se transformaram em uma tempestade de fogo global. Milhões de combatentes espirituais surgiram nesta batalha: **até agora, 64 milhões de novos discípulos de dentro da colheita**[95]. Prisioneiros de Satanás no passado, ferrenhos proclamadores de Jesus hoje.

---

[94]Editado a partir de um artigo publicado originalmente na edição de janeiro-fevereiro de 2018 da Missão Fronteiras, www.missionfrontiers.org, pág. 7-12.

[95]Total relatado até dezembro de 2018.

Eles fazem avançar a bandeira de Cristo contra as fortalezas demoníacas, e apesar da oposição humana. Suas principais "armas" são o amor de Deus e o evangelho de Jesus. Sua luta não é contra os humanos, mas contra as forças espirituais do mal (veja Efésios 6:12). Dão a vida deles por Jesus, enquanto perdoam e abençoam seus perseguidores. Exultam com a salvação de multidões em áreas não alcançadas e, mesmo em períodos de sequidão e com sofrimento frequente, alegram-se de que seus próprios nomes estejam escritos nos **Céus** (veja Lucas 10:20).

Na maioria, não são combatentes "profissionais"; eles têm trabalhos regulares, mas travam a guerra espiritual dia e noite. Alguns aceitam empregos que pagam menos para ter mais tempo para servir seu Rei. Alguns são voluntários em missões perigosas para resgatar os perdidos. Todos têm um coração para compartilhar livremente com aqueles que entram em suas comunidades do Reino. Essa onda ultrapassa todos os grandes obstáculos para o Rei dos reis, pelo poder da cruz. Lançar tudo abaixo para seguir o chamado de terminar o que Jesus começou a espalhar é o que alimenta a missão (veja Apocalipse 12:11).

Isso não é um retorno às terríveis Cruzadas de batalhas terrenas, falsamente travadas em nome de Jesus. Este Reino é invisível, como Jesus declarou:

O meu Reino não é deste mundo! Se o meu Reino fosse deste mundo, os meus seguidores lutariam para não deixar que eu fosse entregue aos líderes judeus. Mas o fato é que o meu Reino não é deste mundo! (João 18:36 NTLH)

Essa é uma batalha pela alma das pessoas. Esses soldados têm lutado contra as restrições da religião institucional para obedecer ao comando das Escrituras. Têm sofrido não apenas ataques de poderes demoníacos, mas também o fogo amigo de líderes de igrejas, que entenderam mal seu desejo de viver como autênticos discípulos do Rei.

Esses combatentes escolheram acreditar que discípulos, igrejas, líderes e movimentos podem multiplicar-se como movimentos do Espírito, assim como ocorreu na Igreja Primitiva. Escolheram acreditar que as ordenanças de Cristo ainda carregam a mesma autoridade e poder do Espírito de 2.000 anos atrás.

Movimentos de plantação de igrejas (CPMs) estão expandindo-se novamente hoje, assim como ocorreu no livro de Atos e em vários momentos da história. (Veja o capítulo 23: "A história de movimentos e de expansão do evangelho".) Não são um fenômeno novo, mas antigo.

Representam um retorno ao discipulado bíblico básico, que todos os discípulos de Jesus podem imitar como:

1. Seguidores de Jesus e

2. "Pescadores de homens" (Mc 1:17). (Veja o capítulo 22: "Movimentos na Bíblia".)

Em cada continente, onde uma vez se disse: "Um CPM não pode acontecer aqui", os movimentos estão espalhando-se. (Veja dos capítulos 14 a 19, que descrevem movimentos em diversas partes do mundo.)

Princípios bíblicos têm sido aplicados em modelos práticos e reprodutíveis em uma variedade de contextos culturais. Servos de Deus estão ganhando os perdidos, fazendo discípulos, formando igrejas saudáveis e desenvolvendo líderes piedosos, de maneiras que podem multiplicar-se geração após geração e começar a transformar radicalmente suas comunidades.

Esses movimentos são a única forma que identificamos historicamente para que o Reino de Deus cresça mais rapidamente que a população. (Veja o capítulo 21: "Fatos Brutais".) Sem movimentos, mesmo os bons esforços ministeriais resultam em perda de terreno.

A onda desse esforço renovado está avançando com uma força que não pode ser paralisada. Essa insurgência não é uma moda passageira. Com mais de 20 anos reproduzindo igrejas, o número de CPMs se multiplicou de um punhado nos anos 90 para 707 em janeiro de 2019, com outros sendo relatados a cada mês. Cada avanço de movimento foi obtido com grande resistência e sacrifício.

Essa missão — levar o evangelho do Reino a todas as pessoas e lugares não alcançados e pouco alcançados — vem com vítimas reais de perseguição. Essa é uma luta até o fim, para ver o nome de Jesus prevalecer em todos os lugares, para que Ele seja adorado por todos os povos. Essa missão custa tudo, e vale a pena! *Ele* vale a pena.

Após quase três décadas do reaparecimento de movimentos nos tempos modernos, surgiu uma coalizão global, não por meio de discussão de ideias na sala de reuniões, mas por meio de líderes que estão dentro e ao lado de movimentos, unidos para cumprir um objetivo global:

> *E essas boas-novas do domínio do Rei serão anunciadas em todo o mundo como um testemunho para todos os povos, e então o fim chegará.* (Mateus 24:14 – Parafraseado pelo autor do artigo)

Enquanto Deus atrai multidões de novos crentes de cada língua, tribo, povo e nação para Seu Reino, nós ansiamos: "Vem, Senhor Jesus!" (Ap 22:20). **Nós clamamos:**

Venha o Teu Reino! (movimentos)

Não restou lugar! (alcançando todos, completamente)

Finalizar o que outros iniciaram! (honrando os que nos precederam)

Nossa visão é ver a *Grande Comissão* cumprida em nossa geração. (Veja o capítulo 1: "A visão 24:14".) Desejamos movimentos do Reino em *todos* os povos e lugares.

Por meio da oração, nós, como coalizão, sentimos que Deus nos deu um prazo para intensificar a urgência: **Almejamos engajar todos os povos e lugares não alcançados com uma estratégia efetiva de *movimento* do Reino (CPM) até 31 de dezembro de 2025.**

Temos subordinado marcas organizacionais e denominacionais a uma maior colaboração do Reino para cumprir essa missão. Chamamos nossa membresia aberta de exército voluntário, pelo versículo que nos inspira: Mateus 24:14.

Não somos uma iniciativa centrada no Ocidente. Somos compostos por movimentos de igrejas domésticas do Sul da Ásia, movimentos de contexto muçulmano da janela 10/40, agências missionárias de envio, redes de plantação de igrejas em regiões pós-modernas, igrejas estabelecidas e muito mais (veja diversos testemunhos nesta publicação). Somos uma coalizão de operadores de CPMs, que não ficam na expectativa de um plano da liderança executiva (embora muitos executivos estejam a bordo). Somos inspirados por um chamado a uma mentalidade de guerra, para nos sacrificar ao lado de irmãos e irmãs, para ver o evangelho proclamado em todo o mundo como um testemunho a todos os povos.

Essa revolução é diferente de centenas de outros planos que surgiram ao longo dos séculos? Esse plano é realmente capaz de concluir a *Grande Comissão*? O Dr. Keith Parks passou uma vida inteira servindo em missões transculturais, a partir de 1948. Foi conferencista em Lausanne 1974 e, como presidente da IMB, iniciou seu engajamento em PNA no início da década de 1980. O Dr. Bill O'Brien foi copresidente do Cingapura 1989, que deu origem à rede AD2000. Você pode ver no capítulo 29 — "Por que 24:14 é diferente de esforços anteriores?" — que eles acham que essa *Coalizão 24:14* é fundamentalmente diferente. Ela se baseia nos fiéis esforços anteriores, incluindo AD2000, *Finishing the Task* e outros. A visão 24:14 poderia muito bem ser o ponto culminante desses esforços históricos e atuais, ajudando os engajamentos a atingirem plenamente seus objetivos.

De acordo com o Dr. Parks, a maior diferença é que a 24:14 não veio no ímpeto de executivos de missões, mas da raiz dos próprios movimentos. 24:14 é uma rede de CPMs e de organizações de CPMs do mundo, colaborando com urgência, e chamando a Igreja global a se unir em esforços semelhantes. É por isso que se sente que o fim pode estar à vista.

Haverá uma geração final. Ela será caracterizada pela propagação global do Reino e avanço diante da oposição global. (Veja o capítulo 43: "Qual o custo de contemplar a beleza do Rei?".) Nossa geração se sente estranhamente como a que Jesus descreveu em Mateus 24.

Este livro é **um chamado a empunhar armas**.

A **24:14** consiste em movimento de líderes e pessoas/organizações/igrejas ao redor do mundo, comprometidos com quatro coisas:

1. **ALCANÇAR O NÃO ALCANÇADO:** Alinhado com Mateus 24:14, levando o evangelho do Reino a **todos os povos e lugares não alcançados**.

2. **POR MEIO DE CPM:** Alcançá-los totalmente por meio de **movimentos do Reino** bíblicos de multiplicação de discípulos, igrejas, líderes e movimentos.

3. **COM URGÊNCIA ATÉ 2025:** Fazendo-o com **urgência de guerra** até o final de 2025, no poder do Espírito, não importa o que nos custe.

4. **COLABORAÇÃO:** Colaborar com outros no movimento 24:14 para que possamos **progredir juntos**.

Estamos em uma guerra, embora a maioria dos crentes pareça viver como se estivesse em paz. Enquanto o povo de Deus adormece, o inimigo causa estragos em comunidades, igrejas, relacionamentos e discipulado pessoal. Prioridades, tempo e foco continuam dispersos. Não paira o alvo do Dia D. Nenhuma grande missão prevalece e, assim, o sacrifício permanece mínimo ou inexistente. No entanto, se toda a Igreja acordasse para uma mentalidade de guerra, as portas do inferno tremeriam (Mateus 16:18)!

Os 64 milhões (e em crescimento) dos combatentes de base que passaram a acreditar nos CPMs estão espalhando as boas-novas globalmente. À medida que histórias dos avanços de Deus chegam às igrejas ao redor do mundo, surgem reforços para ir aos campos de batalha. O gigante adormecido, a Igreja global, precisa acordar (veja o capítulo 35: "Uma corrida que você não vai querer perder"). Mas este gigante não deve acordar com uma mentalidade de tempo de paz. *Isso não é um modelo de negócios para o crescimento confortável da Igreja; é guerra.*

Os combatentes mais efetivos para iniciar novos movimentos são os líderes de movimentos existentes. Como Igreja global, precisamos priorizar a oração, o pessoal e os fundos para apoiar os CPMs existentes, ao enviar mensageiros para áreas não engajadas para que iniciem novos CPMs. (Veja os capítulos de 25 a 27.)

Dos mais de 8.800 povos e lugares não alcançados, estimamos que menos de 1.000 deles estejam efetivamente engajados com estratégias de CPM. Isso deixa bem mais de 7.000 ainda precisando de iniciativas intencionais de CPM. Mas precisamos olhar mais de perto e não só no nível macro de um grande grupo de pessoas ou cidade. Um grupo de um milhão de pessoas deve ser subdividido em distritos menores, nos quais os movimentos devem emergir. Globalmente, isso pode chegar a 100.000 segmentos geográficos e etnolinguísticos do mundo que precisam de movimentos. Ao ler isso, pesquisadores globais estão compilando dados sensíveis de operadores de CPM para identificar quais segmentos populacionais têm movimentos e quais ainda precisam deles.

Isso nos leva até você. Deus está chamando *você* para juntar-se a esse exército voluntário. O que poderia acontecer se a Igreja global se levantasse com um impulso sacrificial de oito anos para envolver todos os lugares não alcançados com um movimento de Deus?

Convidamos você a ser parte da revolução. Veja https://pt.2414now.net/ para aprender mais, assistir vídeos inspiradores e encontrar rampas de acesso para se se unir ao esforço de guerra. Veja também o capítulo 32: "Como se envolver".

Você não tem segurança de como começar a multiplicar discípulos em seu país e no exterior? Se estiver disposto a pagar o preço em preparação e serviço, podemos colocá-lo em contato com uma equipe de CPM perto de você. Eles podem orientá-lo a espalhar o Reino em sua localidade ou em um local distante.

O exército 24:14 é enxuto e focado. Nossa equipe organizadora é uma equipe esqueleto, que pode utilizar voluntários. O orçamento necessário para as iniciativas globais 24:14 e esforços de coordenação é mínimo em comparação com a imensa tarefa[96]. Nossa coordenação de oração está surgindo, mas precisa de um fervoroso impulso global de oração. São necessários voluntários que trabalhem em países, zonas e distritos 24:14 para ajudar a coordenar os esforços de CPM; as vagas são abundantes.

O ano de 2025 não é o fim. É apenas o começo do fim. Precisamos de equipes de CPM em cada um desses mais de 40 mil segmentos, comprometidos sacrificialmente com o esforço de guerra de espalhar o Reino de Deus por meio de movimentos. Uma vez que uma equipe esteja no local (entre agora e 2025), começa a luta para

---

[96] A maioria dos esforços da 24:14 não é custeada por fundos exteriores. O financiamento exterior para catalisação e apoio de CPM vem de pessoas, igrejas e organizações. No entanto, há algumas necessidades centrais de financiamento. Veja https://pt.2414now.net/doe/ para mais informações sobre como apoiar os esforços globais da 24:14.

evangelizar os perdidos e multiplicar discípulos e igrejas para ver uma transformação do Reino nessas comunidades.

Podemos ver o fim de uma guerra espiritual de 2.000 anos. A derrota do inimigo está à vista. "Não havendo nestas regiões nenhum lugar em que precise trabalhar" (Rm 15:23) está no horizonte. Deus nos pede que paguemos o preço e o sacrifício profundo para sermos a geração que cumpre Mateus 24:14. Você está dentro?

29

Por que a 24:14 é diferente de esforços anteriores?[97]

Por William O'Brien[98] e R. Keith Parks[99]

Em todas as épocas houve missionários transculturais talentosos, com chamado e que quiseram desempenhar seu papel para contar a todos no mundo inteiro sobre Jesus. Com o apedrejamento de Estêvão, os seguidores do Caminho começaram a correr, a fim de salvar a vida deles, eles foram para Samaria e outras partes. Esses tagarelas anônimos do evangelho compartilharam as boas-novas em palavras e ações. Em 1989, David Barrett observou que houve 788 planos para evangelizar o

---

[97]Editado de um artigo originalmente publicado na edição de janeiro-fevereiro de 2018 da *Missão Fronteiras*, www.missionfrontiers.org, pág. 38-39.

[98]William O'Brien serviu como missionário de campo na Indonésia, como plantador e pastor de igrejas nos EUA, como vice-presidente executivo do IMB, diretor fundador do *The Global Center* na Universidade de Samford e professor de missões na *Beeson Divinity School*. Foi coautor de *Choosing a Future for U.S. Missions* (Escolhendo um futuro para as missões dos EUA, em tradução livre, não disponível em português) em 1998.

[99]R. Keith Parks tem um Th. D. do Seminário Teológico Batista Southwestern. Serviu como missionário na Indonésia, como Presidente do IMB e Coordenador de Missões Globais da CBF. Ele e sua esposa, Helen Jean, têm quatro filhos e sete netos. Atualmente ensina Estudo Bíblico para Internacionais na FBC Richardson, Texas.

mundo de 33 d.C. até o momento. Desde então, muitos novos planos surgiram. A questão pode ser levantada: "O que torna a **24:14** diferente?".

Instituição *versus* Campo: A maioria dos planos anteriores tinha mais foco institucional ou denominacional. Embora isso tenha tido resultados positivos, com um aumento na atividade missionária e no número de pessoas que vêm a Cristo em todo o mundo, não houve um foco nítido em alcançar todos os que estão além do alcance do evangelho. Tampouco se concentrou em plantar comunidades de fé que se duplicam por si mesmas.

A **24:14** não está centrada em uma instituição nem em uma denominação. Não foi desenvolvida por líderes institucionais por meio de teorias. É impulsionada por implementadores informados e ativamente envolvidos em movimentos reais. Tem uma qualidade mais prática e menos teórica. Está focada no resultado final desejado de engajar todos os Povos Não Alcançados — *alcançando-os efetivamente*.

Envio sem restrições: Um dos pontos fortes da **24:14** é que o pessoal não está limitado ao envio de grupos transculturais, e poucos recursos financeiros são necessários. À medida que novos crentes se tornam parceiros daqueles que trouxeram as boas-novas a eles, o número de testemunhas se multiplica.

Desenvolvimentos tecnológicos fornecem outras vantagens importantes. As mais óbvias incluem o transporte e a comunicação. Esses resultam em uma tradução mais rápida das Escrituras, melhor distribuição de materiais de treinamento e contato mais frequente com os membros da equipe e possíveis interessados. Entretanto, esse plano reconhece que a tecnologia não substitui a presença física. Portanto, a interação consistente e face a face desempenha um papel vital para iniciar e desenvolver esse plano.

Avaliação e rastreamento melhores: Um resultado da tecnologia tem sido uma descrição mais precisa da tarefa inacabada. Vários avanços importantes surgiram na primeira Conferência de Lausanne sobre *Evangelização mundial*, em 1974. Um deles foi o uso do termo "Povo Não Alcançado" por Ralph Winter, do Seminário Teológico Fuller. Os planos no passado eram tipicamente focados em nações e não levavam em consideração a multiplicidade de línguas e grupos étnicos dentro de muitas nações. A **24:14** tem a vantagem de aumentar significativamente a informação, que é mais confiável e mais relevante. A tarefa é definida de forma muito mais específica. Além disso, informações relevantes estão sendo rastreadas não apenas sobre o engajamento, mas sobre o engajamento efetivo em movimento de plantação de igrejas que pode resultar na multiplicação de discípulos necessários para ver um povo não alcançado verdadeiramente alcançado.

Centrado na Bíblia: Outra vantagem incalculável é a abordagem fundamentada na Bíblia na **24:14**. Alguns esforços anteriores focavam no "forasteiro" como guia espiritual essencial. Com isso, à medida que mais grupos eram iniciados, o missionário sentia mais pressão sobre seu tempo, energia e recursos. Entretanto, os movimentos da 24:14 focam em Lucas 10 e passagens semelhantes, como a estrutura para buscar "Pessoas de Paz" e ganhar suas redes de relacionamentos. Por meio do aprendizado indutivo da Bíblia, da orientação do Espírito e focando em "fazer discípulos" e "ensinar-lhes a obedecer", cada novo grupo acrescenta mais gerações de fazedores de discípulos. Em vez de acrescentar estresse ao "forasteiro", esse plano estabelece os líderes nativos como a chave para discipular seu próprio povo.

Modelos de melhores práticas comprovados: Os movimentos representados na *Coalizão **24:14*** estão vendo uma multiplicação maciça de discípulos e igrejas. Esses modelos culturalmente adaptados não são limitados por recursos humanos. O Senhor poderia usar esses modelos para alcançar todos os PNA. Os atores chave da 24:14 têm experiência significativa em iniciar esse tipo de trabalho. Tiveram o discernimento de analisar o que já aconteceu. Ao fazer isso ao longo de duas décadas, identificaram elementos que permitem o crescimento de um movimento, assim como sintomas de movimentos estagnados ou moribundos. Com muita frequência no passado, quando novos métodos ou abordagens eram experimentados, nenhuma ferramenta de avaliação estava disponível para sugerir mudanças úteis. Agora os obreiros do evangelho podem constantemente fazer as mudanças necessárias. Essas podem incluir atualização da liderança, interação com outros grupos próximos ou trazer alguém para fornecer a experiência necessária.

Colaboração única: Numa visão geral, a **24:14** abraça dois temas essenciais e relacionados: povos não alcançados e trabalho conjunto entre os movimentos mais frutíferos. Sabemos que as boas-novas são para todos os povos étnicos do mundo. Aqueles que prosseguem com a **24:14** vieram de uma grande variedade desses grupos étnicos e têm a vantagem de se manter livres do cativeiro cultural ocidental.

Oração: Provavelmente todos os planos de evangelização do mundo incluíram a oração como elemento essencial. No entanto, a maioria deles tinha uma base de apoio de oração limitada a uma organização ou denominação. Esse plano, em vez disso, começa com pessoas de todo o mundo orando. E à medida que novos discípulos são adicionados, essas pessoas anteriormente não alcançadas adicionam uma dimensão totalmente nova à oração como parte vital desse plano. Esses elementos de oração podem ser a maior vantagem da **24:14**.

Em 1985, olhamos para um mapa do mundo e percebemos que nossos "ousados" planos para alcançar o mundo não incluíam mais da metade dos países do globo, que estavam fechados aos missionários tradicionais e incluíam a grande maioria daqueles não alcançados pelo evangelho. Nós nos juntamos a outros para tentar ajustar abordagens missionárias para mudar essa realidade.

Estamos entusiasmados ao ver o que Deus tem feito nos anos desde então e nos unimos com nossos muitos irmãos e irmãs ao redor do mundo para fazer parte da *Coalizão **24:14*** a fim de apressar o dia em que o evangelho será proclamado em todo o mundo para cada povo, tribo, língua e nação.

PARTE 2:
NOSSA RESPOSTA

Este evangelho do Reino será proclamado em todo o mundo como testemunho a todos os povos, e então virá o fim. (Mateus 24:14 — Adaptado pelo editor)

PARTE 2:

30

Nossa resposta

Qual é a nossa parte no cumprimento da visão?

Vemos em Mateus 24:14 a promessa de Jesus de que o evangelho do Reino será proclamado em todo o mundo como um testemunho a todos os povos e então virá o fim.

Pela primeira vez na história podemos identificar todos os grupos de pessoas do mundo e identificar quais permanecem não alcançados pelo evangelho. Também vemos Deus trabalhando de maneiras surpreendentes em muitos movimentos ao redor do mundo.

A questão agora é: "Qual é a nossa resposta? Qual é a nossa parte no cumprimento dessa visão?".

Ao abordar o fim dos tempos, Pedro escreveu:

Visto que tudo será assim desfeito, que tipo de pessoas é necessário que vocês sejam? Vivam de maneira santa e piedosa, esperando o dia de Deus e apressando a sua vinda...
(2 Pedro 3:11-12)

Como podemos desempenhar um papel para apressar o Dia do Senhor? Ao fazer o compromisso 24:14, buscamos fazer parceria com o Corpo de Cristo global, com urgência, para levar o evangelho do Reino a todas as pessoas e lugares não alcançados por meio dos movimentos de plantação de igrejas.

Nesta seção do livro, veremos como podemos desempenhar um papel no cumprimento dessa visão. Em "O essencial do CPM em um guardanapo", Steve Smith descreve as principais partes do caminho para um CPM. Isso se aplica a todos que desejam ajudar a iniciar movimentos — sejam indivíduos, igrejas ou agências. Na sequência, um segmento separado para cada um desses três grupos fornece exemplos e orientações sobre como eles podem envolver-se em movimentos.

A questão não é se a promessa de Jesus em Mateus 24:14 será cumprida. A questão é se faremos nossa parte para que essa visão se cumpra em nossa geração.

… 31

O essencial do CPM em um guardanapo[100]

Por Steve R. Smith

Você decidiu em seu coração que quer ver Deus fazer nascer um *movimento* de plantação de igrejas (CPM) em sua comunidade ou grupo de pessoas. A pergunta é: "Como eu começo?". Suponha que estamos sentados em uma cafeteria e eu entregue a você um guardanapo, dizendo: "Esboce o caminho para um CPM". Você saberia por onde começar?

Você deve entrar em um caminho que possivelmente levará a um movimento, em vez de um que não levará. Você deve entender como é esse caminho.

O desafio do caminho CPM é a palavra *movimento*. DEUS é quem inicia *movimentos* de plantação de igrejas, não os Seus servos. No entanto, Ele usa os Seus servos para serem os agentes catalisadores nos CPM. Isso acontece quando estes entendem os caminhos do Senhor e submetem seus esforços ministeriais completamente a eles.

---

[100]Editado de um artigo originalmente publicado na edição de julho-agosto de 2013 da *Missão Fronteiras*, www.missionfrontiers.org, pág. 29-31.

Definindo a navegação de seu ministério para receber o vento do Espírito

Pense dessa forma. Como marinheiro, posso trabalhar em todos os fatores que podem ser controlados. Posso garantir que minhas velas estejam levantadas, que o leme esteja na posição correta e que as velas estejam ajustadas corretamente. Mas até o vento soprar, meu veleiro está inerte na água. Não posso controlar o vento. Ou se o vento está soprando, mas eu não consigo levantar as velas ou ajustá-las para pegar o vento, não vou a lugar algum. Nesse caso, o vento está soprando, mas não sei como me mover com o vento.

Um judeu, mestre tradicional da Lei, teve dificuldade para entender os modos radicais do Senhor. Jesus disse isto a ele:

> *O vento sopra onde quer. Você o escuta, mas não pode dizer de onde vem nem para onde vai. Assim acontece com todos os nascidos do Espírito.* (João 3:8)

O Espírito sopra de maneiras que não podemos prever, mas Ele sopra[101]. A questão não é se Ele está soprando. A questão é: "Meu ministério está posicionado para se mover da maneira como o Espírito sopra, para que possa tornar-se um movimento de Deus?".

Se nossos ministérios não cooperarem com os caminhos do Espírito, podemos ser tentados a dizer: "Deus não se move mais hoje como fazia em tempos anteriores!". No entanto, dezenas de CPMs em todo o mundo e em todos os continentes testemunham: "Jesus Cristo é o mesmo, ontem, hoje e para sempre" (Hb 13:8).

O coração e os quatro campos: o essencial do CPM em um guardanapo

Ao observarmos esses CPMs, quais são os elementos essenciais — os fatores que podemos controlar? O que nos permitirá posicionar

---

[101]"Espírito" e "vento" são a mesma palavra em grego.

nossas velas para nos movermos com o Espírito de Deus, se Ele soprar com força? Os catalisadores de CPM expressam isso de muitas maneiras. Mas o que se segue é um simples resumo dos elementos essenciais do CPM[102]. Muitas vezes desenho esse simples diagrama em um guardanapo de uma cafeteria para um amigo. Eu o uso para explicar a ele como podemos cooperar com Deus para um movimento. Se você não consegue desenhar um plano básico de CPM em um guardanapo, provavelmente ele está muito complexo para que o vivencie sozinho e muito complexo para que outros o reproduzam[103]. Para encorajá-lo, acho que quanto pior minha arte, mais confiança meu amigo tem para passá-la adiante!

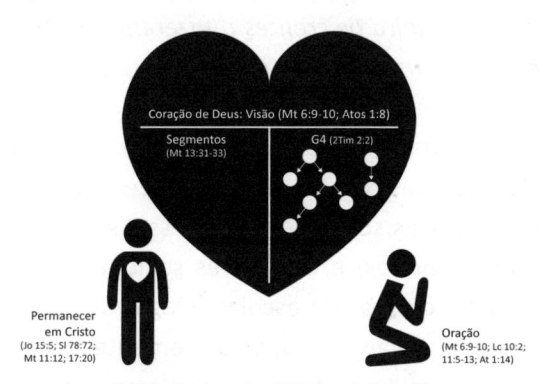

Coração de Deus: Visão (Mt 6:9-10; Atos 1:8)

Segmentos (Mt 13:31-33)

G4 (2Tim 2:2)

Permanecer em Cristo (Jo 15:5; Sl 78:72; Mt 11:12; 17:20)

Oração (Mt 6:9-10; Lc 10:2; 11:5-13; At 1:14)

Seu plano de treinamento realiza todas as **cinco etapas**?
Sabe o que fazer quando eles dizem sim?

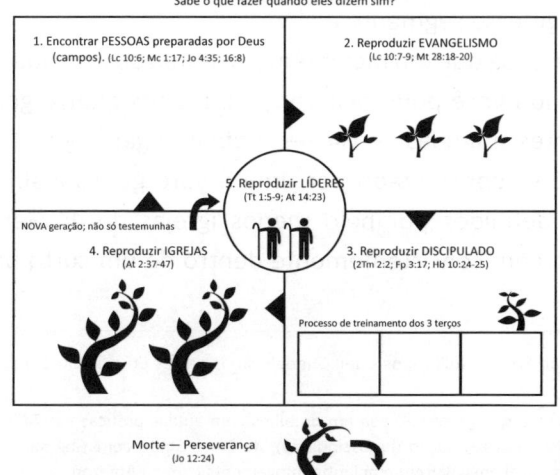

1. Encontrar PESSOAS preparadas por Deus (campos). (Lc 10:6; Mc 1:17; Jo 4:35; 16:8)

2. Reproduzir EVANGELISMO (Lc 10:7-9; Mt 28:18-20)

5. Reproduzir LÍDERES (Tt 1:5-9; At 14:23)

NOVA geração; não só testemunhas

4. Reproduzir IGREJAS (At 2:37-47)

3. Reproduzir DISCIPULADO (2Tm 2:2; Fp 3:17; Hb 10:24-25)

Processo de treinamento dos 3 terços

Morte — Perseverança (Jo 12:24)

CORAÇÃO

Encontre o CORAÇÃO de Deus para seu povo e o busque com fé para o cumprimento de Sua visão

Você e sua equipe têm a **VISÃO** de fazer o que for preciso sob Deus para que TODAS as pessoas tenham a chance de responder ao Reino. [Isso é representado por um grande coração.] Você está buscando a *visão de Deus* e não a sua. Mateus 6:9-10 e 28:18-20 nos dizem que Seu Reino virá plenamente para todas as pessoas e grupos de pessoas. Uma visão desse tamanho deve resultar em um grande número de crentes e milhares de igrejas (e/ou pequenos grupos). *Tal visão inspira os crentes a fazerem escolhas radicais de estilo de vida para trazer o Reino de Deus para sua comunidade.*

- Como essa visão é muito grande, você deve dividi-la em **SEGMENTOS** básicos. Isso ajudará você a saber como começar. Em todas as sociedades, as pessoas criam relações por geografia (vizinhos) e/ou fatores socioeconômicos (colegas de trabalho, colegas de escola, colegas de clube). Seu objetivo é simples: plantar grupos de sementes de mostarda que se reproduzem (veja Mateus 13:31-33) com a capacidade de atingir esse segmento e além.
- Você sabe que um movimento se enraizou em cada segmento quando você pode rastrear pelo menos quatro gerações de crentes e igrejas — **G4** — naquele lugar (veja 2 Timóteo 2:2) [Isso é representado por uma árvore geracional.] Os CPMs são definidos por pelo menos igrejas de 4ª Geração que emergem consistentemente dentro de um curto período de

---

[102] Devo a Nathan Shank, Neill Mims e Jeff Sundell várias partes do coração e diagrama de quatro campos.

[103] Cada uma dessas seções é explicada em detalhes com ajudas práticas em *T4T: A Discipleship Re-Revolution* (Uma re-revolução do discipulado), de Steve Smith com Ying Kai. 2011: WIGTake Resources. Disponível em www.churchplantingmovements.com ou Amazon.

tempo (meses e anos, não décadas). *Catalisadores de CPMs eficientes avaliam seus resultados por gerações de crentes e grupos/igrejas, não apenas números de crentes e grupos/igrejas.* Eles costumam rastrear o movimento com árvores geracionais.

Antes de conhecer o coração de Deus, não podemos esperar que Ele apareça de maneiras milagrosas. Ele não cumprirá algo que não está em Seu coração, ou menos do que está em Seu coração.

Clamando pelo coração de Deus como aqueles que permanecem nele

Para cumprir a visão, você tem que começar no fundamento, **PERMANECENDO** em Cristo (veja João 15:5; Salmo 78:72; Mateus 11:12; 17:20) [Isso é representado por uma pessoa com o coração reto.]. Os que dão frutos são os que permanecem. Não há maneira de contornar isso. Qualquer coisa menos que isso dá frutos temporários e raquíticos. Homens e mulheres no centro dos CPMs não são necessariamente gigantes espirituais, maiores do que outras pessoas, mas todos permanecem em Cristo. Você não consegue um CPM por permanecer em Cristo, mas não consegue um se não o fizer.

- Lembre-se, Deus usa homens, não apenas métodos; pessoas, não apenas princípios.

À medida que nos humilhamos permanecendo em Cristo, devemos clamar fervorosamente a Deus em **ORAÇÃO** para ver a visão dele cumprida (veja Mateus 6:9-10; Lucas 10:2; 11:5-13; Atos 1:14). [Isso é representado por uma pessoa ajoelhada.] Todo movimento de plantação de igrejas começa primeiramente como um movimento de oração. *Quando o povo de Deus fica com fome o suficiente para jejuar fervorosamente e orar por Seu coração, coisas incrivelmente milagrosas começam a acontecer.*

QUATRO CAMPOS

Para cumprir a visão, você faz a sua parte na parceria divino-humana: cinco atividades de alto valor. Essas o posicionam para ser usado por Deus para desenvolver movimentos saudáveis e sustentados. Você deve realizar cada um de uma maneira que possa ser reproduzida por novos crentes. Descrevemos este plano CPM simples por quatro campos agrícolas. Todos esses quatro campos devem ter vigor para que CPMs saudáveis surjam. Em muitos campos ao redor do mundo, os agricultores constroem cabanas ou plataformas para descansar, armazenar suas ferramentas e observar predadores. Nós também precisamos de uma plataforma — líderes para vigiar as igrejas e o movimento.

Separamos os quatro campos para conhecer os elementos críticos aos quais precisamos dar atenção, mas não esperamos que eles aconteçam sempre em ordem. Por exemplo, depois que você leva alguém a Cristo, ele já pode estar trabalhando no campo 1 para encontrar membros da família perdidos para conquistar enquanto você o move para o campo 3 (discipulado). E enquanto você está discipulando ele e sua família/amigos no campo 3, você os ajudará a formar uma igreja (campo 4). Além disso, você se encontrará em diferentes campos ao mesmo tempo com diferentes grupos à medida que os percorre no caminho do CPM.

Campo 1: Encontrar pessoas preparadas por Deus (Lucas 10:6; Marcos 1:17; João 4:35; 16:8) [Isso é representado por sementes plantadas em sulcos — lançando sementes para encontrar um bom solo.]

Os catalisadores de CPM acreditam que o Espírito Santo passou antes deles para preparar as pessoas para responder imediatamente (ou muito em breve) — João 16:8. Por meio de dezenas e centenas de conversas espirituais, eles buscam a colheita branca já preparada. Esperam que essas "Pessoas de Paz" sejam as chaves para ganhar outras (veja João 4:35). Também procuram crentes existentes em suas comunidades que Deus está levando para se tornarem parceiros nessa visão de CPM.

Você e sua equipe, portanto, devem procurar diligentemente até encontrar PESSOAS ou CAMPOS preparados por Deus. Você vive com a simples escolha de todos que se enquadrem em uma das duas categorias: salvos ou perdidos. Cumprindo Marcos 1:17, você tenta pescar os perdidos e ajudar os salvos a seguirem Jesus de todo o coração.

- Você procura pessoas SALVAS que trabalharão ao seu lado para alcançar essa cidade ou grupo de pessoas. Como você os encontra? Você entra na conversa e no relacionamento *compartilhando a visão* com eles do que Deus pode fazer neles e através deles, oferecendo-se para treiná-los (ou aprender junto com eles). Praticamente todos os CPMs que conheço começaram quando os crentes nacionais tiveram a visão de trabalhar em parceria com um missionário ou plantador de igrejas a fim de cumprir a visão de Deus. Você precisa ter muitas conversas para encontrar essas pessoas.
- Você e sua equipe buscam "Pessoas de Paz" *perdidas* (ou em seus *oikos*) e começam a testemunhar para elas. Você deve ter dezenas (às vezes centenas) de conversas que chegam ao evangelho para encontrar as pessoas que Deus preparou. A maioria de nós acha difícil começar. Assim, nos CPMs, os crentes têm uma *ponte simples* para conversas sobre o evangelho, como um testemunho ou um conjunto de perguntas.

Campo 2: Reproduzir evangelismo (Lucas 10:7-9; Mateus 28:18-20) [Isso é representado por sementes germinando em plantas.]

À medida que entramos em conversas espirituais com os perdidos (ou ajudamos os salvos a fazer o mesmo), devemos *EVANGELIZAR de maneira REPRODUTÍVEL*. As pessoas perdidas devem ouvir o evangelho de uma maneira que seja completa o suficiente para que possam seguir completamente a Jesus como Senhor e Salvador e possam depois usar o mesmo método para evangelizar outros. Em CPM não olhamos apenas para a teoria — o que pode se reproduzir. Julgamos um método pelo fato de ele conseguir ser reproduzido. Se não, então ou o método é muito complexo ou, de alguma forma, eu não estou capacitando o discípulo adequadamente.

Em cada CPM, o evangelho está sendo compartilhado por muitos discípulos com centenas e milhares de pessoas, por meio de relacionamentos e de uma forma que pode ser reproduzida. Esse evangelismo segue o padrão dado por Jesus em Lucas 10:7-9 — os *três* P: uma *presença* amorosa do crente e de Deus, orando para que Deus se mova com *poder* para demonstrar Seu amor e *proclamando* claramente o evangelho de Jesus com um chamado ao compromisso somente com Jesus como Rei.

Campo 3: Reproduzir discipulado (2 Timóteo 2:2; Filipenses 3:17; Hebreus 10:24-25) [Isso é representado por plantas dando fruto.]

Quando as pessoas creem, elas são imediatamente levadas a *reproduzir* DISCIPULADO em relacionamentos de, às vezes um a um, mas geralmente em novos pequenos grupos. Elas iniciam um processo bem definido de sessões simples de *discipulado de curto prazo* que imediatamente passam para aqueles a quem estão testemunhando. Isso acontece através de um processo muito reprodutível. Por fim, eles entram em um padrão de *discipulado de longo prazo* que as habilita a se alimentarem de todo o conselho da Palavra de Deus. *Devemos ter um processo que funcione em nosso contexto para novos crentes — tanto para crescer espiritualmente como para transmitir a outros.*

A maioria dos processos de discipulado que se reproduzem usa os elementos de um formato de três terços (por exemplo, Treinamento para Treinadores — T4T). Nesse formato, os crentes primeiro reservam um tempo para olhar para trás, por meio de responsabilidade amorosa, adoração, cuidado pastoral e relembrando a visão. Eles então separam um tempo para olhar para cima a fim de ver o que Deus tem para eles naquela semana no estudo bíblico. Finalmente, olham para o futuro para determinar como obedecer a Deus e passar adiante o que aprenderam, praticando e estabelecendo objetivos em oração.

Campo 4: Reproduzir igrejas (Atos 2:37-47) [Isso é representado por feixes de grãos colhidos.]

No processo de discipulado, os crentes se reúnem em pequenos grupos ou *reproduzindo IGREJAS*. Em muitos CPMs, por volta da 4ª ou 5ª sessão, o pequeno grupo se torna uma igreja ou parte de uma igreja. Os CPMs têm um processo simples para ajudar os crentes a desenvolverem o contrato básico e as características da igreja — baseadas na Bíblia e adequadas à sua cultura. Muitos usam o diagrama[104] de círculos da igreja nesse processo.

Plataforma Central: Reproduzir líderes (Tito 1:5-9; Atos 14:23) [Isso é representado por agricultores ou pastores.]

Alguns crentes provarão por si mesmos estar *reproduzindo LÍDERES* apropriados para aquele estágio da obra. Alguns liderarão uma igreja, alguns liderarão múltiplos grupos, alguns liderarão movimentos inteiros. Cada um precisará de orientação e treinamento apropriados para seu nível de liderança. *Os CPMs são tanto movimentos de multiplicação de liderança como movimentos de plantação de igrejas.*

As setas

Muitos crentes irão *REPETIR* várias partes dos quatro campos — alguns procurarão pessoas preparadas por Deus, alguns para evangelizar, alguns para discipular/treinar, alguns para formar novos

---

[104] Para uma descrição disso, veja o capítulo 10: "Os fundamentos essenciais para ajudar grupos a se tornarem igrejas: Quatro ajudas em CPM".

grupos e alguns para treinar os grupos a fim de repetir o processo. Nem todo crente vai para o estágio seguinte. [Isso é representado por setas menores em cada novo campo.] Nos CPM os crentes vão surpreendentemente longe, não apenas em seu próprio discipulado, mas em ministrar a outros.

MORTE

O efeito desencadeador espiritual de tudo isso é a MORTE (João 12:24) — a disposição para os crentes perseverarem ousadamente, até mesmo morrer, para ver a visão de Deus cumprida. [Isso é representado por um grão caindo no chão.] Até que os crentes escolham considerar o custo com alegria, tudo isso permanece teórico.

Embora seja difícil descrever adequadamente um movimento complexo em um capítulo, o CORAÇÃO e os QUATRO CAMPOS fornecem os elementos essenciais. Catalisadores de CPM efetivos criam o impulso, garantindo que cada parte do processo leve naturalmente à próxima, por meio da maneira como discipulam e treinam os crentes. Dessa forma, eles levantam as velas para que o barco continue em movimento. Conforme eu desenho o coração e os quatro campos para os amigos, eles ficam maravilhados com a profundidade e a riqueza de um CPM. É muito mais do que um método de evangelismo ou plantação de igrejas. É um movimento de Deus.

Você pode reproduzir esse desenho em um guardanapo com um amigo?

Como pessoas podem se envolver

Este evangelho do Reino será proclamado em todo o mundo como testemunho a todos os povos, e então virá o fim. (Mateus 24:14 — Adaptado pelo editor)

32

Como se envolver

Jesus não pretendia que Sua *Grande Comissão* fosse apenas para um subgrupo de Seus seguidores, mas para todos que o conhecem como seu Salvador. Ele chama cada crente para desempenhar um papel na conclusão dessa tarefa. Conecte-se com a Comunidade 24:14 e junte-se a esses esforços!

Seja qual for a maneira como você gostaria de se envolver com a *24:14*, o primeiro passo é se conectar conosco. Qualquer pessoa que concorde com os quatro valores da 24:14, descritos abaixo, pode fazer parte da Comunidade 24:14.

Valores da 24:14

A *24:14* é uma comunidade aberta de integrantes comprometidos com quatro pontos:

1. Alcançar totalmente os povos e lugares **NÃO ALCANÇADOS** da Terra.

2. Alcançá-los por meio de estratégias de **MOVIMENTO DE PLANTAÇÃO DE IGREJAS**.

3. Envolvê-los por meio de estratégias de movimento com **URGÊNCIA SACRIFICIAL** até 2025.

4. **COLABORAR** com outros no movimento 24:14 para que possamos progredir juntos.

Visite https://pt.2414now.net/envolva-se/ para unir-se à Comunidade 24:14. Ainda têm dúvidas? Veja nossas Perguntas Frequentes (https://pt.2414now.net/perguntas-frequentes/)

O que significa unir-se à comunidade 24:14?

Há muitas maneiras de ser parte dessa comunidade, dependendo de sua localização e contexto. Aqui estão umas poucas maneiras com as quais você pode se associar.

Receba da comunidade

- Colabore com outros profissionais em sua região para identificar e engajar as lacunas.
- Receba treinamento e orientação de outras pessoas em sua região.
- Receba dados sobre o progresso global em direção a engajamento de movimento.
- Obtenha acesso a uma rede global de Centros de Treinamento em CPM para treinamento em campo.
- Doe à comunidade
- Assuma a responsabilidade de engajar sua área com uma visão de CPM.
- Compartilhe dados de movimento atualizados com a 24:14.
- Ajude a recrutar e treinar outras pessoas para atividades de movimento em sua região.
- Ore pelos esforços do movimento globalmente.
- Doe para esforços estratégicos.

Vá até https://pt.2414now.net/envolva-se/ para se unir à Comunidade 24:14.

Recursos

Confira esses recursos em nosso site:

- **Quem Somos** (https://pt.2414now.net/quem-somos/) — Saiba mais sobre a história da 24:14, liderança e respostas para perguntas frequentes
- **Informações de Movimento** (https://pt.2414now.net/recursos/) — Veja os dados globais mais recentes de movimento.

Não está pronto para ser voluntário, mas quer ficar por dentro? Inscreva-se aqui para receber nossos boletins informativos: http://bit.ly/2414newsletter.

33

Uma transformação global do treinamento missionário[105]

Por Chris McBride[106]

Os que adotam movimentos de plantação de igrejas (CPM) acreditam que os métodos de CPM seguem os métodos do ministério de Jesus. Talvez tenha chegado a hora de nossos métodos de treinamento missionário seguirem seu modelo de orientação também.

Aqui está um "segredo" chocante sobre o treinamento missionário. A maioria dos obreiros enviados ao campo missionário recebe pouco ou nenhum treinamento prático de campo antes de ir para o campo.

Ao longo dos últimos anos, contudo, os líderes de missão têm incentivado o crescimento de novos modelos de treinamento missionário. Esses produzem catalisadores de movimento mais efetivos

---

[105] Editado de um artigo originalmente publicado na edição de novembro-dezembro de 2018 da *Missão Fronteiras*, www.missionfrontiers.org, pp. 36-39.

[106] Chris McBride serviu como treinador, plantador de igreja e orientador do Movimento de Igrejas Antioquia por 23 anos, dos quais 14 anos foram investidos em facilitar movimentos de fazedores de discípulos no Oriente Médio muçulmano. Atualmente mora no Texas e serve como membro da equipe de facilitadores da 24:14.

e frutíferos em menos tempo. Obreiros veteranos que usam esses modelos relatam resultados positivos com entusiasmo. Novos obreiros tendem a progredir em direção a um CPM muito mais rapidamente do que aqueles treinados em salas de aula ou que receberam treinamentos baseados em oficinas. Líderes regionais começaram a pedir obreiros preparados nessas disciplinas. Alguns até exigem essa abordagem de treinamento mais experimental e baseada em mentoria para novos missionários. Eles viram melhores frutos vindos dessa abordagem do que de padrões baseados em oficinas. A *Coalizão 24:14* quer expandir e acelerar a adoção desses modelos. Para isso, estamos promovendo um sistema flexível e em rede de um Centro de Treinamento em CPM. Isso preparará melhor os obreiros de campo para aplicarem práticas de movimento eficazes. Essa abordagem pode ser usada sozinha ou combinada com treinamentos baseados em oficinas.

Anseio ver essa visão se tornar realidade. Nossa família trabalhou no campo missionário por 7 anos sem ver ninguém se tornar discípulo de Jesus. Depois de receber o treinamento de CPM, trabalhamos por mais 7 anos e iniciamos um CPM local. Conheço o fardo de trabalhar sem frutos. É por isso que quero enviar obreiros bem treinados que não repetirão nossos erros. Eles cometerão outros erros, mas serão mais propensos a dar frutos muito mais rapidamente.

Um sistema de Hub

O conceito de Hub para Treinamento de CPM consiste em várias fases de treinamento. Essas utilizam a experiência ao vivo para capacitar os obreiros que procuram catalisar um movimento entre os não alcançados.

Fase 1

Envolve pessoas iniciando seu treinamento de CPM em seu contexto de cultura doméstica. A menos que uma pessoa venha a

Cristo dentro de um CPM, elas precisam de muitas mudanças de paradigma para se mover em direção ao fruto do CPM. Os líderes de missão observam que as pessoas se focam mais facilmente nesses conceitos em seu contexto doméstico. Sua aprendizagem do processo de CPM não é dificultada por um contexto transcultural com choque cultural e aprendizagem da língua. A Fase 1 permite o aprendizado em um contexto em que um mentor experiente pode facilmente corrigir erros. Praticar dentro de sua própria cultura também dá ao candidato a chance de confirmar seu chamado para plantação de igrejas. É melhor fazer isso antes de enfrentar os desafios do treinamento missionário avançado, levantar recursos e aprender uma nova língua e cultura.

Fase 2

Antes de se mudar para um "destino final", a Fase 2 capacita o novo missionário em um contexto transcultural. Esse contexto é o mais próximo possível do grupo não alcançado que se deseja alcançar. Esse Hub é liderado por mentores locais ou estrangeiros, que idealmente têm um movimento em sua localidade. Se não é um movimento completo, eles pelo menos têm alguma multiplicação na área usando os princípios de CPM. Esse Hub treina em princípios contextualizados de movimento, enquanto ajuda os obreiros a começarem a aprender a língua e a cultura. Sua experiência no Hub de cultura doméstica os ajudou a entender e aplicar os princípios gerais de movimento. Em seguida, o Hub multicultural permite que o novo obreiro veja e experimente o CPM em uma cultura semelhante à cultura foco que planejou. Lá ele pode aplicar os princípios contextualizados de CPM, sob a orientação útil de tutores de movimento.

Fase 3

Na Fase 3, o obreiro da missão se muda para o Povo Não Alcançado (PNA) escolhido. Eles agora têm muita experiência. E podem ser acompanhados por outros obreiros (locais ou de fora), que conheceram na Fase 2. Seus treinadores/orientadores da Fase 2 continuam ajudando e os conduzindo nessa terceira fase.

Fase 4

Vimos que se/quando um movimento começa, catalisadores externos podem produzir um movimento muito estratégico para a Fase 4. Essa fase consiste em ajudar a enviar obreiros do movimento de seu grupo focal para um ou mais PNA próximos para iniciar novos movimentos. Isso pode render muito mais frutos do que o forasteiro que passa para outra tarefa.

Um olhar mais de perto

A *Coalizão 24:14* está trabalhando arduamente para desenvolver uma rede de Hubs de Treinamento de CPM. Esperamos que ajudem a alcançar o objetivo de engajamento do movimento em cada local e povo não alcançado até 2025. Alguns Hubs de treinamento emergentes estão agora treinando missionários da Fase 1 em suas culturas de origem (em todo o mundo). Algumas equipes e agências iniciaram o Hub da Fase 2, recebendo obreiros em treinamento dos Hubs da Fase 1.

Na 24:14 analisamos o quão efetiva essa abordagem tem sido até agora. Descobrimos que os Hubs da Fase 2 relataram um processo de aprendizagem mais rápido para missionários que haviam passado pela Fase 1. Foram também mais efetivos. Eles tinham praticado os princípios do movimento em sua cultura de origem. Por isso, eles mergulharam de cabeça. Desenvolveram bons hábitos de movimento durante sua fase de aprendizagem da língua e cultura. Vimos uma forte conexão entre o volume de experiência prática na Fase 1 e a rapidez com que uma pessoa aplica práticas de movimento em fases posteriores. Alguns já começaram a ver frutos do movimento em sua experiência da Fase 2 do Hub!

A duração de tempo nos Hubs das Fases 1 e 2 varia. Depende do histórico dos obreiros que estão sendo enviados. Depende também das agências envolvidas, dos currículos únicos e da região de foco. Alguns Hubs focam em dar aos candidatos experiência básica em princípios de movimento durante um programa de treinamento missionário. Alguns Hubs querem que os candidatos dominem as habilidades de CPM antes de permitir que eles progridam em seu treinamento. Muitos Hubs ao redor do mundo focam de início na catalisação de um movimento naquele local. Depois disso, a mobilização ocorre naturalmente.

A abordagem de Hub requer mais experiência e frutos dos candidatos antes de eles irem ao local de destino. Descobrimos que isso *não* tem um efeito negativo na mobilização. Na verdade, ajuda a mobilizar mais pessoas para o campo. Também esperamos que tenha um impacto positivo nos missionários, que permaneçam mais tempo no campo.

Não estamos tentando prescrever o sistema Hub para o Corpo de Cristo global como requisito para todos os candidatos a missionários. No entanto, um forte sistema de Hub de Treinamento em CPM serviria bem à maioria dos candidatos a missionários. Eles se beneficiariam de aprender no contexto de orientação ativo.

Criando uma estrutura para aumentar os Hubs

Os responsáveis pelo Hub usam muitos currículos diferentes para candidatos a missionários. Muitas agências estão agora trabalhando juntas para desenvolver uma estrutura de critérios do Hub. Isso ajudará a avaliar o treinamento no Hub de CPM e a aptidão do candidato. A 24:14 está propondo padrões de treinamento e de cuidados obtidos desses líderes de Hub. Isso poderia funcionar no mesmo formato de alianças globais de companhias aéreas, trabalhando em conjunto para treinar melhor os candidatos.

Com tantas agências e abordagens no mundo, que tipo de estrutura pode nos ajudar a trabalhar juntos? Uma abordagem popular é uma estrutura simples de "Cabeça, Coração, Mãos, Casa". Ela descreve as habilidades necessárias para um missionário crescer para o estágio seguinte. O quadro 1 lista as habilidades que várias agências e redes recomendam para aqueles que completam um Hub de Treinamento da Fase 1 e passam para a Fase 2. O Quadro 2 mostra uma lista semelhante de habilidades para os aprendizes da Fase 2 que passam para a Fase 3. Muitos desses padrões vêm de anos de programas de treinamento missionário. A parte nova e única é o foco na experiência prática e na aplicação dessas habilidades antes de passar de um estágio para o seguinte. Essas habilidades podem ser adquiridas por meio de uma variedade de currículos e processos de aprendizagem. A ideia-chave da Rede de Hubs 24:14 é que os candidatos a missionários se tornem habilidosos nos princípios e práticas de CPM antes de passarem para a fase seguinte. Esses processos de treinamento podem ser desenvolvidos em um Hub ou terceirizados. Ter um conjunto geral de habilidades recomendadas permite que os Hubs se adaptem organicamente e ajudem na cooperação entre agências.

A força-tarefa dos Hubs está dando estes passos:

- Continuando a encontrar e listar novos Hubs.
- Reunindo líderes de Hub para desenvolver as melhores práticas e refinar ainda mais as habilidades.
- Criando conexões entre agências responsáveis pelos Hubs, para diminuir a sobreposição e fortalecer a rede.
- Conectando pessoas e agências que desejam ingressar no sistema Hub.
- Auxiliando agências e igrejas que queiram criar Hubs de treinamento de CPM e se tornar centros de mobilização. Fornecendo a elas recursos e consultoria.

Nós na 24:14 acreditamos que esse modelo pode aumentar muito o número de CPMs entre os não alcançados do mundo. Você pode saber mais sobre o sistema Hub e o projeto de pesquisa Hubs em nosso site (https://www.2414now.net/hubs) ou entrando em contato com hubs@2414now.net.

Quadro 1 — Fase 1. Competências

CABEÇA

- **Treinamento em cultura:** compreende noções básicas de cultura, cosmovisão, contextualização e expectativas interculturais.
- **Teologia:** compreende os fundamentos da Teologia da Salvação, Visão Geral das Escrituras, Missões, Chamado Pessoal, Sofrimento e a essência das Doutrinas Cristãs.
- **Treinamento em CPM:** compreende o DNA básico dos movimentos e sua justificativa bíblica, usando um dos modelos comuns de treinamento de movimento (Pontos de Transição de Movimento, DMM, T4T, Quatro Campos, Zúme etc.). Compreende um plano e um processo simples que levam à reprodução.
- **Língua:** preparação para aprender uma língua.
- **Cuidado pastoral:** inclui conhecer e ser capaz de utilizar os recursos disponíveis.

CORAÇÃO

- **Autenticidade espiritual:** foco em ver que o aprendiz tem um grau saudável do que vem na sequência e está fazendo um progresso consistente: tem humildade e disponibilidade para aprender; andando em honestidade e integridade; ouvindo e obedecendo a Deus; exercendo fé de que Deus iniciará um movimento com seu povo; amor a Deus e aos outros.
- **Perseverança:** demonstra perseverança em circunstâncias difíceis. Exibe uma tenacidade obstinada para fazer as coisas certas para completar a tarefa, passando por obstáculos.

Contabiliza custo de risco pessoal. Tem compromisso de longo prazo com o chamado de Deus.
- **Disciplinas espirituais pessoais:** demonstra um estilo de vida de oração, tempo na Palavra de Deus, obediência, jejum, prestação de contas dos compromissos assumidos, trabalho árduo e descanso, permanência em Cristo e transparência pessoal. Compreende os fundamentos da guerra espiritual.
- **Santidade pessoal:** tem um estilo de vida livre de vícios. Vive com moderação em todas as coisas. Procura evitar ser uma pedra de tropeço para os outros.
- **Integridade pessoal:** está em um lugar saudável, resolvendo questões pessoais (vício, depressão, autoimagem) e da família onde as questões tiveram origem (divórcio, trauma, abuso), tem um casamento saudável (se aplicável), está em um lugar saudável, trabalhando com questões familiares. Foi avaliado por um conselheiro quanto à aptidão para o trabalho de campo.

MÃOS

- **Engajamento e evangelismo:** tem extensa prática em engajar pessoas perdidas, encontrar potenciais "Pessoas de Paz" e compartilhar a mensagem do evangelho de uma maneira que intencionalmente move os perdidos a se tornarem discípulos de Jesus.
- **Demonstração do Reino:** aprendeu a orar abençoando as pessoas e a orar pelos enfermos.
- **Discipulado e formação de igrejas:** tem prática em fazer discípulos que formam igreja (de preferência a partir dos perdidos) e tem trabalhado para reproduzir isso ao longo de gerações.
- **Lançamento da visão:** tem prática em envolver outros na visão de movimentos de fazedores de discípulos e de plantação de igrejas.

- **Treinamento:** tem prática em treinar outros para fazer discípulos e plantar igrejas usando um dos modelos comuns de treinamento de movimento.
- **Desenvolvimento de estratégia de oração:** aprende os fundamentos de planejamento e execução de uma estratégia de oração para seu grupo de pessoas.
- **Planejamento e avaliação:** aprende a planejar, avaliar a realidade brutal e se adaptar com base nos frutos que vê.

CASA
- **Habilidades pessoais:** tem boas habilidades de relacionamento com pessoas, habilidades de comunicação e habilidades de resolução de conflitos. Pode controlar a raiva, a decepção e a ansiedade.
- **Vida em equipe:** aprendeu padrões saudáveis de vida em equipe.
- **Treinamento e desenvolvimento de equipe:** aprendeu a resolver conflitos de equipe e a valorizar diferentes papéis em um ambiente de equipe.
- **Experiência de equipe:** de preferência, tem prática extensiva de "parceria" com outras pessoas à medida que alcançam uma população-alvo local.
- **Finanças:** está livre de dívidas significativas e recebeu treinamento adequado para levantar recursos. Obteve o total dos recursos antes de iniciar a implementação.

Quadro 2 — Fase 2. Competências

CABEÇA
- **Cultura:** aprendeu cultura, história e religião regionais em um nível de competência necessário para entender ferramentas contextuais e transitar por "estradas bloqueadas" para a entrada do evangelho.

- **Língua:** plano de aquisição de línguas desenvolvido em conjunto com instrutores e treinadores na Fase 2 com prestação de contas no local.
- **Treinamento em CPM:** aprendeu aplicações de CPM no contexto cultural. Trabalha para aprender inovações e aplicações culturais da teoria do movimento para a região. É exposto a aplicações avançadas de liderança de movimento.
- **Perseguição e perseverança:** aprendeu as vias prováveis de perseguição na cultura-alvo. Aprendeu padrões bíblicos para lidar com a perseguição e minimizar perseguições desnecessárias. Aprendeu a perseverar em circunstâncias difíceis.

CORAÇÃO
- **Autenticidade espiritual:** demonstra disposição para aprender com os outros, especialmente com os locais. Demonstra humildade cultural como estilo de vida. Demonstra um estilo de vida de renúncia aos direitos.
- **Disciplinas espirituais pessoais:** tem mantido e cultivado um estilo de vida de oração, tempo na Palavra de Deus, obediência, jejum, prestação de contas dos compromissos assumidos, trabalho árduo e descanso, permanência em Cristo, e transparência pessoal na cultura-alvo. Aprendeu a se engajar na guerra espiritual.
- **Perseverança:** tem demonstrado perseverança em circunstâncias difíceis. Apresenta uma tenacidade obstinada para fazer as coisas certas para completar a tarefa, passando por obstáculos. Contabiliza o custo de risco pessoal. Tem um compromisso de longo prazo com o chamado de Deus.
- **Santidade pessoal:** tem um estilo de vida livre de vícios. Vive com moderação em todas as coisas. Tem consciência de não ser um tropeço para os outros.
- **Integridade pessoal:** continua em um lugar saudável, resolvendo questões pessoais (vício, depressão, autoimagem) e

da família onde questões tiveram origem (divórcio, trauma, abuso), tem um casamento saudável (se aplicável), está em um lugar saudável, trabalhando através de questões familiares. Tem sido avaliado pela organização de envio para a contínua aptidão para o campo.
- **Cultura:** disposto a se adaptar e a apreciar a cultura do país anfitrião.

MÃOS
- **Engajamento e evangelismo:** tem extensa prática em engajar pessoas perdidas, encontrar potenciais POP ("Pessoas de Paz", pela sigla em inglês) e compartilhar a mensagem do evangelho de uma maneira que intencionalmente move os perdidos a se tornarem discípulos de Jesus. Aprendeu a reproduzir ferramentas de evangelismo que os locais podem usar para capacitar outros locais.
- **Demonstra o Reino:** aprendeu a orar transculturalmente, abençoando as pessoas e orando pelos enfermos.
- **Discipulado, igreja e liderança:** aprendeu como fazer discípulos que se reproduzem na cultura alvo e aprendeu uma estratégia para formação de igreja e desenvolvimento de liderança que pode funcionar na cultura-alvo. Demonstra conforto em permitir que o Espírito Santo e a Palavra liderem através das pessoas do local, em vez de precisar ser o líder.
- **Treinamento:** tem habilidade para treinar o DNA básico dos movimentos e a justificativa bíblica para eles, usando um dos modelos comuns de treinamento de movimento (Pontos de Transição de Movimento, DMM, T4T, Quatro Campos, Zúme etc.). Pode treinar e imaginar um plano e um processo simples que levem à reprodução.
- **Desenvolvimento de estratégia de oração:** começou a recrutar e incorporar outros crentes locais e expatriados em uma

estratégia de oração para a área. Recrutou vários intercessores diários para cobrir o trabalho.

- **Planejamento e avaliação:** está engajado em processos regulares de planejamento, avaliação implacável e adaptação baseada em frutos.
- **Rastreamento:** aprendeu a rastrear efetivamente o crescimento do movimento no contexto cultural e a aplicar o aprendizado ao processo de planejamento e avaliação.

CASA

- **Presença e plataforma:** desenvolveu uma estratégia de implementação que explicará minimamente o motivo de estar no país e no máximo dará oportunidades de engajamento, uma plataforma e visto para estadia prolongada no país.
- **Desenvolvimento da equipe:** adaptou o ritmo de vida da equipe ao contexto interdependente no exterior.
- **Parceria Local:** está passando a maior parte do tempo com parceiros locais e perdidos e não depende muito da equipe de expatriados. Compreende como construir parcerias efetivas.
- **Contribuições da equipe:** identificou dons na equipe e descobriu maneiras de os membros da equipe contribuírem. Desenvolveu o acordo/protocolo da equipe e toda a equipe revisou e aprovou.
- **Rede de contatos:** pesquisou o trabalho missionário (especialmente relacionado ao movimento) na área. Aprendeu sobre processos frutíferos de evangelismo e discipulado. Mantém boas relações de parceria.
- **Segurança:** desenvolveu plano de contingência e documento de protocolo de emergência para a equipe. Compreende e implementa protocolos básicos de segurança (redes sociais, segurança na internet, segurança de computadores, segurança de documentos pessoais).

- **Desenvolvimento de liderança:** não precisa ser "o líder". Procura capacitar, desenvolver e orientar outros.

34

Os intangíveis de urgência e intrepidez[107]

Por Steve Smith

Jack[108] agarrou as barras da porta de sua cela e espreitou pelo corredor. Seu coração disparou e ele suava na testa. Deveria falar ou não? Como ex-soldado, ele se lembrou dos horrores cruéis infligidos nas prisões militares. Preso por pregar o evangelho, ele estava agora do lado errado das grades.

Será que deveria falar? Como ele não deveria? Seu Senhor lhe havia ordenado.

Agarrando as barras com mais força, ele falou em voz baixa a qualquer guarda posicionado nas proximidades. "Se você não me deixar ir, o sangue de 50.000 pessoas estará sobre sua cabeça!". Ele recuou para o canto da cela, esperando uma surra. Mas ela nunca chegou.

"Eu fiz isso! Testemunhei diante de meus captores."

---

[107]Editado de um artigo originalmente publicado na edição de janeiro-fevereiro da *Missão Fronteiras*, missionfrontiers.org, pág. 40-43.
[108]Pseudônimo de um discípulo de Cristo no Sudeste Asiático.

No dia seguinte, agarrando as barras, ele falou mais alto. "Se vocês não me deixarem ir, o sangue de 50.000 pessoas estará sobre sua cabeça!". Mas mais uma vez não houve represália.

A cada dia ele repetia esse encontro com seus captores, e sua voz ficava mais alta a cada declaração. Os carcereiros o admoestaram a ficar quieto, mas em vão.

No final da semana, Jack gritou para que todos pudessem ouvir: "SE VOCÊS NÃO ME DEIXAREM IR, O SANGUE DE 50.000 PESSOAS ESTARÁ SOBRE SUA CABEÇA!". Durante horas isso se prolongou até que finalmente vários soldados agarraram Jack e o carregaram para um caminhão militar.

Jack olhou em volta com apreensão, esperando que o fim viesse em breve. Depois de algumas horas, o caminhão se dirigiu até uma parada. Os soldados o escoltaram até a margem da estrada. "Não podemos suportar seus constantes gritos! Você está na fronteira do condado. Saia daqui e nunca mais pregue neste lugar!"

Quando o caminhão voltava pela estrada poeirenta, Jack piscou surpreendido. Ele havia sido fiel ao chamado para pregar as boas-novas em um condado que nunca havia ouvido falar de Jesus. O Senhor o havia chamado e o Senhor o protegeu. Algumas semanas mais tarde, cheios de um senso de urgência e encorajados com a intrepidez espiritual, Jack e outro irmão voltaram para o condado sob a cobertura da escuridão para obedecer ao comando do grande Rei. Logo eles levaram o primeiro homem à fé — um homem por meio do qual um movimento de plantação de igrejas nasceria.

Os elementos intangíveis dos catalisadores frutíferos de CPM

Duas características intangíveis sempre sobem ao topo e parecem separar os catalisadores de movimento de plantação de igrejas (CPM) mais frutíferos de muitos outros obreiros. Como Jack naquela prisão asiática, esses são elementos evidentes na vida de Cristo e na vida dos discípulos em Atos. São os acelerantes que parecem encorajar um servo de Cristo a permanecer espiritualmente vivo até a fecundidade. Embora seja difícil defini-los, me referirei a eles como *urgência* e *intrepidez*. Para esse propósito, defino urgência como viver propositalmente em missão com a consciência de que o tempo é limitado. A intrepidez é uma determinação tenaz e um poder de permanecer nos rumos da missão, muitas vezes em face de probabilidades insuperáveis.

Essas não são normalmente as primeiras características que procuramos em plantadores de igrejas e missionários, geralmente por causa de conotações negativas...

- Urgência: "Ele é muito acelerado!".
- Intrepidez: "Ela é muito teimosa!".

Está se tornando menos comum encontrar obreiros no Reino (pelo menos no mundo ocidental) que enfrentam sua missão com paixão e um senso de urgência que muitas vezes os mantém acordados durante a noite. Preferimos as pessoas que têm "margem". No entanto, Jesus e Paulo provavelmente não se enquadrariam em nossas definições de pessoas com margem apropriada. Hoje podemos aconselhá-los a "dar uma maneirada", gastar mais tempo com interesses que não são de trabalho e ajustar seu equilíbrio entre trabalho e vida pessoal.

No entanto, os homens e mulheres por meio dos quais Deus está dando à luz os movimentos do Reino parecem notavelmente cegos para a ideia de margem, como a definimos. Ao contrário, a missão de Deus consome suas vidas, como fez com Jesus.

Seus discípulos lembraram-se que está escrito: "O zelo pela tua casa me consumirá". (João 2:17)

O zelo foi uma característica marcante de Jesus, da qual os discípulos lembravam. Será que John Wesley, escrevendo sermões a cavalo enquanto viajava de encontro em encontro, tinha a tal margem? Teria surgido um movimento se ele a tivesse? Como William Carey se apressou na Inglaterra a ser solto para cumprir a *Grande Comissão*, teríamos nós caracterizado sua vida como uma vida cheia de margem? Será que Hudson Taylor, Madre Teresa ou Martin Luther King Jr. se enquadrariam nessas definições?

Jim Elliot, o mártir, disse:

> Ele faz de Seus ministros labaredas de fogo. Sou inflamável? Deus, liberta-me dos terríveis amiantos de "outras coisas". Satura-me com o óleo do Espírito para que eu seja uma chama. Mas a chama é passageira, tem curta duração. Podes aguentar isso minha alma — em mim habita o Espírito do Grande Vida-Curta, que era consumido pelo zelo com a casa de Deus. "Faze-me o Teu combustível, Chama de Deus. Deus, oro a ti, acenda esses gravetos ociosos de minha vida e que eu possa arder por ti. Consuma minha vida, meu Deus, pois ela é Tua. Não busco uma vida longa, mas uma vida plena, como Tu, Senhor Jesus."

Um encontro com catalisadores de CPM hoje provoca descrições semelhantes: paixão, tenacidade, determinação, inquietude, impulsividade, zelo, fé, relutância em desistir ou de aceitar um "não" como resposta. É hora de re-elevar os elementos intangíveis de urgência e intrepidez ao nível em que os vemos no Novo Testamento.

Eles podem ficar fora de equilíbrio? Sem dúvida. Mas o pêndulo balançou para muito longe na direção oposta.

URGÊNCIA

Urgência: viver resolutamente em missão com a consciência de que o tempo é limitado

Jesus viveu com senso de urgência, sabendo que Seu tempo de ministério (3 anos) era curto. Do início ao fim no evangelho de João,

Jesus frequentemente se refere à sua "hora" de partida do mundo (por exemplo, 2:4; 8:20; 12:27; 13:1). Jesus sabia em Seu espírito que os dias eram curtos e Ele deveria remir cada um deles para a missão que Seu Pai o enviou.

> *É necessário que façamos as obras daquele que me enviou, enquanto é dia; a noite vem, quando ninguém pode trabalhar.*
> (João 9:4 ARA)

Por exemplo, enquanto os discípulos estavam prontos para acampar em Cafarnaum após o impressionante sucesso do dia anterior, Jesus decidiu exatamente o oposto. Sabendo que Sua missão era passar por todo Israel antes de Sua partida, Ele deixou o lugar para iniciar a etapa seguinte da viagem.

> *Jesus respondeu: "Vamos para outro lugar, para os povoados vizinhos, para que também lá eu pregue. Foi para isso que eu vim". Então ele percorreu toda a Galileia, pregando nas sinagogas e expulsando os demônios.*
> (Marcos 1:38-39 — Veja também Lucas 4:43-44.)

Um colega descreve esta mentalidade como "urgência de um termo", referindo-se à duração habitual de um termo missionário de serviço (3 a 4 anos).

Os especialistas de hoje poderiam advertir Jesus sobre "esgotamento" ou *burnout*. Mas o desejo de Jesus não era chamuscar, mas "incendiar" ou "queimar" exatamente no momento que o Pai escolheu para Ele. Incendiar-se descreve viver com a urgência e a intensidade no ritmo do Pai (Sua voz) em direção à missão do Pai (Seu objetivo) para a satisfação do Pai (alegria derivada de saber que estamos agradando a Ele e fazendo a Sua vontade — João 4:34; 5:30).

Esgotamento tem pouco a ver com margem ou falta de margem, mas sim com a falta de realização de uma vida bem vivida. *Todos hoje estão ocupados; nem todos têm propósito.* Uma existência atarefada, vivida sem rumo, cambaleia em direção ao esgotamento. Mas uma existência enraizada na presença do Pai e para Seus propósitos é vivificante. Terminamos cada dia recebendo o elogio de Deus: "Muito bem, servo bom e fiel!" (Mt 25:21). Incendiar-se é deixar que nossa vida seja completamente usada por Deus no Seu ritmo, em resposta aos Seus apelos e deixá-lo findar a nossa vida no Seu bom tempo.

Jesus implora a Seus discípulos que vivam de maneira semelhante. A urgência marcou um tema comum das parábolas que Jesus ensinou a eles. Na parábola da festa de casamento (veja Mateus 22:1-14) os servos devem constranger as pessoas a irem à festa antes que seja tarde demais. Não há tempo a perder. Na parábola dos servos prontos, os servos devem ficar "vestidos para a ação" a fim de estarem alertas ao retorno do Mestre (veja Lucas 12:35-48). Urgência significa que não sabemos quanto tempo temos, então nossa vida deve ser vivida com propósito, remindo os dias.

Os discípulos carregavam consigo esse senso de urgência nos esforços missionários de Atos. As três jornadas de Paulo, de milhares de quilômetros (no ritmo de tráfego a pé) e as dezenas de lugares em que conseguiram estar no período de 10 a 12 anos têm um efeito estonteante. Paulo tinha uma missão (pregar a todos os gentios) e não tinha muito tempo para cumpri-la. É por isso que ele esperava não ficar em Roma, mas ser impelido por eles em direção à Espanha, para que não sobrasse lugar para estabelecer um fundamento para o evangelho (veja Romanos 15:22-24).

Urgência para cumprir a mordomia que foi dada a eles por Deus sempre impulsionou os Seus servos mais frutíferos.

> *Assim, pois, importa que os homens nos considerem como ministros de Cristo e despenseiros dos mistérios de Deus. Ora, além disso, o que se requer dos despenseiros é que cada um deles seja encontrado fiel.* (1 Coríntios 4:1-2 ARA)

INTREPIDEZ

Intrepidez: determinação tenaz e um poder de permanecer nos rumos da missão, muitas vezes em face de probabilidades insuperáveis.

Rooster Cogburn (interpretado por John Wayne em *Bravura Indômita* — Paramount, 1969), com arma em chamas, apresenta imagens de alguém que olha para baixo, com probabilidades intransponíveis, para alcançar uma missão. Mas, no Reino espiritual, a intrepidez tenaz sempre caracterizou homens e mulheres que Deus chamou para lançar movimentos.

A missão de "um termo" de Jesus não podia ser detida. Seu rosto foi colocado como um sílex em direção aos problemas que o esperavam em Jerusalém (veja Lucas 9:51-53). Durante o caminho, muitos declararam o desejo de segui-lo. Mas, um por um, Ele desafiou se tinham disposição para considerar o custo e determinação para permanecer no rumo (veja Lucas 9:57-62). Intrepidez.

Intrepidez caracterizou a luta de nosso Senhor durante as tentações no deserto e na hora final do Getsêmani — o poder de perseverar, com determinação, para atravessar adversidades intransponíveis para alcançar a meta que o Pai havia estabelecido.

Jesus implorou a Seus discípulos que vivessem com determinação semelhante — uma indisposição para aceitar um "não" como resposta. Em vez disso, como a viúva suplicando ao juiz injusto (veja Lucas 18:1-8), eles deveriam "orar sempre e nunca desanimar" (v.1).

Assim, os discípulos ao longo de Atos continuaram o avanço do Reino em face a adversidades surpreendentes. Quando Estêvão foi apedrejado e outros crentes foram arrastados para a prisão (veja Atos 8:3), o que eles fizeram? Pregaram a Palavra enquanto eram espalhados! Paulo, apedrejado em Listra, voltou a entrar na cidade antes de seguir para seu próximo destino. Paulo e Silas, presos em uma prisão em Filipos, cantaram louvores ao Altíssimo quando as circunstâncias eram as menos favoráveis (veja Atos 16:22-26). A intrepidez espiritual os manteve na missão.

Que circunstâncias podem surgir que fariam com que você abandonasse a missão de Deus? Qual é o seu nível de intrepidez?

Segredos de intrepidez podem ser encontrados na determinação de Jesus para enfrentar a cruz:

> *Jesus [...] pela alegria que lhe fora proposta, suportou a cruz, desprezando [lit. considerando como nada] a vergonha.*
> (Hebreus 12:2)

A alegria do que estava diante dele — agradar Seu Pai, cumprir Sua missão, proporcionar redenção — o levou a considerar a vergonha da cruz como nada. O lado bom superou em muito o lado ruim.

Paulo expressou sentimentos semelhantes.

> *Por isso, tudo suporto por causa dos eleitos, para que também eles alcancem a salvação que está em Cristo Jesus, com glória eterna.* (2 Timóteo 2:10)

O lado bom para Paulo — que o povo escolhido por Deus em cada lugar pudesse encontrar a salvação — pesava mais do que o lado ruim de suportar o ridículo, espancamentos, prisões, naufrágios e apedrejamentos. Somente uma visão do lado bom da missão nos abastecerá com a intrepidez de que precisamos para suportar o lado ruim da dificuldade para alcançá-la.

Nossa geração tem, dentro de suas possibilidades, a capacidade de engajar todos os povos e lugares não alcançados remanescentes com abordagens frutíferas de CPM. Temos ao nosso alcance os meios para superar todos os obstáculos para o cumprimento da *Grande Comissão* e o retorno do Senhor. Mas tal geração só se levantará quando estiver resolvida a terminar a tarefa com um senso de urgência renovado, forjado pela intrepidez para superar cada obstáculo.

Moisés, o homem de Deus, orou:

Ensina-nos a contar os nossos dias para que o nosso coração alcance sabedoria. (Salmo 90:12)

O que aconteceria se a Igreja global reconhecesse que o tempo é limitado? E se marcássemos uma data para concluir o engajamento de cada povo com uma estratégia de CPM efetiva em um determinado ano, como 2025 ou 2030? Talvez pudéssemos viver com o coração mais sábio e cheio de senso de urgência, fazendo os sacrifícios necessários para cumprir o objetivo da missão.

Vivamos com senso de urgência e resistamos com intrepidez até o fim, que está próximo.

Como igrejas podem se envolver

Este evangelho do Reino será proclamado em todo o mundo como testemunho a todos os povos, e então virá o fim.

(Mateus 24:14 — Adaptado pelo editor)

35

Uma corrida que você não vai querer perder[109]

Por Jeff Wells and Michael Mickan[110]

O apóstolo Paulo usou a imagem de um atleta correndo para descrever a grande corrida para alcançar as pessoas perdidas com o evangelho. "Vocês não sabem que dentre todos os que correm no estádio, apenas um ganha o prêmio?" (1Co 9:24). No fim de sua vida, ele declarou: "Combati o bom combate, completei a carreira, guardei a fé" (2Tm 4:7). Não queremos nós, como discípulos de Jesus, dizer a mesma coisa? Amigos, não percam essa corrida!

Jesus disparou o tiro de largada quando declarou: "Toda a autoridade me foi dada no céu e na terra. Ide, portanto, fazei discípulos de todas as nações, batizando-os em nome do Pai, e do Filho, e do Espírito Santo; ensinando-os a guardar todas as coisas que vos

---

[109] Editado de um artigo originalmente publicado na edição de janeiro-fevereiro de 2018 da *Missão Fronteiras*, www.missionfrontiers.org, pp. 40-41.

[110] Jeff Wells serve como Pastor Sênior, e Michael Mickan serve como Pastor Plantador da Igreja da Comunidade WoodsEdge (www.woodsedge.org), uma mega igreja comprometida com movimentos. WoodsEdge tem uma visão para catalisar cinco movimentos domésticos e cinco movimentos no exterior.

tenho ordenado. E eis que estou convosco todos os dias até a consumação do século" (Mt 28:18-20 ARA).

A Igreja Primitiva agarrou o desafio e se lançou na corrida! O livro de Atos rastreia a fantástica história da difusão do evangelho. Começou com um pequeno grupo de discípulos judeus em Jerusalém e se expandiu ao longo do Império Romano, tornando-se uma igreja internacional. Essa é uma história maravilhosa de discípulos fazendo discípulos, igrejas plantando igrejas e movimentos com o poder do Espírito, impregnados de oração e centrados no evangelho.

Quando olhamos para o que Deus está fazendo ao redor do mundo, vemos que é parecido com o que é relatado no livro de Atos. Nas décadas recentes, temos visto uma grande colheita global de discípulos fazendo discípulos, e igrejas plantando igrejas, à medida que os movimentos se multiplicam por várias regiões.

Em maio de 2017, participei de uma reunião com 30 líderes de missão que há décadas estão envolvidos com movimentos de plantação de igrejas ao redor do mundo. A reunião foi animada com discussões vibrantes, orações fervorosas e uma confiança unificada. Deus está fazendo algo no mundo de hoje que exige nossa atenção. No entanto, no meio de histórias de movimentos fantásticos ao redor do mundo, os pesquisadores nos passaram sobriedade. O avanço do evangelho global não está nem mesmo acompanhando o crescimento da população global. Para que possamos alcançar a linha de chegada de Mateus 24:14, precisamos ver, em todo o mundo, um aumento de movimentos do Reino que se espalham rapidamente.

Durante a reunião, uma pergunta começou a surgir em meu coração: "Como podemos mobilizar a igreja local para essa grande corrida para a qual Deus nos chamou?". Precisamos de pastores e igrejas ao redor do mundo para empunhar armas conosco. A igreja local está no epicentro do plano de Deus para os nossos dias. As missões começaram no livro de Atos com a igreja local, primeiro em Jerusalém e depois em Antioquia. Portanto, é bíblico que a igreja local esteja no centro da corrida, não faltando a ela.

A igreja local ao redor do mundo tem muitos recursos. Em acréscimo a grandes recursos humanos, ela tem recursos financeiros, conhecimento, tecnologia e especialmente oração. O incentivo de Paulo à generosidade (veja 2 Coríntios 8:12-15) não é também aplicável à contribuição para realizar essa grande tarefa? Como alguém na reunião perguntou: "Como podemos despertar o gigante adormecido, a Igreja?".

A Igreja Primitiva no livro de Atos foi fiel em sua geração. Seremos fiéis em nossa geração? Seremos como o apóstolo Paulo, correndo a corrida para alcançar as pessoas para Cristo, não importando o custo? Será que cada um de nós será capaz de dizer, no final de nossa vida, como disse Paulo: "Completei a carreira"?

Cinco lições que a Igreja Americana está aprendendo com os CPMs[111]

Por C. D. Davis[112]

Notícias de movimentos de plantação de igrejas (CPMs) acontecendo ao redor do mundo têm desafiado muitos líderes da Igreja Americana a reexaminar, reestruturar e recapacitar. A velocidade dos movimentos, a profundidade do discipulado e os compromissos dos líderes emergentes, muitas vezes, fazem os pastores do Ocidente tomarem conhecimento. Isso porque os CPMs são diferentes de nossos modelos, experiências e tradições habituais sobre o que significa ser "igreja". Para muitas igrejas na América do Norte isso trouxe uma explosão de ESPERANÇA para um futuro diferente. Cinco lições foram mencionadas com mais frequência como mudanças importantes que estão ocorrendo com elas.

---

[111]Editado de um artigo originalmente publicado na edição de julho-agosto de 2012 da *Missão Fronteiras,* www.missionfrontiers.org, pág. 18-20.

[112]C. D. Davis é um estrategista de missões e mobilizador, com muitos anos de experiência.

1. **VENHA & VÁ:** A mudança *de* convidar não crentes para vir aos nossos programas e edificar *para* enviar crentes ao seu mundo.

   Jesus disse que os campos estão prontos para a colheita. Para viver essa realidade, nossa maneira de pensar tem que mudar intencionalmente de "Venha" para "Vá". Deus sempre pede aos cristãos para irem até aqueles que não o têm; nunca os perdidos para virem à igreja ou ao espaço cristão. Quando essa mudança de pensamento acontece, os membros da igreja começam a se identificar e a orar especificamente por aqueles em seu mundo que ainda não conhecem o Senhor. Isso acontece porque a ideia de "ir" passa a ficar embutida na vida da igreja. Da mesma forma, os líderes da igreja são muito mais intencionais no treinamento de crentes para contar sua própria história e a história de Deus de forma simples, curta e convincente. Eles frequentemente usarão a história da Criação até Cristo, uma visão geral de 10 a 15 minutos da Bíblia, começando na criação e culminando em Cristo. Em muitos casos, os horários dos programas foram radicalmente alterados para liberar os membros da igreja para "irem" com mais frequência e com mais intencionalidade.

2. **CONVERSÕES DE GRUPO:** A mudança para multiplicar *grupos* de discípulos, não apenas discípulos individuais.

   Nos CPMs ao redor do mundo, o Reino se estabelece em um grupo conectado por relacionamentos e depois se espalha de grupo para grupo. As Escrituras se referem a cada um desses grupos como uma casa. A palavra grega para casa é *oikos* e inclui um círculo de influência, não apenas o núcleo familiar. Em muitos CPMs, esses grupos são relações que se aplicam ao contexto — colegas de trabalho, colegas de classe ou grupos que compartilham o mesmo *hobby*.

   Atos 11:14 e 16:31 prometem que os grupos em rede chegarão à fé. A chave não é extrair um indivíduo de seus *oikos* quando ele mostra fome espiritual, mas sim discipular seu *grupo* juntos na fé. Isso contrasta com o padrão ocidental comumente usado.

3. **CONTANDO GERAÇÕES:** A mudança para fazer o que for preciso para chegar regular e rapidamente à 4ª Geração e além — de discípulos, grupos e igrejas (veja 2 Timóteo 2:2).

    Em CPM, o processo de chegar rapidamente à geração seguinte de discípulos, líderes e grupos está bem estabelecido. Um foco chave para o grupo é ganhar e treinar a geração seguinte de discípulos que repetirão o processo[113].

    Esse processo é frutífero não apenas no exterior. Onde os princípios e o processo de crescimento geracional são aplicados em reuniões de pequenos grupos e desenvolvimento de liderança nos EUA vemos resultados semelhantes. Em vez de levar um novo crente a uma reunião, "venha" para onde eles se sentam e ouvem; sua nova vida em Cristo deve começar de uma maneira muito diferente. Cada pessoa é encorajada a começar um grupo em seu *oikos*. É onde eles aprendem a estudar e a obedecer à Palavra de Deus. E eles são capacitados para imediatamente orar e testemunhar por aqueles que conhecem. Dessa forma, os membros do grupo recebem a visão, as ferramentas e o tempo para praticar, juntamente com o encorajamento amoroso para ganhar a geração seguinte.

    Isso leva a um segundo fator crítico: visão contínua para reproduzir a geração seguinte. Cada membro e cada grupo se esforça para ser um pai, avô e bisavô. Um catalisador de CPM nos Estados Unidos o descreve dessa forma: "Eu avalio minha criação de discípulos não por meus discípulos, mas

---

[113]Esse processo é descrito, por exemplo, em T4T: A Discipleship Re-Revolution (T4T: Uma re-revolução do discipulado, em tradução livre, não disponível em português), de Steve Smith com Ying Kai, WIGTake Resources, 2011.

pelos discípulos de meus discípulos". E grupos celebram cada nova geração.

4. **REPRODUTIBILIDADE:** A mudança de longos treinamentos e materiais acadêmicos para a simplicidade e meios, métodos, ferramentas e estruturas reprodutíveis.

O treinamento é mais bem realizado quando o treinador é o modelo, com ferramentas simples. As lições fáceis de aprender e de obedecer permitem que os novos crentes façam o que acabaram de ver sendo feito por um mentor. Quando são capacitados de maneira simples, eles discipulam aqueles que levam à fé da mesma maneira, muitas vezes com o mínimo de encorajamento e esclarecimento.

Simples significa expressar verdades e aplicações de forma que um novo crente médio possa obedecer-lhes e passá-las a outros. Cada CPM no mundo usa um método simples para evangelismo, discipulado e plantação de igrejas. O uso de apenas um método apropriado e reprodutível permite uma explosão de crescimento à medida que novos crentes, guiados pelo Espírito, são capazes de ministrar a outros. Algumas igrejas americanas estão agora aplicando essa lição em seu contexto.

5. **APRENDIZADO BASEADO NA OBEDIÊNCIA:** A mudança *de* ensino para conhecimento do que a Palavra diz *para* compromisso de obedecer ao que a Palavra diz.

A *Grande Comissão* não diz: "ensinando-os tudo o que eu lhes ordenei", mas "ensinando-os a obedecer a tudo o que eu ordenei a vocês" (Mt 28:20 — grifo do autor do artigo). É somente ao despojar o velho e se entregar a Cristo, enquanto os crentes aplicam Sua Palavra, que encontramos rapidamente vidas transformadas e fortalecidas.

Se continuarmos ensinando depois que os crentes deixarem de obedecer, na verdade estamos ensinando a eles que não há problema em "estudar e não obedecer" ou "acolher e escolher o que você quer obedecer". Ao distorcer o discipulado dessa forma, nós amontoamos julgamento sobre aqueles que ensinamos. Eles terão que prestar contas um dia do que sabem e não obedeceram.

Vidas transformadas são o combustível para iniciar movimentos. Vidas transformadas provam que Jesus pode mudar as coisas, e todos precisam de um Deus que possa agir pelo poder em seu nome. Vidas transformadas tornam-se, elas próprias, agentes de mudança. Os CPM nos ensinam que se deve esperar dos crentes que obedeçam, que sejam encorajados a obedecer e que tenham compromisso com o obedecer, no espírito de Hebreus 10:24-25.

À medida que essas trocas de entendimento acontecem, as mudanças começam. Os cristãos estão saindo do edifício e de suas zonas de conforto. Estamos vendo mais e mais conversões rápidas, novos grupos e plantação intencional de igrejas.

As lições dos CPMs para a igreja dos EUA são enormes. Eles inspiram uma reanálise, levando-nos de volta às Escrituras tanto para princípios como para a prática. Vamos persistir até que esse modo de vida se torne o novo normal.

37

Igreja transformada plantando novas igrejas[114]

Por Jimmy Tam[115]

Em 2000, plantei uma igreja bilíngue cantonesa/mandarina em Los Angeles, nos Estados Unidos. Trabalhei muito para cuidar de nossos membros e dediquei muito esforço a programas e eventos, atraindo um público de até 100 pessoas, mas nossa membresia regular permanecia em torno de 50 adultos.

Então, em 2014, comecei a liderar nossa igreja em uma jornada intencional:

- de ser receptores e participantes no ministério da igreja
- para ser missionários em nossa comunidade.

---

[114]Editado de "Caring Better For Members by Training Them to Multiply" (Cuidando melhor dos membros ao treiná-los para que se multipliquem) (http://www.missionfrontiers.org/issue/article/caring-better-for-members) na edição de março-abril de 2016 da *Missão Fronteiras*, www.missionfrontiers.org (pág. 12-13), e em uma entrevista de 2018.

[115]Jimmy Tam plantou e pastoreou a *Sunrise Christian Community*, uma igreja evangélica chinesa em Alhambra. É natural de Hong Kong. Sua paixão é amar Jesus, continuar a missão de Jesus para fazer discípulos e treinar outros para fazerem o mesmo. Ele e sua esposa têm três filhos e estão atualmente servindo no exterior entre um povo não alcançado.

Aprendi pela primeira vez sobre movimentos de plantação de igrejas em um treinamento em Hong Kong. Depois de apenas 90 minutos de treinamento, fomos para uma região difícil de Hong Kong. Para meu espanto, encontramos lá uma pessoa interessada em ouvir sobre Jesus. De volta a Los Angeles, compartilhei essa experiência com minha igreja e, três meses depois, providenciei para que o treinador viesse oferecer treinamento para que nossos membros procurassem pessoas preparadas para o evangelho.

Transição de nossa igreja

Preparei nossos membros com uma frase no boletim, dizendo: "Não traga pessoas para a igreja, traga a igreja para eles". E criei e compartilhei pequenos vídeos em nosso culto dominical, explicando porque estaríamos *desencorajando* as pessoas a trazer amigos para a igreja:

- O que acontece fora da igreja é mais importante.
- Queremos levar Jesus às famílias em vez de levar as pessoas à igreja.

Iniciamos uma campanha — "amar nosso vizinho" — para conhecer as pessoas ao redor de nossa igreja. Treinamos nossos membros para dizer: "Jesus nos ensinou a amar o próximo, e queremos fazer isso. Como podemos orar por vocês?". Aos vizinhos que receberam a oração, voltamos e perguntamos: "Podemos compartilhar uma história de amor que realmente nos encorajou?". E aos vizinhos que nos deixaram compartilhar uma história perguntamos:

- O que você pensa sobre Jesus?
- O que você achou dessa história?
- O que Deus está dizendo a você a partir dessa história?
- O que Ele quer que você faça?
- Por quem podemos orar com você?

Salvação contagiosa

Treinamos cerca de 20 pessoas no início. Algumas delas não pertenciam nem mesmo à minha igreja. Eu lhes mostrei sobre movimento de fazedores de discípulos (DMM), e elas começaram a aplicá-lo. Como exemplo, elas encontraram uma senhora que estava acamada há pelo menos cinco meses com problemas renais. Fazia diálise três vezes por semana e tinha dores durante o dia. Nós a visitamos e compartilhamos com ela o evangelho. Ela era budista e não sabia nada sobre Jesus, mas uma das integrantes de nossa equipe compartilhou seu testemunho de cura. Essa mulher disse: "Sim, eu quero isso! Eu quero que Jesus me cure. Por favor, orem por mim". Então ela orou pela senhora e imediatamente a dor desapareceu. Em três ou quatro semanas, seu problema renal foi curado, e ela não precisava mais fazer diálise!

Ela ficou imediatamente anelante pelo Senhor e muito rapidamente quis ser batizada. Um mês depois, por causa de sua cura, sua filha também se voltou para o Senhor. Ela batizou sua filha e mais tarde batizou o marido dela e um vizinho.

Dentro de aproximadamente três meses, ela já havia batizado quatro pessoas, então a irmã que a havia levado à fé a ajudou a iniciar uma igreja doméstica. Eles agora têm entre 9 e 10 pessoas, de origem budista, que se reúnem regularmente em sua casa.

Nosso novo normal

No lugar de meu sermão de domingo, temos agora treinamento, celebração e testemunho das experiências de nossos membros em compartilhar durante a semana anterior. Agora chamamos nosso edifício de um centro de treinamento, não de uma igreja.

Agora 70% de nossos membros estão fazendo discípulos e plantando igrejas domésticas em dez equipes de plantação de igrejas, cada uma com dois ou mais membros.

Meia dúzia de nossas famílias estão conduzindo novos crentes a fazerem igreja em suas casas e nossos estudantes universitários também iniciaram três ou quatro grupos de busca.

Agora, em vez de eu batizar pessoas em nosso edifício, nossos membros espontaneamente batizam pessoas e me falam sobre isso depois. Uma vez que os capacitamos e os encorajamos com treinamento e experiência, pelo menos 50% de nossos membros agora compartilham ativamente em seu local de trabalho.

Algumas famílias já estavam em nossa igreja há anos, querendo fazer algo para o Senhor. Mas não estavam satisfeitas apenas com a execução dos programas da igreja. Agora, nos últimos dois anos, elas ficaram completamente entusiasmadas em ir às casas das pessoas, levar as boas-novas e batizá-las.

Recentemente vi uma mensagem de uma de nossas mulheres. Ela encontrou uma amiga e começou a compartilhar a história de Jesus. A amiga foi muito receptiva, e essa irmã sentiu que a amiga estava prestes a crer e a ser batizada. Ela me disse: "Essa amiga nunca esteve na igreja. E ela tem que trabalhar aos domingos para sustentar sua família. Se não tivéssemos feito um DMM, acho que ela nunca teria pensado em ir à igreja ou jamais teria pensado em Jesus. Ela sentia que, como não podia ir à igreja no domingo, não podia ser uma seguidora de Jesus".

O pessoal da nossa igreja agora vê as coisas pela perspectiva de pessoas que estão perdidas. Eles não pensam: "Vamos convidar as pessoas para a igreja no domingo". Eles agora sabem que ir às pessoas é mais emocionante e é isso que muda a vida das pessoas.

Agora reduzimos o tempo gasto na execução de programas ou grupos com foco interno. Toda semana, no domingo, temos testemunhos de pessoas fazendo discípulos, orando pelas pessoas, tentando compartilhar o evangelho com as pessoas. Chamamos o domingo de tempo de treinamento.

Em cada domingo temos apenas um breve ensino/treinamento prático, capacitando as pessoas a continuarem a fazer discípulos. Depois nos dividimos em pequenos grupos de apenas três ou quatro pessoas — homens com homens e mulheres com mulheres. Eles prestam contas uns aos outros sobre os compromissos assumidos em relação à vida pessoal e o progresso em fazer discípulos, compartilhar o evangelho e iniciar igrejas. Em seguida, discutem uma parte das Escrituras, abordam todas suas dimensões, compartilham o que receberam dela e oram uns pelos outros. Cerca de 80% da igreja está envolvida nesse tipo de grupo.

Então, em domingos esporádicos, temos o que mais parece um culto dominical regular, com cerca de 45 minutos de ensino ou treinamento. Às vezes, temos treinamento em como orar pelos doentes. Ou como identificar pessoas que estão abertas. Ou como discipular as pessoas. Ou como dirigir uma igreja doméstica. Algumas vezes temos um ensino sobre a vida cristã, para aumentar a maturidade.

Fatores-chave em andamento

1. Penso que a oração é o mais importante se uma igreja quer tomar essa decisão. O inimigo não quer que façamos discípulos de Jesus, que sejamos eficientes. Ele quer que fiquemos nas quatro paredes do edifício da igreja. Portanto, é essencial orar e confiar realmente no Espírito. Não pressionamos as pessoas; tentamos desafiá-las e tentamos ser modelos para elas.

2. Senti que a igreja precisa fazer uma mudança e sou eu que tenho que demonstrar que estou disposto e que sou ativo para mudar meu próprio estilo de vida também. Assim, comecei a levar minha família ao meu bairro e conversar com meus vizinhos. Nós simplesmente batemos às portas do nosso vizinho e dizemos: "Somos seguidores de Jesus e Ele nos ordena a amar nossos vizinhos. Estamos aqui apenas para ver como podemos amá-lo. Moramos aqui ao se lado e só queremos orar por você como forma de amá-lo".

   Tenho três filhos pequenos, então quando eles tinham práticas de basquete ou de futebol, eu começava a envolver outros pais. Enquanto estávamos sentados nas laterais para assistir, eu começava a compartilhar histórias de Jesus.

Uma coisa que realmente encorajava nosso pessoal e os levava a tentar essa nova maneira de fazer igreja era que eles viam o que eu estava fazendo. Eu estava disposto a fazer coisas que eu não fazia antes e sair da minha zona de conforto. É por isso que eles também estavam dispostos a fazer isso.

3. Outra chave importante é que fazemos discípulos como família, com nossos filhos. Encorajamos nossas famílias a não apenas deixar seus filhos em casa e depois sair para fazer discípulos. Saímos juntos para visitar famílias como famílias. Isso é outra coisa diferente da igreja institucional, que tende a ser muito segregadora em função da idade.

Anteriormente, o culto dominical era o foco principal da nossa igreja. Tudo o que era importante acontecia no culto dominical. Mas tivemos que mudar o paradigma das pessoas: mudar o entendimento do culto dominical era muito importante. Foi um desafio no início. A ideia de não convidar pessoas para a igreja no início parecia, para algumas pessoas, ser herética. Era um desafio mudar os antigos hábitos e a antiga mentalidade da igreja como um ministério centrado no edifício.

No momento, temos:

- 11 igrejas ativas de 1ª Geração (reunião regular de igrejas domésticas em andamento)
- 38 igrejas ativas de 2ª Geração
- 23 igrejas ativas de 3ª Geração

O papel das igrejas existentes no movimento africano

Por Shalom[116]

Igrejas locais existentes desempenham um papel vital nesse movimento de fazedores de discípulos. Desde o início de nosso ministério, sublinhamos esse princípio: qualquer que seja o ministério que façamos, garantimos que a igreja estará ativamente envolvida no ministério do Reino. Às vezes as pessoas pensam: "Se uma igreja não é tradicional, não será aceita pelas igrejas existentes". Mas eu creio que a chave vital é o relacionamento. Abordamos líderes da igreja em qualquer nível e compartilhamos a visão maior: a *Grande Comissão*. Isso é mais do que a igreja local, mais do que sua vizinhança, mais do que seu contexto imediato. Se compartilharmos com amor, relacionamento e motivação sincera de expressão do Reino, descobrimos que as igrejas ouvirão.

Em determinada área, temos atualmente parcerias formais com 108 grupos totalmente nativos. Alguns são igrejas locais e outros

---

[116]Shalom (pseudônimo) é um líder de movimento na África, envolvido no ministério transcultural durante os últimos 24 anos. Sua paixão é ver movimentos de fazedores de discípulos iniciados, acelerados e sustentados entre os povos não alcançados na África e além.

são ministérios nativos. Desde o início, nós os abordamos com conversas informais. Falamos sobre a tarefa que Deus deu na *Grande Comissão* e isso nos leva a uma discussão formal com quem é responsável na igreja. Se estiverem abertos, elaboramos um treinamento para a exposição inicial. Pode ser de dois a cinco dias. Nós os encorajamos vivamente a se certificarem de que as pessoas certas sejam convidadas. Queremos que cerca de 20% dos participantes sejam pessoas na liderança e cerca de 80% sejam membros atuantes. Essa proporção é muito importante. Se treinamos apenas líderes, eles são tão ocupados que, mesmo tendo um bom coração, normalmente não têm tempo para realmente implementar o que estão aprendendo. Se apenas treinarmos líderes de campo ou plantadores de igrejas, será muito difícil a implementação porque os líderes da igreja não entenderão o que precisa acontecer. Por isso, nos certificamos de ter os tomadores de decisão e os implementadores sendo treinados juntos.

Focamos inicialmente nas questões do coração. Falamos sobre a *Grande Comissão*, a tarefa inacabada e o desafio. Depois falamos sobre as oportunidades e como podemos cumprir a *Grande Comissão*. É aí que entra a estratégia do movimento de fazedores de discípulos. A pergunta final é: "O que vamos fazer sobre isso juntos?".

Sempre que fazemos um treinamento, comprometemo-nos em fazer seu acompanhamento e em realmente envolver os tomadores de decisão no desenvolvimento. Um evento de treinamento com uma igreja não é o objetivo final. Queremos caminhar com eles em uma jornada. Nosso lema é: "Acender, acelerar e sustentar movimentos de fazedores de discípulos". Não nos limitamos a apenas dar a partida. Trabalhamos para acelerar e sustentar.

Temos um coordenador estratégico e coordenadores das bases, que fazem o acompanhamento após os treinamentos. Ao final de cada treinamento, um plano de ação é traçado. Uma cópia é entregue a cada pessoa que recebeu o treinamento e uma cópia para a igreja, assim como uma cópia para nosso ministério. O plano inclui o nome e o número de telefone da pessoa de contato da igreja. Nossos líderes, então, fazem o acompanhamento por telefone — tanto individualmente com aqueles que receberam o treinamento como com a pessoa de contato da igreja. Após três meses, fazemos uma ligação formal para acompanhar e saber o que está acontecendo em relação ao plano que eles fizeram.

Continuamos, então, a comunicação com aqueles que estão realizando o ministério. Certificamo-nos de cultivar esses relacionamentos e fornecemos o treinamento, a mentoria e a orientação necessários. Nós os conectamos com outros obreiros de campo naquela área para que tenham uma rede para os encorajar. Em seguida, prestamos atenção nos obreiros que mostram um potencial significativo para se tornarem coordenadores estratégicos para sua área.

Quando as pessoas começam a implementar, seus relatórios de campo devem passar por sua igreja. A igreja tem que se manter a par e verificar o que está acontecendo. Não queremos passar por cima da igreja local. Queremos que a igreja se envolva no ministério. Isso dá à igreja um senso de propriedade e ajuda as relações a se fortalecerem.

Sempre nos certificamos de atualizar os líderes da igreja sobre o progresso que está sendo feito. Alguns grupos não alcançados são bastante sensíveis. Nesses casos, a igreja pode não precisar ou querer estar diretamente envolvida no progresso com esse movimento. Mas a igreja estará ciente, orando pelo ministério e ajudando da maneira apropriada. Eles também permitem que as novas igrejas que estão sendo plantadas adorem de uma forma que se ajuste ao contexto cultural dos novos crentes e sintam que é apropriada aos novos crentes.

Nesse processo, não tentamos mudar os padrões de ministério das igrejas existentes, o que apenas faria com que se sentissem ameaçadas. A igreja existente pode continuar como está. Nossa missão prioritária é chegar aos não alcançados. A mudança de paradigma que visamos está relacionada aos não alcançados. Portanto, desafiamos, treinamos e capacitamos a igreja para alcançar os não alcançados. Comunicamos claramente que os padrões normais da igreja não envolverão efetivamente os povos não alcançados. Queremos que eles tenham uma mentalidade e atitude de movimento em relação aos povos não alcançados.

Às vezes, essa nova mentalidade acaba retornando e transformando toda a igreja. Alguns líderes da igreja também se tornam praticantes e passam a ser líderes de movimento. O paradigma, portanto, às vezes impacta diretamente as igrejas locais. Mas isso é um subproduto; não nosso objetivo.

A parceria com igrejas existentes é um elemento crítico, que nos tem ajudado a acelerar o movimento de fazedores de discípulos. Todos nós viemos dessas igrejas e nosso objetivo é impactar outras igrejas e iniciar novas igrejas. Portanto, louvamos a Deus porque Ele está presente e trabalhando — nas igrejas existentes e através delas — para trazer movimentos de novas igrejas plantando igrejas entre os não alcançados.

39

Um modelo de "dois trilhos" para igrejas existentes alcançarem os não alcançados[117]

Por Trevor Larsen[118] & um grupo frutífero de irmãos

Nosso país é muito diversificado. Muitas áreas não têm crentes em Cristo. No entanto, em algumas regiões foram estabelecidas igrejas. Algumas dessas igrejas têm potencial para alcançar muçulmanos. No entanto, a maioria das igrejas, em grande parte (90 a 99%) estabelecidas em áreas muçulmanas, não têm acrescentado muçulmanos como crentes há anos. Elas, com frequência, temem uma reação se alguém vier a crer. Em muitas áreas de maioria muçulmana, as igrejas se agarram às tradições culturais cristãs. Não se conectam com os povos não alcançados em

---

[117]Extraído e condensado do livro *Focus on Fruit! Movement Case Studies & Fruitful Practices* (Foco no fruto! Estudos de caso de movimento & práticas frutíferas, em tradução livre, não disponível em português). Disponível para compra em www.focusonfruit.org.

[118]Trevor Larsen é professor, *coach* e pesquisador. Sente alegria em encontrar agentes apostólicos que Deus escolheu e os ajuda a maximizarem seus frutos por meio do compartilhamento de práticas frutíferas em grupos de irmãos-líderes. Mantém parceria com agentes apostólicos asiáticos há 20 anos, resultando em múltiplos movimentos em Povos Não Alcançados.

suas comunidades. As práticas culturais da igreja visível ("acima do solo"), e as reações a ela, tornam difícil a conexão com os muçulmanos. A cultura das igrejas acima do solo ("primeiro trilho") difere muito da cultura ao seu redor. Isso aumenta os obstáculos sociais para os muçulmanos com fome espiritual. Propomos um modelo diferente: uma igreja de "segundo trilho". Essa igreja subterrânea sai da mesma "estação", mas se reúne em pequenos grupos e não é facilmente percebida pela comunidade. *Pode uma igreja tradicional em uma área majoritariamente muçulmana iniciar uma igreja de "segundo trilho" (subterrânea)? Eles podem discipular muçulmanos em pequenos grupos, protegendo ao mesmo tempo o ministério de "primeiro trilho" da igreja?*

Muitos projetos-piloto testando um modelo de "dois trilhos"

Em áreas nominalmente muçulmanas do país, a maioria do crescimento da igreja denominacional desacelerou ou retrocedeu nos últimos 10 anos. Nesses mesmos 10 anos, um modelo subterrâneo de multiplicação de pequenos grupos cresceu rapidamente entre povos não alcançados.

Algumas igrejas nos pedem para treiná-las na multiplicação de pequenos grupos para alcançar muçulmanos, mas elas querem manter sua igreja existente, a de "primeiro trilho". Temos pilotado um modelo de "Dois trilhos" em 20 tipos diversos de igrejas em diferentes regiões. Quatro desses projetos-piloto finalizaram um período de quatro anos de projeto-piloto. Este capítulo apresenta a primeira de quatro experiências com o modelo "Dois trilhos". Percepções adicionais e os outros três experimentos podem ser encontrados no livro *Foco no fruto*! (Veja nota de rodapé 117 para detalhes.)

Estudo de caso: Nossa primeira igreja de "Dois trilhos"

Zaul completou um projeto-piloto de quatro anos de "Dois trilhos" em uma área com 90% de muçulmanos. Essa área possui muitos muçulmanos nominais e muitos fundamentalistas. Zaul explica o que eles aprenderam com esse primeiro modelo de "Dois Trilhos".

1. Seleção cuidadosa da igreja e dos aprendizes

Um bom modelo requer seleção. Queríamos começar com igrejas que oferecessem chances de sucesso, então escolhemos cuidadosamente. Escolhi a Igreja A para um projeto-piloto porque o idoso pastor expressou grande interesse em fazer a ponte entre o ministério e os muçulmanos. A Igreja A é parte de uma denominação da Europa, mas incluiu alguns traços da cultura local. Eles usam a língua local para o culto, embora sejam muito parecidos com as igrejas na Europa. Cinquenta e um anos após seu início, essa igreja tinha 25 famílias a frequentando regularmente.

Eu tinha conhecido o pastor da Igreja A há muitos anos. Tivemos muitos grupos pequenos se multiplicando na área ao redor de sua igreja, começando pelos obreiros de nossa equipe missionária local. O pastor gostava dos frutos de nosso ministério e queria aprender conosco como alcançar os muçulmanos.

2. Memorando de entendimento

Como esse pastor demonstrou interesse, começamos a discutir os termos de nossa parceria. Escrevemos o que tínhamos acordado em um memorando de entendimento. Senti que uma carta de acordo diminuiria os mal-entendidos e tornaria mais provável o sucesso. Assim, assinamos um memorando de entendimento entre nossa equipe missionária e o pastor da igreja, descrevendo os papéis das duas partes na parceria.

Primeiro, a igreja concordou em fornecer 10 aprendizes dispostos a serem "enviados" para ministrar aos muçulmanos da comunidade. Discutimos os critérios que eles deveriam usar ao selecionar os aprendizes para que tivessem mais chances de sucesso no ministério com os muçulmanos. A igreja prometeu um local de treinamento, orçamento para alimentação e o apoio total do pastor. O pastor também convidou alguns outros pastores de área para o treinamento.

Segundo, a igreja concordou que a direção de campo seria feita por nossa equipe. O papel do pastor com os aprendizes se limitava a uma supervisão ampla. Ele concordou em não interferir nas decisões da nossa equipe missionária sobre o ministério de campo. Também concordou que os padrões de ministério da igreja existente não precisavam ser seguidos por seus aprendizes em seu ministério com os muçulmanos. Concordaram que o foco do modelo do "segundo trilho" seria nos muçulmanos não crentes fora da igreja atual. O trilho subterrâneo da igreja seria livre para agir com padrões de contexto.

A igreja concordou que qualquer fruto entre os muçulmanos que viesse dessa parceria seria mantido separado, em pequenos grupos, como uma igreja "segundo trilho". Os novos crentes não seriam misturados com os da igreja acima do solo. Isso era para proteger os novos crentes de serem ocidentalizados, bem como para protegê-los de uma reação contra a igreja por parte de fundamentalistas.

Terceiro, nós, a equipe missionária, concordamos em fornecer treinamento pelo período de um ano. Prometemos dar treinamento e orientação aos que atuam no ministério. Concordei em ser o facilitador do treinamento. Fornecemos o orçamento para os materiais de treinamento. Também concordamos em fornecer orientação por um período de quatro anos para os aprendizes mais ativos.

Quarto, nós, a equipe missionária, concordamos em fornecer um percentual dos fundos para que o trilho subterrâneo da igreja realizasse ministérios de desenvolvimento comunitário durante o primeiro ano. Integramos nosso trabalho de desenvolvimento comunitário com nosso modelo de multiplicação de pequenos grupos de crentes. A igreja concordou em bancar qualquer despesa de subsistência ou de viagem dos obreiros de campo, assim como um percentual do orçamento de desenvolvimento comunitário.

Quinto, seria feito um relatório a cada três meses. Isso incluiria finanças, frutos ministeriais e desenvolvimento do caráter dos aprendizes.

Minha amizade de longa data com o pastor permitiu que essa parceria fosse iniciada e se fortalecesse. Os dois trilhos foram projetados para produzir duas igrejas separadas, que teriam aparência muito diferentes, mas com uma liderança comum. A igreja concordou que os aprendizes me forneceriam dados sobre seus frutos como facilitadores, e que eles não interfeririam. Como facilitador, concordei em fornecer um resumo dos dados sobre os frutos aos líderes da igreja. Eles, por sua vez, concordaram que não divulgariam os dados à igreja nem os relatariam em sua comunidade.

3. Ano 1 — Treinamento e filtragem dos participantes

Durante o primeiro ano, fornecemos treinamento que consistiu em 16 tópicos. Isso foi feito durante um dia inteiro de treinamento a cada duas semanas. Convencionei que metade dos tópicos de treinamento faria crescer a igreja "Trilho 1". Isso os ajudou a ver que queríamos servir à igreja "Trilho 1". Mas minha prioridade era a outra metade dos tópicos de treinamento — projetada para capacitar o grupo "Trilho 2". Esses se concentravam em servir os muçulmanos fora da igreja e discipulá-los discretamente em pequenos grupos.

O ano inicial de treinamento focou o caráter e oito habilidades básicas de liderança. Uma dessas habilidades é a "Gestão de ovos". É assim que chamamos nosso relatório que usa círculos (como ovos) para mostrar a multiplicação de pequenos grupos. Gerenciamos com base no fruto, não na atividade. No campo, queremos encontrar obreiros que utilizem uma variedade de estratégias e táticas. Mas queremos principalmente *avaliar o fruto* que está sendo produzido por suas atividades. Assim, explicamos aos obreiros de campo os indicadores de progresso. Depois que eles concordam com esses indicadores, fazemos avaliações regulares juntos.

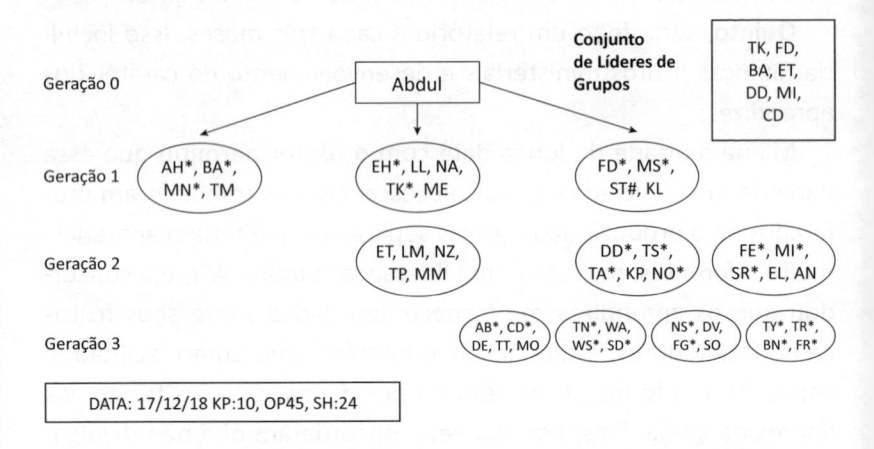

Geração 0		Abdul	Conjunto de Líderes de Grupos		TK, FD, BA, ET, DD, MI, CD
Geração 1	AH*, BA*, MN*, TM		EH*, LL, NA, TK*, ME	FD*, MS*, ST#, KL	
Geração 2			ET, LM, NZ, TP, MM	DD*, TS*, TA*, KP, NO*	FE*, MI*, SR*, EL, AN
Geração 3			AB*, CD*, DE, TT, MO	TN*, WA, WS*, SD*	NS*, DV, FG*, SO	TY*, TR*, BN*, FR*

DATA: 17/12/18 KP:10, OP45, SH:24

Essas oito habilidades básicas são importantes para obreiros de campo que alcançam os muçulmanos. A cada avaliação, queríamos saber quais aprendizes tinham aplicado as oito habilidades. Os aprendizes ativos começaram a despontar como aqueles que aplicaram essas habilidades. Se elas não foram aplicadas, por que não? Supervisionamos os aprendizes, os encorajamos e os avaliamos com base nessas oito habilidades.

De 50 adultos na igreja, 26 foram treinados para ambos os trilhos, com os 16 tópicos de treinamento. Após alguns meses, apenas 10 sentiram que Deus os chamava para alcançar e discipular os muçulmanos fora da igreja. Essas 10 pessoas (cerca de 20% dos membros adultos da igreja) se candidataram para discipular os muçulmanos.

Durante nossas avaliações trimestrais, vimos que seis desses 10 escolheram continuar servindo dentro da igreja (Trilho 1). Eles focaram em fazer o ministério da igreja, treinando seus membros e conectando-se com outras igrejas. Apenas quatro dos 10 foram ativos para alcançar o povo majoritário. Alguns treinadores podem desanimar nesse ponto, mas essas quatro pessoas representavam 8% da igreja, o que é uma porcentagem alta para muitas igrejas. Esses quatro mostraram um chamado especial para discipular muçulmanos na população majoritária.

4. Anos 2 a 4 — Coaching e *apoio aos obreiros de campos emergentes*

Mentoreamos apenas as quatro pessoas que despontaram como ativas no ministério. A mentoria dessas quatro pessoas foi feita por crentes em um pequeno grupo de terceira geração, sob nossa equipe de missão. Eram muçulmanos que haviam crido e que viviam nas proximidades.

Os quatro foram enviados para servir muçulmanos em regiões próximas. Cada um deles escolheu uma área onde quiseram ser pioneiros, de 25 a 30 quilômetros da igreja. Essa igreja de 25 famílias começou a apoiar as quatro famílias que se dedicavam ao ministério muçulmano. Além de suas próprias ofertas, os membros da igreja fizeram isso levantando fundos com doadores fora da igreja. Contataram ex-membros da igreja que se haviam mudado para as cidades e agora tinham uma renda mais alta.

Concentramos nosso treinamento nos quatro. A chave nesse ministério não é o treinamento inicial, porque a maioria das pessoas esquece seu treinamento antes de poder aplicá-lo. *O treinamento inicial serve como um filtro para encontrar as pessoas chamadas ao ministério ativo de campo para os muçulmanos.* A chave para o treinamento em direção à produtividade é o diálogo regular entre os mentores e as pessoas ativas no ministério. Os mentores discutem com os aprendizes o que eles estão enfrentando no campo. Também revisam as "Práticas frutíferas" discutidas no treinamento, e ajudam as pessoas ativas no campo a conseguir que esses pontos de treinamento funcionem em seus contextos. Muitas pessoas precisam de treinamento regular para melhor aplicar seu treinamento no campo.

Inspirada no compromisso dessas quatro pessoas, a igreja aumentou seu compromisso com o projeto "Dois trilhos". Concordaram em sustentar os quatro com fundos para os ministérios de desenvolvimento comunitário. O desenvolvimento comunitário é uma maneira importante de amar os muçulmanos que têm baixa renda. Propicia aos evangelistas acesso social para poder iniciar pequenos grupos. Passamos muito tempo discutindo questões de segurança com a igreja e as quatro pessoas ativas no campo. Isso ajudou todos a se tornarem mais perspicazes.

5. Muito fruto em quatro anos

Agora, após quatro anos, o fruto do ministério iniciado por esses quatro membros da igreja chegou a cerca de 500 crentes. Esse fruto na igreja subterrânea "Trilho 2" (em pequenos grupos) é muito maior do que os 50 adultos na igreja "Trilho 1" acima do solo (em um edifício).

Eles desenvolveram pequenos grupos de discipulado nos quais os muçulmanos passaram a ter fé. Esses, por sua vez, também iniciaram e estão liderando outros pequenos grupos de muçulmanos que chegaram à fé. O pastor tem mantido bem silenciosa essa alegre notícia de frutos.

6. Obstáculos enfrentados e visão reafirmada

Esses quatro obreiros de campo tornaram-se agora supervisores de muitos frutos em quatro áreas. Recentemente me encontrei com eles e com o novo pastor da igreja acima do solo. Discutimos o que fazer caso surja uma emergência devido ao conflito com o crescente número de fundamentalistas influenciados pelo Estado Islâmico. Combinamos que nossos crentes em pequenos grupos tentariam lidar com o problema sem mencionar sua conexão com qualquer outro grupo pequeno. Mas, se o problema fosse muito difícil e outra pessoa tivesse que ser sacrificada, eles concordariam em "sacrificar" a igreja acima do solo, referenciando sua conexão. Esse é um compromisso maravilhoso em um país onde muitas igrejas não querem chegar aos muçulmanos para evitar colocar em perigo sua igreja. Ao sacrificar a igreja acima do solo, o risco será limitado à igreja, e não envolverá o número muito maior de crentes na igreja subterrânea "Trilho 2". A igreja registrada poderá receber a proteção da lei, enquanto a igreja subterrânea não a terá.

Assim, tanto quanto possível, pequenos grupos lidarão com quaisquer conflitos como uma "célula independente", de modo a não colocar outros em perigo. Os quatro líderes de campo treinariam os crentes da base em pequenos grupos para lidar com as coisas dessa maneira. Eles não seriam identificados como (Trilho 1) membros da igreja. Isso ajudaria a mantê-los fora de perigo. O pastor mais jovem da igreja, que substituiu o mais velho, concordou em assumir esse risco para proteger a igreja subterrânea.

Somos honestos com as igrejas que treinamos no modelo de "Dois trilhos". Elas precisam ver não apenas os benefícios, mas também os riscos desse ministério para com os muçulmanos. As igrejas que treinamos devem concordar em manter nossos relatórios em segredo. Eles não podem ser compartilhados com os membros de suas igrejas ou outros cristãos. Por causa disso, selecionamos cuidadosamente quais igrejas treinamos e quais membros mentoreamos.

Tivemos desafios de segurança na abordagem de dois trilhos, mas nosso maior desafio tem sido os ataques de alguns líderes de igrejas. Eles nos criticam, supondo que não cuidaremos das ovelhas se elas não forem a um prédio da igreja. Entretanto, treinamos uma pluralidade de presbíteros em cada grupo para pastorearem as ovelhas. Pedimos que cada líder de grupo pequeno crie um ambiente de cuidado mútuo entre os membros do grupo pequeno, para que cuidem uns dos outros. Alguns líderes da igreja também nos criticam por não comunicarmos nossos frutos à polícia, o que daria a eles o *status* oficial de igreja. Entretanto, não estamos preocupados com o *status* oficial. Em vez disso, nos concentramos em amadurecer o corpo de crentes para que eles se tornem como a igreja que vemos no Novo Testamento. Essas igrejas não tinham um *status* oficial, mas cresceram de forma orgânica e bíblica. Essa é a nossa visão.

Esse modelo de "Dois trilhos" tem três chaves:

1. Usar o treinamento como um filtro para encontrar um pequeno número de pessoas bem selecionadas;

2. Negociar previamente com a igreja condições saudáveis para o desenvolvimento dessas pessoas, para que a igreja não interfira enquanto elas adotam um novo paradigma de ministério;

3. Dar apoio contínuo de mentoria para aqueles que entram no ministério aos muçulmanos.

Como as agências podem se envolver

Este evangelho do Reino será proclamado em todo o mundo como testemunho a todos os povos, e então virá o fim. (Mateus 24:14 — Adaptado pelo editor)

40

Uma transição de agência — De plantação de igrejas para movimentos de fazedores de discípulos

Por Aila Tasse[119]

Em agosto de 1989, comecei a ministrar entre alguns grupos muçulmanos no norte do Quênia e, em 1992, comecei a fazer um trabalho para alcançar uma área mais ampla. De 1994 a 1998 pesquisei Povos Não Alcançados (PNA) e a *LifeWay Mission* foi organizada como uma agência missionária nativa em 1996.

Por volta dessa época, nosso grupo cresceu significativamente. Tínhamos pessoas que conseguiam falar as línguas locais de um grande número das tribos que queríamos alcançar. Tínhamos também membros de povos não alcançados que chegaram e serviram como parte de nosso ministério. Assim, criei uma pequena escola

---

[119] O Dr. Aila Tasse é o fundador e diretor da *Lifeway Mission International* (www.lifewaymi.org), um ministério que tem trabalhado entre não alcançados há mais de 25 anos. Aila treinou e orientou MDF na África e ao redor do mundo. É parte da Rede de CPM da África Oriental e Coordenador Regional da *New Generations* para a África Oriental.

missionária e comecei a ensiná-los. Eu estava indo ao seminário, então elaborei meu próprio treinamento para eles, a partir do que eu estava aprendendo. Fizemos o treinamento dos jovens e os enviamos de volta para suas áreas. Eles eram os que estavam na linha de frente, alcançando as pessoas e liderando as igrejas.

Um grande ponto de virada aconteceu em 1998, quando comecei a implementar minha visão mais ampla. Atribuí tarefas para as pessoas locais que estava treinando. Eu disse: "A melhor coisa será se encontrarmos pessoas da comunidade local". Assim, eles sairiam por um mês, começariam a alcançar as pessoas e encontrariam líderes-chave dentro daquele mês. Quando voltaram, eles trouxeram esses líderes para nosso centro de treinamento. Treinamos esses líderes-chave durante dois meses e depois os enviamos como líderes potenciais para a estratégia. Os obreiros que inicialmente tinham feito contato com eles permaneceram como treinadores. Não aprendi exatamente essas coisas; estava inventando as coisas à medida que íamos avançando. Estávamos vendo as coisas acontecerem, mas não tínhamos material com o qual aprender. Assim, a maioria de nosso ministério e programas surgiu de necessidades que vi no campo. Eu estava ensinando muito do que mais tarde se transformou em CPM.

Considerando um novo paradigma

Entre 2002 e 2005, comecei a ouvir falar sobre movimentos de plantação de igrejas. Mas naquele momento eu não havia entrado em contato com treinamentos envolvendo outros líderes de CPM africanos. Nossa missão havia chegado a todos os povos não alcançados em nossa região de foco, mas não tínhamos nada parecido com um movimento. Eu havia escrito uma dissertação sobre plantação de igrejas e lido todo tipo de livros sobre o assunto, incluindo o livro de David Garrison, *Movimentos de plantação de igrejas* (Ed. Esperança, 2019). Mas um grande desafio ao meu pensamento ocorreu em 2005.

Encontrei um irmão da África Ocidental que estava começando um treinamento, e o treinador principal era David Watson. Foi quando comecei a lutar realmente com a ideia de um movimento. Mas tive um momento difícil, a partir do que David Watson estava dizendo. Ele me dizia: "Você precisa fazer isso e aquilo", com base no que funcionava na Índia entre os hindus.

Eu disse: "Você nunca foi um muçulmano. Eu sou um crente de origem muçulmana e já tenho experiência e frutos ao trabalhar entre muçulmanos africanos. As coisas podem não acontecer da mesma maneira nesse contexto". Meu grande obstáculo era que eu queria defender meu próprio trabalho. Eu me sentia bem-sucedido na plantação de igrejas entre muçulmanos. Por isso, recuei.

Porém o mais importante para mim foi: "Como vou terminar a tarefa entre esses grupos de pessoas senão através de algo como um CPM?". Deus tinha falado a mim: "Multiplique-se na vida de muitas pessoas". E ele expandiu minha visão, de apenas das tribos em minha área de origem para uma visão de alcançar toda a África Oriental. Não sabia como seria isso, mas sabia que Deus tinha falado comigo sobre essa questão. Isso iniciou minha jornada séria em movimentos. Senti que a tarefa era mais importante que o método. Eu queria tudo o que pudesse ajudar a fazer a tarefa em pouco tempo, de uma maneira bíblica que glorificasse a Deus. Senti-me pronto para algo radical — como o homem que vendeu tudo para comprar o campo contendo um tesouro escondido. A todo custo, eu queria fazer a melhor coisa para a glória de Deus entre os não alcançados.

Por volta de 2005, comecei a falar sobre CPM e a me organizar para alcançar PNA. Eu tinha uma paixão por missão de fronteira e queria plantar mais igrejas. Já tinha feito muitas coisas que poderiam ser chamadas de DNA do CPM, e o treinamento de 2005 me forneceu mais ferramentas e conexões.

No início, eu não estava focado. Mas nos anos seguintes comecei a implementar os princípios de CPM e a fazer treinamentos com Dave Hunt. Ele desempenhou um grande papel ao me treinar e responder às minhas perguntas. Deu-me muito encorajamento em minha jornada. Sem saber muito, investi minha energia na aplicação dos princípios de CPM em vez de discutir sobre isso, e isso começou a dar frutos. Encontrei a maioria dos princípios de CPM na Bíblia. Começamos a experimentar o CPM e a treinar e enviar pessoas. Enquanto eu continuava aprendendo sobre os movimentos, a estratégia se tornou muito clara para mim. E o movimento começou a decolar no início de 2007.

Uma mudança maior aconteceu quando comecei a olhar para a igreja de maneira diferente, questionando: "O que é uma igreja?". Antes eu queria que a igreja fosse apenas de uma certa forma, que não era muito reprodutível. Agora passei a levar a sério a aplicação de um padrão mais simples de igreja, que era muito mais reprodutível.

Outros dois fatores-chave revolucionaram meu pensamento:

1. ajudar as pessoas a **descobrirem** a verdade (em vez de alguém dizer isso para elas) e

2. **obediência** como padrão normal do discipulado.

Vi a diferença radical que isso poderia produzir em relação ao ministério, que se multiplicaria rapidamente.

Mudança de paradigma na Missão *LifeWay*

Como essa mudança aconteceu em minha própria mente, não forcei ninguém na *LifeWay* a avançar em direção ao CPM. Eu me foquei em uma grande questão: "Como podemos terminar a tarefa remanescente? Vimos algumas igrejas começarem, mas será que nossos métodos atuais atingirão nosso objetivo? Deus nos chamou para um determinado método ou para terminar nossa tarefa — a *Grande Comissão*?". Creio que Deus pode usar qualquer método que Ele quiser. Precisamos prestar atenção e ver que método(s) Ele está usando para nos mover seriamente em direção ao objetivo. Jesus nos ordenou: "Façam discípulos [...] ensinando-os a obedecer..." (Mt 28:19-20). Esse é o coração da *Grande Comissão*. É o que a torna *Grande*. A menos que realmente façamos discípulos, não podemos chamar a *Grande Comissão* de Grande. Portanto, qualquer que seja o método que utilizemos, ele tem que ser muito eficaz para fazer discípulos que obedeçam.

Comecei a lançar a visão para meus companheiros de trabalho. Comecei a liderar a partir do início, demonstrando e mudando as coisas lentamente. Comecei a *mostrar* a eles práticas e princípios, em vez de forçá-los a algo. Queria que acreditassem na visão, em vez de exercer minha pressão sobre eles. Compartilhei meu exemplo, dando início a grupos que se multiplicaram. Abri as Escrituras e comecei a mostrar a eles os princípios bíblicos. Como a obediência se tornou nosso *estilo de vida*, isso ajudou meu pessoal a entender. Ficou claro para nós que esse era o caminho a seguir. Não exerci pressão organizacional ou autoridade para trazer a mudança. Não foi um processo de cima para baixo. Alguns de nossos obreiros aprenderam muito cedo e começaram a aplicar os princípios de CPM; outros foram mais lentos. Para os que se moviam mais lentamente, dizíamos: "Vamos mover-nos de maneira suave e gradual".

Esse processo começou em 2005 e continuou por alguns anos. Em outubro de 2007, fizemos uma mudança completa como organização. Esclarecemos que nosso objetivo não era apenas chegar aos não alcançados, mas catalisar movimentos do Reino. A Missão *Lifeway* tinha começado com uma visão de crescimento do Reino no norte do Quênia. O principal era engajar os povos não alcançados e alcançá-los com o evangelho.

Agora tinha ficado claro que nosso trabalho não era apenas envolver os PNA com o evangelho, mas facilitar e catalisar movimentos do Reino entre eles. Nosso foco ainda é alcançar PNA, mas agora estamos fazendo isso através de DMM (movimento de fazedores de discípulos — o termo que agora usamos mais comumente para enfatizar que nosso foco é fazer discípulos). Outubro de 2007 foi um ponto de inflexão para todas nossas equipes. Mudamos nossa declaração de missão, nossos detalhes de parceria, nossa rede de relacionamentos e colaborações.

Assim, temos o objetivo explícito de fazer discípulos que se multiplicam e se tornam igrejas que se multiplicam. Um movimento de fazedores de discípulos nos ajuda a terminar a tarefa que Jesus nos deu. Não nos focamos em um método. Mas se o DMM nos ajuda a alcançar nosso objetivo, não precisamos discutir. Os movimentos do Reino entre PNA é nosso objetivo para terminar a nossa porção da *Grande Comissão* na região que Deus nos confiou. Em 2007, usamos o termo "CPM". E a chave do CPM é fazer discípulos. Por isso, desde aquele tempo, temos colocado ênfase em fazer discípulos — levando os povos muçulmanos da África Oriental a se tornarem discípulos obedientes de Jesus.

Desafios na transição

Nem todos concordaram com nossa mudança de abordagem. Algumas pessoas sentiram que o que estávamos prestes a fazer era superficial visto que não tinha foco nos edifícios ou nos programas da igreja que estavam acontecendo naquele edifício. Alguns cristãos de origem histórica pensavam que não estávamos focados o suficiente na igreja como instituição. Alguns líderes de origem teológica achavam que estávamos indo contra as tradições que a igreja tinha mantido por muitos anos. Algumas pessoas que trabalhavam nas cidades tinham receio de que uma abordagem de fazedores de discípulos não funcionaria para alcançar as pessoas urbanas.

Tínhamos aprendido com David Watson as descrições de igrejas de elefantes *versus* igrejas de coelhos, que algumas pessoas consideravam muito críticas em relação às igrejas tradicionais. Algumas pessoas nos acusavam de apenas aprender coisas dos americanos, que não funcionariam na África. E alguns obreiros simplesmente não queriam mudar; eles gostavam do que já estavam fazendo. Eles disseram: "A *LifeWay* está crescendo e nós somos nativos. Deus nos ajudou a superar todos os tipos de desafios. Por que devemos mudar de direção?". Outros obreiros temiam perder algo. Pensaram que talvez isso se tornasse uma porta dos fundos para introduzir algo de que não iriam gostar.

Precisei de muita paciência naquela época, pois nem todos viam as coisas do jeito que eu via. Eu já tinha dado um passo atrás ao questionar David Watson e tinha esses argumentos. Já tinha me irritado com Dave Hunt quando ele me treinou ao longo dos meus passos experimentais com a aplicação de princípios de CPM. Outros ainda estavam lutando contra o paradigma enquanto eu avançava com ele. Um de meus principais líderes era muito resistente ao novo modelo. Ele não via a razão pela qual deveríamos fazer isso.

Quando começamos a mudar para uma abordagem de CPM em 2005, tínhamos cerca de 48 missionários, trabalhando em dois países da África Oriental. Vinte e quatro deles serviam como plantadores de igrejas em tempo integral; os outros serviam como catalisadores bivocacionais de plantadores de igrejas. Em 2007, quando estávamos fazendo a mudança, uma denominação veio e levou 13 de nossos obreiros de uma área onde o movimento estava se expandindo rapidamente. Ofereceram a eles bons salários e cargos. Perdi meus dois melhores rapazes, o que realmente doeu. Também foi desanimador que dentro de dois anos o trabalho naquela área antes frutífera parasse. Os anos de 2008 a 2010 foram bastante desencorajadores visto que perdemos alguns dos melhores da nossa equipe durante a transição.

Frutos desde a transição

Desde que mudamos para CPM (DMM), começamos a nos focar mais no Reino de Deus do que em nosso ministério. Não pensamos mais em termos do nosso nome ou do que é "meu" (minha visão, meu ministério etc.) É o Reino de Deus e Sua obra. Quando catalisamos movimentos, estamos nos afastando de nossas necessidades e, em vez disso, olhando o Reino avançar. Deus tem trazido um crescimento maravilhoso nos últimos anos. Partindo de nosso início no Quênia, estamos agora catalisando DMM em 11 países da África Oriental.

Desde 2005, cerca de 9.000 novas igrejas foram plantadas na região da África Oriental. Em um desses países, o movimento chegou a 16 gerações de igrejas plantando igrejas. Em outro país, o trabalho entre várias tribos chegou a 6, 7 e até 9 gerações. O Senhor nos permitiu engajar mais de 90 grupos de pessoas e 9 grupos de afinidade urbana nessa região. Ficamos deslumbrados com Seu trabalho em fazer nascer milhares de novas igrejas e centenas de milhares de novos seguidores de Cristo.

Engajamos todos os PNA da minha visão original e fomos muito além disso. Agora estamos falando em alcançar 300 povos não alcançados, nos termos do Projeto Josué (*Joshua Project*). Trabalhamos nisso todos os dias, país por país: orando e encontrando quem é menos alcançado e menos engajado.

O DMM não é apenas um de nossos muitos programas; é o principal, em meio a tudo o que fazemos. Seja no ministério da compaixão (com crianças), no desenvolvimento de liderança ou no serviço à igreja, o DMM está sempre no centro. Se algo não leva a DMM, não o fazemos.

Nossas prioridades incluem alcançar áreas novas e não engajadas, enquanto sustentamos o trabalho existente. Estamos continuamente *iniciando*, *multiplicando* e *sustentando* movimentos. Antes de iniciar o ministério em uma nova área, fazemos pesquisas e caminhadas de oração, enquanto buscamos a Deus para Suas portas abertas. Para sustentar o trabalho, realizamos consultas estratégicas de DMM a cada quatro meses. Líderes de países de toda a África Oriental prestam assistências a obreiros com capacitação e encorajamento contínuos.

Chaves que nos têm sustentado e produzido frutos

1. **Oração** tem sido realmente meu maior recurso.

2. Permanecer na **Palavra de Deus** o tempo todo. O que faço é sustentável se for baseado na Palavra de Deus.

3. **Desenvolver líderes**. Deus realmente me ajudou com isso e deixou claro: não se trata apenas de mim.

4. Sempre tive o objetivo de **tornar nativo** nosso ministério. As pessoas locais têm que ser donas disso. Se são as donas, isso me custa menos porque pertence a elas.

5. **Trabalho em rede e colaboração** com pessoas que fazem a mesma coisa. Contanto que Deus nos ajude a fazer discípulos, não importa qual nome esteja em um ministério. Não nos preocupamos com isso. Nós nos lançamos em qualquer oportunidade para contribuir com o que aprendemos sobre formação de discípulos. Porque o mais importante é terminar a tarefa que Jesus nos deu.

Vemos Deus usando outras pessoas e outros grupos e nos deleitamos em ser parceiros e colaborar com eles. Precisamos trabalhar em conjunto com o Corpo de Cristo, para aprender com os outros e compartilhar o que aprendemos. Louvamos a Deus pela forma como Ele nos conduziu e pelas muitas maneiras como Ele está fazendo avançar Seu Reino entre os não alcançados por meio de movimentos de fazedores de discípulos.

41

Uma agência missionária descobre as práticas frutíferas de movimentos[120]

Por Doug Lucas[121]

Introdução

Nossa organização missionária foi iniciada em 1978 com um objetivo nobre: enviar muitos missionários para trabalhar entre os não alcançados. Nos anos 90, graças a pensadores criteriosos, como o Dr. Ralph Winter, intensificamos nosso foco em direção a povos não alcançados. Nossas metas não mais contavam apenas os obreiros, mas, em acréscimo, o número de povos não alcançados e não engajados. Treinamos cuidadosamente todos os nossos obreiros no

---

[120]Editado do artigo *Discovering the Fruitful Practices of Movements* (Descobrindo as Práticas Frutíferas de Movimentos), originalmente publicado na edição de novembro-dezembro de 2017 da *Missão Fronteiras*, www.missionfrontiers.org, pág. 6-11.

[121]Em 1978, Deus chamou Doug Lucas, um estudante de colégio bíblico, para organizar uma reunião de oração em um dormitório — e essa reunião de oração tornou-se a gênese de *Team Expansion*. Desde aquela época, Doug serviu como missionário (no Uruguai e mais tarde na URSS/Ucrânia) e fundador/presidente dessa organização global (saiba mais em www.TeamExpansion.org). Com sede em Louisville, KY, Doug tem uma graduação em Bíblia, um mestrado em Missões, um MBA e um doutorado em Administração de Empresas. Em 1995, ele criou um boletim semanal por e-mail/web www.brigada.org para fornecer recursos, motivação e tendências em missões globais. É apaixonado por multiplicação de discípulos. Para esse fim, ele e um companheiro lançaram sites de treinamento em www.morediscples.com e www.missionsu.com.

aprendizado de línguas e na identificação com a população local. Enfatizamos a plantação de igrejas. Esperávamos e orávamos para que, uma vez que cada equipe de obreiros estivesse engajada com o povo, esses obreiros precisariam apenas de um ano ou mais para plantar cada nova congregação. Esperávamos realmente que levasse mais tempo, é claro, para treinar um núcleo de novos líderes.

Algum tempo depois do ano 2000, graças a pesquisadores como o Dr. David Garrison, começamos a estabelecer metas para movimentos de plantação de igrejas (CPM). Nessa "terceira versão" de nossa organização, percebemos que nossas "igrejas pioneiras" às vezes não iam além disso, de ser pioneiras. Em contraste, no livro de Atos, os discípulos fizeram mais do que estabelecer uma única igreja nova em cada região ou país. Deus "lhes acrescentava". Assim, começamos a exortar nossos obreiros a plantarem igrejas que plantassem igrejas. Nosso processo de estabelecimento de metas começou a medir não apenas as igrejas plantadas, mas também igrejas que plantariam novas igrejas.

Em 2010, estávamos engajados em uma certa revolução. Não sei nem como denominar isso, mas, por falta de um termo melhor, vamos chamar de pensamento de movimento de fazedores de discípulos (DMM). A diferença pode parecer sutil no início. Na verdade, a princípio também foi muito difusa para mim. Mas uma vez compreendida, o resultado foi bastante profundo.

As práticas frutíferas

Independentemente de sua opinião sobre as práticas de DMM, a eletricidade e a energia pura geradas pelo pensamento de DMM são difíceis de se perder. Enquanto os treinamentos anteriores focavam em táticas e estratégias, o de DMM era, no início, simples demais para minha mente compreender. Um dos princípios centrais, como articulado pelo instrutor de DMM Curtis Sergeant, é simplesmente "seja um discípulo que merece ser multiplicado". (Não é exatamente como se Jesus abençoasse um sistema de práticas que se concentra em mudar de dentro para fora?) David Garrison havia identificado a oração extraordinária como sendo o primeiro de vários fatores críticos no lançamento de movimentos de plantação de igrejas. Mas por alguma razão, levamos uma década ou mais para entender que essa oração extraordinária tinha que começar dentro de nós como obreiros e não em alguma infraestrutura ou campanha. Em outras palavras, para mudar o mundo, tínhamos que mudar a nós mesmos.

Nossos primeiros esforços para lançar movimentos haviam sido fortemente influenciados pelas práticas empresariais americanas, tais como o planejamento estratégico. Agora, quase parecia simples demais dizer a um novo obreiro que ele ou ela precisava adquirir uma "paixão por contar a história de Deus". Acho que todos nós queremos que nossos trabalhos sejam táticos e estratégicos. Talvez, de alguma forma, pensemos que isso nos faz parecer mais inteligentes. Treinar obreiros para fazerem caminhadas de oração e facilitarem "grupos de três terços" também parecia fácil. (O tempo do grupo consiste em três elementos simples: *1. Olhar para trás* — para avaliar e celebrar a obediência a Deus e relembrar a visão. *2. Olhar para cima* — para ver o que Deus tem para eles no estudo bíblico de descoberta daquela semana. *3. Olhar para frente* — para determinar como obedecer a Deus e transmitir o que aprenderam através da prática e do estabelecimento de metas em oração.)

Outra prática, descrita pela primeira vez por Garrison em seu livro de referência *Movimentos de plantação de igrejas* (Ed. Esperança, 2019), foi ainda mais difícil de ser compreendida. Nossa tentação quando novos crentes começavam a se deparar com perseguição era retirá-los do contexto. Alguns se referiam a essa prática como extração. Não importa como é chamada, é a primeira resposta do coração humano. O problema é que, uma vez que removemos um crente praticante de seu contexto, o impulso é interrompido. Não só esse novo crente não pode mais alcançar sua casa (*oikos*), mas, além disso, o fogo e a energia se foram. De alguma forma, de maneiras que não entendemos, Deus parece abençoar aqueles que são perseguidos. E o resultado é surpreendente.

Parece estranho destacar a *obediência* e a *prestação de contas sobre compromissos assumidos* como práticas centrais do lançamento de movimentos. Não temos acreditado na obediência o tempo todo? Sim, mas de alguma forma começamos a equiparar obediência com (principalmente) aprender sobre Jesus em vez de nos concentrarmos em *fazer* o que Ele nos disse para fazer. É bom medir a frequência à igreja. Mas é ainda melhor descobrir como medir se esses frequentadores realmente fazem ou não algo a respeito de sua fé. Mais uma vez, apontando para um ensinamento central de Curtis Sergeant: "É uma bênção seguir Jesus. É uma grande bênção trazer outros para um relacionamento com Jesus. É uma bênção maior iniciar uma nova comunidade espiritual. Mas a maior bênção é capacitar outros para iniciarem novas comunidades espirituais". Durante algumas décadas, nossa organização focou em trazer outros para um relacionamento com Jesus, depois nos focamos em ensinar a eles os conceitos da Bíblia, quase equiparando espiritualidade a conceitos de conhecimento. Mas Jesus não queria pessoas que meramente conhecessem coisas. Ele disse a elas que se o amassem, elas cumpririam Suas ordenanças.

Uma das práticas mais difíceis de entender é o *aprendizado baseado na descoberta*. Talvez seja tão difícil por ser tão fácil. Os críticos são rápidos em acusar os praticantes de DMM de depreciarem o evangelho. Afinal de contas, os novos crentes não deveriam receber treinamento aprofundado antes de confiarmos a eles o trabalho de contar a história de Jesus? Mas a verdade vem nos encarando bem de frente há séculos. Há quanto tempo Jesus conhecia o homem possuído por um espírito impuro (veja Marcos 5:1-20) antes de enviá-lo de volta à sua casa (*oikos*) para dizer a eles o quanto o Senhor tinha feito por ele? Talvez metade de um dia, no máximo. Uau. Temos repensado seriamente sobre isso. E esse homem em Marcos 5 estava prestes a mudar a história de Decápolis, sua região natal.

Esses são essencialmente os elementos centrais. Ser um discípulo que merece ser multiplicado, paixão por contar a história de Deus, orar por aqueles em perseguição (mas não os retirar), obediência e aprendizado baseados na descoberta. A verdade é que agora se pode levar apenas cerca de 20 horas para treinar um discípulo para começar a se multiplicar. Vinte horas.

O fruto

Como exatamente esse processo de DMM se desenrola e o que pedimos aos membros de nossa equipe que façam diariamente? Ensinamos a eles como mudar para uma nova área, aprender a língua e a cultura, orar muito e viver de forma "visivelmente espiritual", enquanto atendemos às necessidades sentidas na comunidade. Nossos obreiros procuram tornar-se discípulos que merecem ser multiplicados, antevendo que alguém (buscador) vai notar. Apresentamos a essas "pessoas abertas" as histórias sobre Jesus e sua vida. Podemos mencionar uma passagem na qual Jesus ensina sobre honestidade e explicar que, por essa razão, estamos devolvendo uma pequena quantia de dinheiro que muitos considerariam mesquinha. Depois perguntamos se a pessoa gosta dessa ideia. Se ela responder positivamente, perguntamos se gostaria de ouvir mais ensinamentos de Jesus.

As pessoas que dizem "sim" a esse tipo de perguntas são da maior importância para nós. Elas são o que alguns treinadores chamam de "Pessoas de Paz", lembrando as palavras de Jesus em Lucas 10, ao enviar os 72 discípulos. Nossos obreiros iniciam grupos de três terços com essas partes interessadas. Nesses estudos, nossos obreiros simplesmente introduzem uma nova história das Escrituras, depois fazem perguntas como: "Do que você gostou nessa passagem? O que pareceu difícil? O que essa passagem nos ensina sobre Deus? O que essa passagem nos ensina sobre as pessoas? Se acreditamos que essa passagem é de Deus, como devemos obedecer? Com quem você vai compartilhar essa passagem antes de nos encontrarmos novamente? A quem você vai contar a história de Deus ou seu próprio testemunho?".

Aqueles que estão buscando desejarão encontrar-se novamente. Essas são as pessoas nas quais queremos/precisamos investir nosso tempo. Repetimos esses processos até que nossa nova "Pessoa de Paz" se torne crente, depois discípulo, depois líder de grupo por conta própria. Usando essa abordagem simples, nossos obreiros esperam iniciar grupos que se multiplicam. Isso funciona no mundo em desenvolvimento e está funcionando nos Estados Unidos.

Em determinado campo, nossa equipe trabalhou por cerca de 15 anos para estabelecer a primeira igreja pioneira. Depois, ao introduzir os princípios de DMM, elas se multiplicaram em sete grupos dentro dos 12 meses seguintes. Em outro campo (uma terra muçulmana), o grupo lutou durante 10 anos sem quase nenhum fruto. Ao começar a aplicar os princípios de DMM, eles tiveram cinco novos grupos lançados (e vários batismos) dentro do primeiro ano. Em outro campo ainda, nossos obreiros nem sequer sabiam como começar nos primeiros 5 anos. Ao implementar práticas simples de DMM, nos 17 meses seguintes viram 112 grupos começarem, com mais de 750 pessoas participando semanalmente. Durante esses 17 meses, 481 desses novos seguidores foram batizados e muitos deles já estão discipulando outros.

Agora, alguns anos mais tarde, esse campo viu grupos se multiplicarem ao longo de 16 gerações (o grupo original teve muitos, muitos, muitos netos espirituais [até a 16ª geração]). Esse movimento cresceu a ponto de, a partir do final de 2017, 3.434 pessoas se reunirem nos grupos. Durante maio de 2018, 316 pessoas entregaram a vida delas a Cristo e foram batizadas, elevando o total adicionado no início de 2018 para 1.254. Também durante maio de 2018, 84 novos grupos surgiram, perfazendo um total de 293 grupos até agora durante 2018.

Como um todo, nossos obreiros em todo o mundo têm visto um grande aumento nos frutos desde a transição para as práticas de DMM. (Veja os gráficos que acompanham.) Durante 2018, Deus levantou 1.549 novas igrejas simples, com 5.546 batismos, e uma frequência combinada (a partir do final de 2018) de 41.191 almas. Deus está trabalhando através dos 278 missionários da *Team Expansion* em cerca de 40 países.

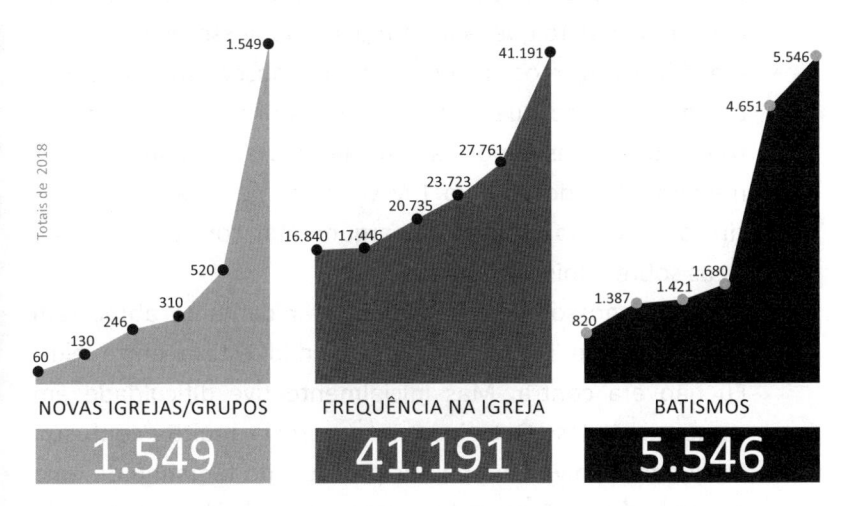

PANORAMA DO CRESCIMENTO EM 5 ANOS

Totais de 2018

NOVAS IGREJAS/GRUPOS: 60, 130, 246, 310, 520, 1.549
1.549

FREQUÊNCIA NA IGREJA: 16.840, 17.446, 20.735, 23.723, 27.761, 41.191
41.191

BATISMOS: 820, 1.387, 1.421, 1.680, 4.651, 5.546
5.546

A transição

Em anos anteriores, tínhamos ouvido algumas histórias de terror sobre a transição para modelos de DMM a partir da abordagem tradicional, "de proclamação" (ou de atração). Algumas agências, como a nossa, relataram que quando mudaram para a abordagem DMM perderam 30 ou 40% de seu pessoal. Aparentemente, algumas pessoas não gostam de mudar. Graças somente a Deus, nós ainda não vimos esse tipo de evasão. Aqui estão alguns fatores que podem estar nos ajudando, mas tenha em mente [aviso de alerta] que são apenas suposições *e* os problemas podem surgir a qualquer momento.

- Nossa organização, desde seus primórdios, sempre valorizou a inovação. Uma de nossas sete Grandes Paixões é:

"perseverança criativa e estratégica até que os resultados sejam alcançados".
- Desde o início, também temos estimulado a "oração extraordinária". Nossa primeira publicação foi um calendário de orações para nosso primeiro campo. Os textos de Garrison acabaram selando ainda mais o compromisso. Assim, quando surgiram as práticas de DMM, elas pareceram culturalmente apropriadas visto que já faziam parte do nosso DNA.
- Era difícil negar os frutos. Primeiro, observamos isso nos estudos de caso que vimos e nas histórias contadas pelos treinadores. Mas depois, alguns das nossas equipes que primeiramente adotaram o DMM experimentaram colheitas similares. Como poderíamos argumentar com a bênção de Deus sobre o ministério deles?
- Vários de nossos líderes seniores rapidamente abraçaram as práticas de DMM. Eu, porém, não estava entre eles. Eu não era contra. Mas inicialmente tive dificuldade em compreendê-las. O treinamento parecia muito "confuso". Só quando o dividi em passos práticos, do tamanho de uma mordida, é que pude vê-lo como exequível. (Veja o resultado em www.morediscples.com)
- Decidimos propositalmente não apressar as pessoas para essa transição. Demos tempo a elas — de fato, anos. Uma vez que viram frutos entre seus pares, a transição tornou-se mais fácil para elas.
- Histórias ajudaram a facilitar o salto. Mudamos nomes de pessoas e lugares, mas contamos muitos casos para transmitir a realidade. Algumas histórias eram boas notícias, enquanto outras eram sóbrias.
- Os líderes seniores gentil e humildemente modelaram o comportamento para mim (seu presidente). Mas para um alinhamento completo, eu tinha que me envolver pessoalmente. Eu não podia apenas ensiná-lo. Eu tinha que *fazer* isso.

Se a sua organização ou igreja está considerando fazer uma transição para os princípios de DMM, tente uma ou mais destas opções:

- Ouça os *podcasts* e leia as mensagens do blog em www.moredisciples.com.
- Participe de um grupo "experimental" com o material de treinamento Zúme em www.zumetraining.com[122]. (Tanto *Zume* como *MoreDisciples* são gratuitos.)
- Leia *Perseverança obstinada*[123], de James Nyman e Robby Butler.
- Leia *T4T: Uma re-revolução do discipulado*[124], de Steve Smith e Ying Kai.
- Leia *Movimentos miraculosos: Muçulmanos que amam Jesus* (Ed. Esperança, 2019), de Jerry Trousdale.
- Leia *O Reino liberado: Como pessoas comuns lançam movimentos de fazedores de discípulos ao redor do mundo*[125], de Jerry Trousdale e Glenn Sunshine.

Não hesite em entrar em contato com *Team Expansion* para mais atualizações em nossa jornada — www.teamexpansion.org.

---

[122] N.T.: Disponível em português

[123] N.T.: Tradução livre do título do livro Stubborn Perseverance, não disponível em português.

[124] N.T.: Tradução livre do título do livro T4T: A Discipleship Re-Revolution, não disponível em português.

[125] N.T.: Tradução livre do título do livro *The Kingdom Unleashed: How Ordinary People Launch Disciple-Making Movements Around the World*, não disponível em português.

42

Movendo uma organização de missão de rotina para lançamento de movimentos — Seguindo o chamado de Deus para fazer discípulos de todas as *Ethnē*

Por S. Kent Parks, Ph.D.[126]

N ossa organização (originalmente chamada *Mission to Unreached Peoples* / Missão aos Povos Não Alcançados), fundada em 1981, utilizava uma abordagem de missão típica de muitas naquela época. As atividades do ministério incluíam ajuda aos refugiados, treinamento em alfabetização, ensino em faculdades, ministério para quem estava na prostituição

---

[126]Kent Parks é um líder de missão e palestrante globalmente conectado, presidente e CEO da BEYOND (www.beyond.org). Ele lidera a BEYOND desde 2008. Ele e sua esposa Erika (diretora de treinamento da *Beyond*) serviram 20 anos como missionários no Sudeste Asiático, onde focaram em alcançar Povos Muçulmanos Não Alcançados (PNA) inteiros. Também atua como co-facilitador da Iniciativa Global *Ethne* PNA (www.ethne.net). Antes do serviço missionário, Kent serviu como pastor por sete anos e como professor de seminário, e é Ph.D. em estratégia de missão.

etc. O sucesso era definido pelo número de missionários enviados e não pelo que esses missionários produziam.

Em 2007, o Corpo Diretivo e os líderes de campo se sentiram direcionados a se tornarem mais estratégicos e a buscar alguém para liderar essa mudança. O principal processo de mudança levou 5 anos — e está em andamento. Em 2010, nossa agência aceitou formalmente o chamado de Deus para se tornar uma organização focada em capacitar pessoas (tanto na *BEYOND* como globalmente) para catalisar movimentos. Convidamos todos na organização a fazer parte de uma equipe catalisadora de movimentos, mas não exigimos que todos mudassem — e todo o pessoal novo se uniria sob o novo padrão. Após uma transição de 10 anos, todos na organização devem agora fazer parte de uma equipe de catalisadores de um movimento de plantação de igrejas (CPM). Nosso foco completo está em catalisar movimentos que resultem em um grande número de discípulos e igrejas que se reproduzam e na transformação de grupos e sociedades inteiras.

Mudança é difícil, não importa quão bem feita é e não importa o quanto todo o pessoal participe plenamente do processo de mudança. Para nós, a participação incluiu várias reuniões, nas quais foram apresentadas desigualdades globais, padrões bíblicos e informações de movimentos modernos. Em cada uma dessas reuniões, o pessoal de campo decidiu que o foco nos movimentos era o caminho a seguir. No entanto, muitos lutaram quando a implementação real de tal abordagem se tornou evidente. Muitos não estavam dispostos a deixar de lado abordagens boas, porém tradicionais, que não multiplicavam discípulos. Muitos não tinham previsto que mudanças seriam necessárias. Nos primeiros 7 a 8 anos, perdemos dois terços de nossos missionários — alguns por causas normais de atrito missionário, mas muitos por não aceitarem a nova abordagem, mesmo que ainda tivessem a opção de continuar em qualquer esforço missionário tradicional que escolhessem.

Surpreendentemente, mesmo com números reduzidos, nos tornamos exponencialmente mais eficazes. Em 6 anos de implementação (2013–18), Deus usou *BEYOND* para fazer parceria com muitas equipes locais no lançamento de mais de 57.000 novas igrejas e ver cerca de 500.000 novos discípulos batizados! Fizemos isso com um foco determinado em nossas novas metas, um compromisso inabalável para mudar qualquer coisa que nos impedisse de alcançar essas metas e um forte compromisso de mútua prestação de contas. Aqueles que permaneceram foram capacitados para fazer discípulos que se reproduzem, igrejas que se reproduzem e líderes que se reproduzem.

A mudança de missões de rotina para foco na multiplicação de discípulos, líderes, igrejas e movimentos requer grande determinação, trabalho árduo e disposição para pagar o preço. No entanto, a menos que ocorra uma mudança, o corpo global de Cristo continuará a não obedecer ao comando de Jesus de fazer discípulos entre todas *ethnē*.

Passos-chave em nosso processo incluíram:

Encarar a realidade. Líderes são responsáveis por ajudar suas organizações a enfrentarem a realidade. A difícil realidade que enfrentamos foi que os esforços missionários tradicionais estão perdendo terreno globalmente, apesar de várias décadas de ênfase em alcançar Povos Não Alcançados. No início dos anos 80, cerca de 1,1 bilhão de pessoas não tinha acesso a ouvir ou ver as boas-novas de Jesus em seu próprio ambiente. Em 2007, esse número havia crescido para cerca de 1,8 bilhão de pessoas.

Nosso Corpo Diretivo e líderes de campo ficaram chocados quando ouviram informações contundentes sobre a inadequação das abordagens tradicionais em missões. Ficaram chocados ao saber que apenas um minúsculo percentual de missionários globais e financiamento de missões estava focado em alcançar os mais de 30% do mundo que não tinha acesso ao evangelho. De fato, a grande maioria de financiamento e de pessoal para missões cristãs estava focada em grupos de pessoas "cristianizadas", que tinham percentuais significativos de crentes e muitos recursos cristãos. Dispusemo-nos a examinar que mudanças eram necessárias para enfrentar essas enormes desigualdades e a dedicar todo nosso foco para alcançar aqueles que nunca ouviram as boas-novas de Jesus.

Alinhar tudo em direção à visão final. Nossa visão final deve ser uma visão que realmente impacte as realidades globais. Mateus 24:14; 28:16-20; Apocalipse 5:9; 7:9 ilustram claramente a visão final de Jesus. Qualquer esforço missionário que não contribua substancialmente para fazer discípulos de todas as *ethnē* (não apenas algumas) deve ser descartado. Todos os esforços devem ser efetivos e alinhados para avançar em direção à visão final. Como disse um dos líderes da *Ethnē* (uma rede global focada em PNA), devemos reconhecer que os movimentos de plantação de igrejas entre os perdidos não são apenas mais uma estratégia. Em vez disso, devemos considerar como cada uma das várias especialidades de missão — tradução, etnoartes, juventude, esportes, negócios, oração etc. — pode contribuir para os movimentos entre os não alcançados.

Definir a estratégia da missão para alcançar a visão final. Dispusemo-nos a reexaminar nossa definição de missão à luz da dura injustiça das pessoas que nunca tiveram sua primeira oportunidade de ouvir falar de Jesus. A antiga definição era uma mistura variada de atividades definidas como missão. Como muitas organizações, esta agência havia medido principalmente a atividade (por exemplo, número de missionários enviados, tipos de ministérios iniciados, dinheiro doado etc.) em vez de resultados. Na verdade, alguns dos líderes achavam que não deveríamos tentar medir os resultados. Eles acreditavam: "Devemos apenas ser fiéis e deixar os resultados para Deus" — apesar do fato de que o livro de Atos muitas vezes descreve resultados mensurados.

Nosso Corpo Diretivo e líderes de campo estudaram o modelo de missão de Jesus (como visto especialmente em Lucas 8; 9; 10). Jesus ordenou a Seus seguidores que fizessem discípulos de todas as *ethnē*. Jesus prometeu que essa boa notícia do Reino seria anunciada em todo o mundo como um testemunho sacrificial para todas as *ethnē* e só então o fim viria. Jesus prometeu que construiria sua *ekklēsia* (igreja). Sua *ekklēsia* faria muitas coisas, incluindo alimentar os pobres, ajudar viúvas e órfãos, curar doentes em nome de Jesus e fazer discípulos que também se reproduzissem.

Nossa liderança coletiva percebeu que o modelo de Jesus era reprodutível, escalonável e multiplicável. Poderia superar o crescimento populacional. Poderia dar origem a dezenas de milhares de crentes em milhares de igrejas que atenderiam a milhões de necessidades. Nossa liderança concordou em mudar.

Concordar e se comprometer com uma nova visão e missão. À luz dessa decisão de focar nos resultados da visão final, o Corpo Diretivo e líderes de campo estavam agora prontos para definir nossa Visão e nossa Missão dadas por Deus. Nossa declaração de Visão tornou-se: "Ver alcançados todos os povos não alcançados" e "cumprido o mandamento de Jesus de fazer discípulos de todas as ethnē". A declaração de Missão para nós passou a ser catalisar "movimentos de plantação de igrejas para transformar povos não alcançados".

Acreditamos que Deus tem fornecido vários bons modelos de processos de movimento de fazedores de discípulos, dos quais todos resultaram em movimentos de plantação de igrejas. Nós, como organização, estamos comprometidos em utilizar esses vários modelos e mesclar os melhores aspectos de cada um. Nosso pessoal tem a liberdade de examinar e adaptar a partir dessas várias abordagens, incluindo T4T (Treinamento para Treinadores), movimentos de fazedores de discípulos (DMM — conhecido pelo processo do estudo bíblico de descoberta), Quatro Campos etc., mas não se limitando a eles.

Alinhar cada parte da organização à Visão e à Missão. As novas Visão e Missão exigiram grandes mudanças dentro da organização.

Antigos padrões, que haviam sido construídos para cumprir os antigos propósitos organizacionais, foram alterados, atualizados ou removidos. Algumas das principais mudanças necessárias, incluídas, foram:

1. O Corpo Diretivo deixou de ser um Conselho Gerencial (tomando muitas decisões do dia a dia) para ser um Conselho de Administração. Eles agora definem a direção e responsabilizam o Diretor Presidente (e a equipe de liderança global) para cumprir a nova Missão. Essa mudança permitiu que o Diretor Presidente, os outros líderes executivos e os líderes de campo se movessem mais rápida e efetivamente na realização de muitas outras mudanças.

2. Realinhamos estruturas e equipes de campo. Nossa Visão era de discipular todas as *ethnē* e seus subsegmentos. Então nos afastamos de estruturas de país para construir equipes do Bloco de Afinidade, que focavam em todas as famílias de povos de um Bloco de Afinidade, não importando em qual país vivessem. Com essa estrutura, a liderança de campo poderia focar mais na estratégia do que na gestão rotineira do pessoal de campo.

3. Nós nos comprometemos com o equilíbrio radical de ser uma organização "dirigida pela Visão" em vez de uma organização "orientada para o campo" ou "centralizada". Uma organização orientada para o campo (liderada principalmente por líderes de campo) pode perder de vista o quadro global e as grandes mudanças necessárias. Uma organização centralizada pode ser incapaz de se mover rapidamente e inovar efetivamente porque os principais tomadores de decisão estão muito longe do ponto de ação. Uma organização dirigida pela visão procura equilibrar as principais iniciativas requeridas

por uma estratégia global, com flexibilidade para inovar bem e rapidamente por meio das equipes mais próximas de cada situação.

Nosso compromisso com uma liderança compartilhada é forte. Procuramos medir tudo o que fazemos, se isso se alinha com a Visão e a Missão. Decisões diferentes são dadas ou compartilhadas por líderes diferentes. Todos prestam contas mutuamente pelas decisões pelas quais são responsáveis.

4. O pessoal de campo recebeu nova capacitação. Nossa equipe doméstica e as equipes de campo foram reorganizadas para se alinharem à nova Visão. Nossos líderes globais e nossos líderes de campo passaram então vários meses orando e reunindo-se para definir juntos nossos Valores Fundamentais (nossa cultura organizacional) para cumprir esse chamado. Depois disso, Deus deu à nossa organização uma nova identidade.

   Em outras palavras, Deus primeiro nos levou a permitir que Ele mudasse totalmente o conceito principal ou "motor" da organização. Então nos levou a um novo nome, que enfatizaria Seu novo chamado para nós. Através de vários versículos, incluindo Efésios 3:20, Deus prometeu fazer muito além de tudo o que pudéssemos pedir ou imaginar. Assim, surgiu a nova identidade da *BEYOND*.

5. Reconstruímos cada processo para que se alinhasse e servisse à Visão e à Missão. Os esforços de capacitação foram projetados para serem simples, profundos e imediatamente reprodutíveis para missionários adicionais e novos discípulos. Desenvolvemos um modelo proativo de saúde dos membros para substituir o modelo mais passivo de *cuidado* dos membros, que exigia especialistas para fornecer a maior parte do atendimento. Os esforços de saúde dos membros ficaram

focados em capacitar os obreiros para serem saudáveis e reproduzirem a saúde em si mesmos e em suas equipes.

Redesenhamos todos os processos de capacitação para serem baseados na obediência. A todos os novos missionários se exige que cumpram os requisitos da Fase 1[127]. A Fase 1 da capacitação envolve aprender a fazer discípulos que se reproduzem em seu ambiente doméstico antes de serem aceitos na organização. Na Fase 2, eles são orientados por um líder de campo ou equipe experiente em CPM enquanto aprendem a fazer discípulos que se reproduzem em um ambiente transcultural.

6. Todo o pessoal de campo da organização é parte de uma equipe de catalisadores de movimento. Essa ênfase incorpora muitos dons espirituais em um "grupo apostólico" de obreiros que, juntos, lançarão os movimentos de plantação de igrejas.

7. Também priorizamos ajudar qualquer equipe, igreja ou organização não *BEYOND* no mundo, que precise de ajuda para se tornar um catalisador de movimento. Esse compromisso com a colaboração global vem de nossa crença fundamental de que Deus chamou Seu Corpo para cumprir juntos a *Grande Comissão*. Assim, estamos comprometidos em compartilhar todos os recursos possíveis para ajudar o povo de Deus a cumprir esse chamado. O surgimento da Iniciativa Global 2414, da qual participamos com entusiasmo, acelerou nosso cronograma devido à urgência da meta dada por Deus para 2025.

---

[127]Para mais explicações sobre as fases da capacitação, veja *A Global Transformation of Missionary Training* (Uma transformação global do treinamento missionário) de Chris McBride, na edição de novembro-dezembro de 2018 da *Missão Fronteiras*.

Algo do que nossa organização aprendeu sobre um processo de mudança inclui:

1. Realizar o árduo trabalho de mudança pode trazer resultados exponenciais. De 2013 (quando a implementação começou) a 2018, mais de 57.000 igrejas foram lançadas, um número semelhante de líderes capacitados, e cerca de 500.000 novos discípulos batizados (que também estão fazendo novos discípulos) se juntaram ao Corpo de Cristo.

2. Mudança é difícil, não importa quão bem os processos sejam implementados. Embora tenham sido cometidos erros, grande parte do processo que seguimos foi muito sólido.

3. Deixar de lado padrões de missão e tradições é muito difícil, mesmo quando o modelo de Jesus é comprovadamente mais eficaz e é visível nos movimentos atuais. Ficamos surpresos que muitos missionários nem sequer consideraram esse paradigma que os tornaria mais eficazes.

4. Foi necessário fazermos as escolhas difíceis de trocar líderes (tanto líderes de campo como líderes do pessoal de base), antes cedo do que tarde, se esses líderes não quisessem ou não pudessem ajudar a liderar a mudança. Prolongar a mudança só aumenta as dificuldades para a equipe e para aquele líder.

5. Toda liderança-chave deve estar unida, totalmente focada e incansável nos esforços para alcançar o objetivo final, para que as mudanças avancem bem.

6. Lançar movimentos, especialmente entre Povos Não Alcançados, exigirá que todos na organização estejam dispostos a sofrer

por Jesus. Jesus, os apóstolos e a Igreja Primitiva sofreram para fazer avançar o Reino de Deus. Não devemos permitir que o movimento de avanço seja dificultado por medo, hesitação ou se contentar com o menor denominador comum.

7. Qualquer sofrimento vale a pena para ver grupos reprodutíveis de "pessoas obedientes" ("discípulos") aprenderem a amar e obedecer a Jesus e sua Palavra. Eles se tornam uma verdadeira *ekklesia*, que alimenta os pobres de seu bairro, liberta as mulheres da opressão sexual, ajuda as viúvas e ama seus inimigos. Eles se tornam a encarnação local do Reino de Cristo dentro de sua cultura. Eles se unem para fazer discípulos que se reproduzem e que ajudam a completar a *Grande Comissão*.

Por que mudar? Para obedecer mais completamente a Jesus. Para dar frutos, mais frutos e muitos frutos (veja João 15). Para ver vidas e sociedades inteiras transformadas.

Mudança é difícil. Mas vale a pena o esforço para ver movimentos para Cristo emergirem entre todos os povos e lugares. Juntamo-nos à Iniciativa Global 2414 para fazer tudo o que somos chamados a fazer para ver isso acontecer até 2025, se Deus quiser.

CONCLUSÃO

*Este evangelho do Reino será proclamado
em todo o mundo como testemunho a todos os povos,
e então virá o fim.* (Mateus 24:14 — Adaptado pelo editor)

CONCLUSÃO

43

Qual o custo de contemplar a beleza do Rei?[128]

Por Dra. Pam Arlund[129] e Dra. Mary Ho[130]

O evangelho do Reino sendo pregado sobre toda a Terra é a esperança e a súplica de todo crente e o ponto alto de Mateus 24. Na verdade, Mateus 24 responde a uma das perguntas críticas que o povo de Deus tem feito desde a fundação da Terra: Quanto custa ver o nome de Deus engrandecido entre as nações "desde o nascente do sol até ao poente"? (Ml 1:11 ARC). O que a geração que cumpre Mateus 24:14 terá que suportar em seu tempo?

---

[128] Editado de um artigo originalmente publicado na edição de janeiro-fevereiro de 2018 da *Missão Fronteiras*, www.missionfrontiers.org, pág. 42-53.

[129] Pam Arlund é a Líder Global de Treinamento e Pesquisa da *All Nations Family*. Pam trabalhou em um povo não alcançado da Ásia Central por muitos anos. Para servi-lo bem na formação de discípulos e na plantação de igrejas, ela também aprendeu a ser uma linguista e tradutora da Bíblia. Ela anseia ser uma guerreira adoradora com Jesus.

[130] Mary Ho é a Líder Executiva Internacional da *All Nations Family* (Família de Todas as Nações), que faz discípulos, treina líderes e catalisa movimentos de igrejas entre os povos negligenciados do mundo. Mary Ho nasceu em Taiwan e ouviu falar de Jesus pela primeira vez de missionários na Suazilândia, onde cresceu. A família de seu marido, John, tornou-se cristã por meio do ministério de Hudson Taylor. Portanto, John e Mary são apaixonados por continuar a fazer parte da ação de ver Jesus sendo adorado por todos os povos.

Na verdade, somos privilegiados por sermos a geração que pode dizer que não há literalmente nenhum fuso horário no qual Jesus não seja adorado. Entretanto, dentro de cada fuso horário, existem bolsões escuros onde Jesus não é conhecido e adorado. Não deveria ser assim.

Embora amemos Mateus 24:14, tendemos a evitar o restante do capítulo. Isso porque Jesus deixa claro que haverá muitas calamidades no mundo até quando Deus for finalmente glorificado entre todos os povos da Terra. Por exemplo:

- Guerra em escala global (vv.6-7)
- Fomes e terremotos (v.7)
- Perseguição e ser entregue à morte (v.9)
- Ódio por parte de todas as nações (v.9)
- Muitos renunciarão à sua fé (v.10)
- Falsos profetas (vv.11,22-6)
- Aumento da maldade (v.12)
- O amor da maioria esfriará (v.12)
- Iniquidade multiplicada (v.12)

Jesus deixa claro que essa vinda do Reino não é simples, fácil ou organizada. No entanto, nessa mesma passagem, Ele nos dá pelo menos cinco maneiras pelas quais os crentes devem ter verdadeira intrepidez para permanecerem firmes até o fim (v.13).

1. *Jesus nos diz para sermos ágeis e prontos para nos locomover.* Ele assinala que devemos ser capazes de fugir em um instante (v.16). Esse avanço do Reino nos pegará desprevenidos. Portanto, devemos estar prontos para oportunidades repentinas e mudar nossa vida, prioridades e planos rapidamente. A atual crise de refugiados é uma dessas oportunidades. Mais muçulmanos foram a Cristo neste século do que em todos os séculos anteriores do Islã. Aqueles que responderam à crise

dos refugiados viram muitos muçulmanos irem a Cristo. Mas muitos tiveram que parar o trabalho regular para responder a essa oportunidade nascida da agitação. Haverá outras oportunidades no futuro e temos que estar prontos para responder rapidamente ao movimento de Deus. Na verdade, parece que essas calamidades também podem criar oportunidades sem precedentes para o estabelecimento de Movimentos do Reino, mas somente se o povo de Deus for ágil e pronto para se locomover.

2. *Jesus nos diz que teremos que fugir, mas podemos pedir misericórdia a Ele em meio às nossas dificuldades* (v.20). Devemos ser pessoas de oração persistente. Esse não é o tipo de oração que leva alguns minutos. Nem será esse o tipo de oração em que imploramos a Deus para agir. Serão os filhos e filhas do Rei lutando militantemente ao lado de seu Pai Celestial (veja Efésios 6) contra inimigos que não são vistos, mas cujas ações são sentidas. Esse é o tipo de oração que é ao mesmo tempo difícil e cheia de alegria.

3. *Jesus nos diz para vigiar* (v.42). Isso significa estar ciente das estratégias que Deus está utilizando. Somos advertidos a estar cientes dos falsos profetas. Como podemos distinguir os falsos profetas dos verdadeiros profetas? Conhecendo o coração do Rei. Ele captura nosso coração, alma, mente e força. E, quando Ele faz isso, temos o poder de sermos ousados, corajosos, viver de maneira diferente, amar os que não são agradáveis, amar nossos inimigos e suportar as dificuldades. Esse amor de 1 Coríntios 13 é "...não uma aquiescência paciente e resignada, mas uma fortaleza ativa e positiva. É a perseverança do soldado que, no meio da batalha, não se desanima"[131].

---

[131]Leon Morris, *I Coríntios*. Leicester: Inter-Varsity Press, 1988, 182.

4. *Jesus nos diz para sermos servos bons e de confiança* (v.45), para dar aos que necessitam alimento. A passagem não parece ser literalmente sobre comida, mas uma analogia. Ao contrário das fomes naturais, onde respondemos com ajuda alimentar aos mais necessitados, muitas vezes enviamos obreiros que deveriam aliviar a fome espiritual para lugares onde há excesso de recursos espirituais. Essa analogia nos ajuda a entender por que priorizamos os povos negligenciados da Terra. Temos que ser honestos e implacáveis conosco mesmos para ver se nossos obreiros da *Grande Comissão* estão realmente trabalhando onde a necessidade espiritual é maior.

5. *Jesus nos diz para não nos apegarmos às coisas terrenas.* Ele ressalta que não devemos voltar atrás e pegar nossas coisas (vv.17-18). Viver dessa maneira é diferente de como nossos vizinhos vivem. Não vivemos para nossos próprios desejos carnais de entretenimento, riqueza e beleza (veja Romanos 8:5). Em vez disso, vivemos para a beleza do Rei. Isso significa gastar menos tempo com nossos próprios prazeres e, em vez disso, trabalhar mais para o bem-estar dos outros, doar nosso tempo e dinheiro e viver para uma glória invisível.

Viver para a beleza do Rei exigirá sacrifício — sacrifício extremo, sacrifício que dói. No entanto, com o sacrifício, diz Malaquias 1:11, que em todo lugar onde Seu nome é grande entre as nações, há o incenso aromático de nossas ofertas puras. Nenhum sacrifício é grande demais se torna o Seu Nome maior entre as nações.

A promessa de Jesus em Mateus 24:14 será cumprida. O evangelho do Reino SERÁ proclamado em todo o mundo como testemunho a todos os povos. Estamos dispostos a fazer os sacrifícios necessários para ver essa visão cumprida em nossa geração?

EPÍLOGO

O que Deus está chamando *você* a fazer?

Por Dave Coles[132]

Há cerca de 2.000 anos, Jesus deu a Seus seguidores essa maravilhosa promessa:

E este evangelho do Reino será pregado em todo o mundo como testemunho a todas as nações, e então virá o fim. (Mateus 24:14)

Seu discípulo Pedro queria ter certeza de que o povo de Deus não perderia o pressuposto de que a grande promessa de Jesus implicava em **passos de ação** para cada um de Seus seguidores:

*Visto que tudo será assim desfeito, que tipo de pessoas é necessário que vocês sejam? Vivam de maneira santa e piedosa, esperando o dia de Deus e **apressando a sua vinda**...*
(2 Pedro 3:11-12 – Grifo do autor do artigo)

---

[132]Dave Coles é um motivador e um provedor de recursos do movimento de plantação de igrejas entre grupos não alcançados, servindo com *Beyond* (http://beyond.org/). Após 10 anos de ministério pastoral nos EUA, serviu no Sudeste Asiático por 24 anos.

Em nossa geração, Deus derramou Seu Espírito para trazer grandes passos em direção ao cumprimento da promessa de Jesus. Discípulos de todo o mundo captaram a visão e tomaram medidas radicais para fazer mais discípulos, que fazem mais discípulos. Neste livro, você viu apenas alguns exemplos do maravilhoso trabalho que Deus está fazendo em nossos dias.

A questão agora é: "O que *você* vai fazer para ocupar seu lugar de direito no cumprimento da grande promessa de Jesus? Em que ação prática o Espírito de Deus gostaria de levar *você*, para ajudar a acelerar o dia do retorno de Jesus?".

Convidamos você, na verdade o *desafiamos*: não se limite a fechar este livro e se sentir abençoado pelos relatos de que o Reino de Deus está avançando de maneiras maravilhosas. Tome algum tempo para perguntar: "Senhor, qual é o *meu* melhor papel para fazer discípulos de todas as nações? O que queres fazer em *minhas* esferas de influência para aumentar a geração de discípulos? Como posso investir *meus* dons, *meu* tempo e *meus* recursos para desempenhar um papel urgente em levar o evangelho do Reino a todos os povos e lugares não alcançados através dos movimentos de plantação de igrejas?".

Depois de perguntar, dedique tempo para *ouvir*. Deus está muito disposto a responder e orientar quando Seus filhos fazem perguntas como essas. Finalmente, compartilhe com outras pessoas como você sente que Deus o conduz. Encoraje essas pessoas a se unirem a você nesse esforço. Não deixe a inspiração ser como um olhar fugaz em um espelho. Que esse seja um grande passo de obediência para orientar cada vez mais sua vida e ministério em torno do alcance de todos os povos para a glória de Deus.

APÊNDICES

Este evangelho do Reino será proclamado em todo o mundo como testemunho a todos os povos, e então virá o fim. (Mateus 24:14 — Adaptado pelo editor)

APÊNDICE A

Definições de termos-chave[*]

O **resultado e o processo:** Quando os modernos "Movimentos do Reino" começaram a surgir nos anos 90, o termo "movimentos de plantação de igrejas" (CPM) foi usado para descrever os **resultados** visíveis. Jesus prometeu edificar Sua Igreja, e estes CPMs o mostram fazendo isso de maneiras maravilhosas. Ele também atribuiu a Seus seguidores um papel específico para esse resultado: Fazer discípulos de todas as *ethnē*. Nosso trabalho é implementar os **processos** para fazer discípulos, por meio dos quais Jesus edifica a Sua Igreja. Esses processos, se bem-feitos, podem **resultar** em movimentos de plantação de igrejas.

A 24:14 não está focada em apenas um conjunto de táticas. Reconhecemos que várias pessoas podem preferir uma ou outra abordagem ou uma combinação delas. Continuaremos a aprender e a usar vários métodos — desde que eles utilizem as estratégias bíblicas comprovadas que resultam na reprodução de discípulos, líderes e igrejas.

---

[*]Para mais informações sobre muitos destes, bem como sobre outros recursos, veja www.2414now.net/resources.

Quando os CPMs surgiram, as melhores práticas de estratégias e táticas para fazer discípulos que se reproduzem começaram a ser identificadas e passadas adiante. Deus tem mostrado a Sua criatividade, usando vários conjuntos de "**táticas**" ou **processos** de fazer discípulos para resultar em CPM. Esses incluem: Movimentos de fazedores de discípulos (DMM), Quatro Campos, e Treinamento de Treinadores (T4T), bem como uma variedade de abordagens muito frutíferas, desenvolvidas por nativos. Um exame mais atento dessas abordagens indica que: 1) os princípios ou estratégias de CPM são *em sua maioria* os mesmos; 2) todas essas abordagens estão dando frutos ao reproduzir discípulos e igrejas; e 3) todas influenciam reciprocamente os outros conjuntos de táticas.

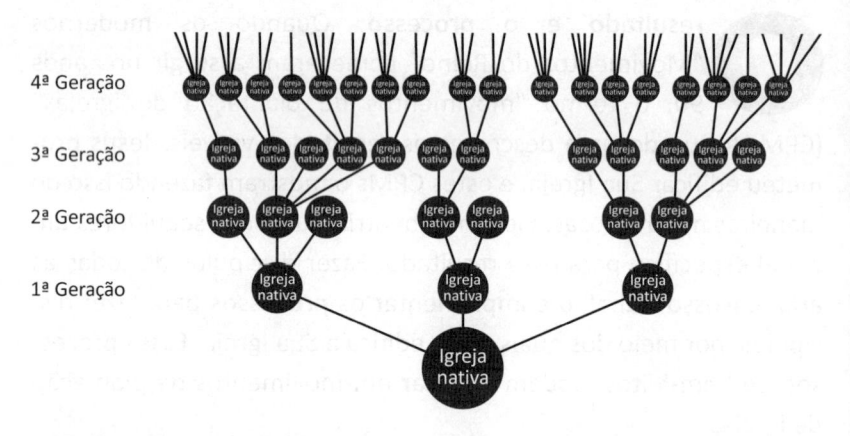

- 4ª Geração
- 3ª Geração
- 2ª Geração
- 1ª Geração

Definições-chave:

CPM — Movimento de plantação de igrejas (resultado). Uma multiplicação de discípulos fazendo discípulos e de líderes desenvolvendo líderes, resultando em igrejas nativas (em geral igrejas domésticas) plantando mais igrejas. Esses novos discípulos e igrejas começam a se expandir rapidamente por meio de um grupo de pessoas ou segmento populacional, atendendo às necessidades espirituais e físicas do povo. Começam a transformar suas comunidades à medida que o novo Corpo de Cristo vive os valores do

Reino. Quando ocorre uma reprodução consistente e por múltiplas linhagens da 4ª Geração de igrejas, a plantação de igrejas cruzou um limiar para se tornar um movimento sustentável.

DMM — Movimento de fazedores de discípulos (um processo em direção ao CPM). Está focado em discípulos engajados com os perdidos para encontrarem "Pessoas de Paz", que reunirão sua família ou círculo de influência para iniciar um Grupo de Descoberta. Esse é um processo indutivo de estudo bíblico em grupo desde a Criação até Cristo, aprendendo diretamente de Deus por meio de Sua Palavra. A jornada em direção a Cristo geralmente leva vários meses. Durante esse processo, os buscadores são encorajados a obedecer ao que aprendem e a compartilhar as histórias bíblicas com outros. Quando possível, eles iniciam novos Grupos de Descoberta com sua família ou amigos. Ao final desse processo de estudo inicial, novos crentes são batizados. Eles, então, iniciam uma fase do estudo bíblico de descoberta, de vários meses, durante a qual são organizados em igreja. Esse processo discipula o Grupo de Descoberta para um compromisso com Cristo, levando a novas igrejas e novos líderes que, então, reproduzem o processo.

Quatro Campos (um processo em direção a um CPM). Quatro Campos do Crescimento do Reino é uma estrutura para visualizar as cinco coisas que Jesus e Seus líderes fizeram para fazer crescer o Reino de Deus: entrada, evangelho, discipulado, formação da igreja e liderança. Isso pode ser observado a partir de Marcos 1. Adota o modelo da parábola do semeador que entra em novos campos, lança sementes, observa-as crescer mesmo não sabendo como e, quando é o tempo certo, corta e ajunta a colheita (veja Marcos 4:26-29). O agricultor trabalha com o lembrete de que é Deus quem dá o crescimento (veja 1 Coríntios 3:6-9). Quatro Campos é normalmente um treino sequencial, mas, na prática, as cinco partes ocorrem simultaneamente.

T4T — Treinamento para Treinadores (um processo em direção a um CPM). Processo de mobilização e treinamento de todos os crentes para evangelizar os perdidos (especialmente em seus *oikos* ou círculos de influência), discipular os novos crentes, iniciar pequenos grupos ou igrejas, desenvolver líderes e *treinar esses novos discípulos* para fazer o mesmo com seus *oikos*. Discipulado é definido tanto como obedecer à Palavra, como ensinar outros (portanto, treinadores). O objetivo é ajudar cada geração de crentes a treinar treinadores, que podem treinar treinadores, que podem treinar treinadores. Ele capacita os treinadores usando um processo de discipulado de três terços a cada semana: 1) olhar para trás para avaliar e celebrar a obediência a Deus, 2) olhar para cima para receber de Sua Palavra e 3) olhar para frente, estabelecendo metas acompanhadas de oração e praticando como transmitir essas coisas aos outros. (Esse processo de três terços também está sendo usado em outras abordagens.)

1ª Geração de igrejas	As primeiras igrejas que começaram no grupo focal/comunidade.
2ª Geração de igrejas	Igrejas iniciadas a partir da 1ª Geração de igrejas. (Observe que não se trata de gerações biológicas ou relacionadas à idade.)
3ª Geração de igrejas	Igrejas iniciadas da 2ª Geração de igrejas.
Bivocacional	Alguém que está no ministério enquanto mantém um emprego em tempo integral.
Círculo da igreja	Um diagrama para uma igreja, que usa símbolos básicos ou letras, baseados em Atos 2:36-47, para definir quais elementos da igreja estão sendo praticados e quais precisam ser incorporados.

Definições	
Estudo bíblico de descoberta é o Processo & o Grupo de Descoberta (GD) são as pessoas	Um processo simples e transferível de aprendizagem indutiva em grupo de estudo bíblico, que leva à obediência amorosa e à reprodução espiritual. Deus é o professor e a Bíblia é a única autoridade. Um estudo bíblico de descoberta pode ser feito por pré-crentes (para movê-los em direção à fé salvífica) ou por crentes (para amadurecer sua fé). Um estudo bíblico de descoberta para pré-crentes começa com a busca de uma "Pessoa de Paz" (veja Lucas 10:6), que reúne sua rede relacional ampliada. Um grupo de descoberta é facilitado (não ensinado) usando alguma adaptação de sete perguntas: 1. Pelo que você é grato(a)? 2. Com o que você está lutando/pelo que está estressado? Depois de ler a nova história: 3. O que isso nos ensina sobre Deus? 4. O que isso nos ensina a respeito de nós mesmos/das pessoas? 5. O que Deus está dizendo a você para aplicar/obedecer? 6. Existe alguma maneira de aplicarmos isso como grupo? 7. A quem você vai contar?
Visão final	Uma declaração sintética que é inspiradora, clara, fácil de memorizar e concisa, descrevendo uma clara mudança desejada a longo prazo, resultante do trabalho de uma organização ou equipe.
Cinco dons	Conforme Efésios 4:11 — Apóstolo, Profeta, Evangelista, Pastor, Mestre. Os APE tendem a ser mais pioneiros, concentrando-se na expansão do Reino entre os novos crentes. Os PM tendem a ser mais focados em profundidade e saúde dos discípulos e igrejas, focando as mesmas pessoas por períodos mais longos.
Mapa de gerações	Múltiplos círculos de igrejas ligadas em suas gerações, em linhagens para ajudar a determinar a saúde de cada igreja e a profundidade do crescimento da geração em cada corrente.

Cristão da *Grande Comissão*	Um cristão comprometido em ver cumprida a *Grande Comissão*.
Obreiro da *Grande Comissão*	Uma pessoa comprometida em investir o melhor do seu tempo e esforço para cumprir a *Grande Comissão*.
Hub (Centro de Treinamento de CPM):	Uma localização física ou rede de obreiros em uma área, que treina e orienta obreiros da *Grande Comissão* na implementação das práticas e princípios do CPM. O hub também pode envolver outros aspectos do treinamento missionário.
Fases do treinamento de CPM (para catalisação transcultural)	• Fase 1: *Capacitação* — Um processo (em geral no Hub de CPM) na cultura originária de uma equipe (ou indivíduo). Aqui eles aprendem a viver as práticas de CPM entre pelo menos um grupo populacional (majoritário ou minoritário) em seu contexto. • Fase 2: *Capacitação* — Um processo transcultural em um PNA onde uma equipe CPM frutífera pode orientar novos obreiros por um ano ou mais. Lá os novos obreiros podem ver os princípios do CPM em ação num grupo semelhante ao PNA em seus corações. Eles também podem ser mentoreados por meio de orientação geral (cultura, governo, igreja nacional, uso de dinheiro etc.), aprendizagem de línguas e estabelecimento de hábitos saudáveis na vida e no trabalho transculturais. • Fase 3: *Orientação* — Após a Fase 2, um indivíduo/equipe recebe orientação, enquanto procura lançar um CPM/DMM num segmento populacional não atendido. • Fase 4: *Multiplicação* — assim que um CPM emerge em um segmento populacional, em vez de seguir com catalisador(es) externo(s), eles ajudam a expandir o movimento para outros grupos não alcançados tanto próximos como distantes. Nessa fase, movimentos estão multiplicando movimentos.

FAF (Ferro Afiando Ferro)	Uma sessão de prestação de contas de compromissos assumidos: reunião com líderes, relato do que está acontecendo, discussão de obstáculos e solução de problemas em conjunto.
Igrejas herdadas	Uma igreja tradicional que se reúne em um edifício.
Mundo majoritário	Continentes ou porções continentais do mundo, onde a maioria da população mundial vive: Ásia, África e América do Sul.
MAOS	Modelar, Auxiliar, Observar, Sair. Um modelo para o desenvolvimento de liderança.
Catalisador de movimento	Uma pessoa usada por Deus (ou pelo menos visando isso) para catalisar um CPM/DMM.
Oikos	A palavra grega é mais bem traduzida como "casa". Como as casas no contexto do Novo Testamento normalmente eram muito mais que apenas uma família nuclear, o termo pode ser aplicado como "família estendida" ou "círculo de influência". As Escrituras mostram que a maioria das pessoas chega à fé em grupos (*oikos*). Quando esses grupos reagem e são discipulados juntos, tornam-se uma *igreja* (como vemos, por exemplo, em Atos 16:15; 1 Coríntios 16:19 e Colossenses 4:15). Essa abordagem bíblica também faz sentido numérica e sociologicamente.
Mapa *oikos*	Diagrama de um plano para alcançar a família, amigos, colegas de trabalho, vizinhos com as boas-novas.
Aprendiz oral	Alguém que aprende por meio de histórias e oralidade; pode ter pouca ou nenhuma alfabetização.
"Pessoa de Paz" (POP para a sigla em inglês) /Casa de Paz (CDP)	Lucas 10 descreve uma "Pessoa de Paz". É a pessoa que recebe o mensageiro e a mensagem e abre a família/grupo /comunidade para a mensagem.

Equipes Regionais de Facilitação 24:14	Equipes de líderes orientados para CPM, que servem em regiões específicas do mundo, comprometidos em implementar a visão 24:14 em sua região. Essas regiões seguem basicamente o geoesquema das Nações Unidas. Entretanto, como a 24:14 é um esforço das bases, as equipes regionais estão formando-se organicamente e não refletem com perfeição o geoesquema das Nações Unidas[133].
Corrente	Uma cadeia multigeracional e conectada de igrejas plantadas.
Sustentabilidade	A capacidade de resistir. Metodologias sustentáveis permitem que uma igreja ou comunidade continue uma atividade por anos sem mais assistência exterior.
PNA Não Engajado (PNAE)	Um subconjunto de PNA globais; um PNA ainda não engajado por uma equipe de plantação de igrejas.
Povo Não Alcançado (PNA)	Um grupo distinto de tamanho considerável, que não tem uma igreja local nativa que possa levar o evangelho a todo o grupo sem a ajuda de missionários transculturais. Esse grupo pode ser definido de várias maneiras, incluindo, mas não se limitando a, uma comunidade etnolinguística ou sociolinguística.

[133] https://pt.wikipedia.org/wiki/Geoesquema_das_Na%C3%A7%C3%B5es_Unidas

APÊNDICE B

Perguntas frequentes sobre 24:14 — Esclarecendo alguns equívocos[134]

Por Tim Martin[135] e Stan Parks

1. **A 24:14? Quem somos nós?**
   Somos uma coalizão de indivíduos, profissionais e organizações com ideias semelhantes, que se comprometeram com esta visão: ver movimentos em todos os povos e lugares não alcançados. Nosso objetivo inicial é ver envolvimento efetivo em movimentos do Reino em todos os povos e lugares não alcançados até 31 de dezembro de 2025. Fazemos isso com base em quatro valores:

---

[134] Editado de um artigo originalmente publicado na edição de janeiro-fevereiro de 2019 da *Missão Fronteiras*, www.missionfrontiers.org, pág. 38-40.

[135] Após uma carreira em petróleo e gás internacional, onde atuou como vice-presidente de Exploração e Desenvolvimento Internacional, em 2006 Tim se tornou o primeiro pastor de missões na *WoodsEdge Community Church* em Spring, Texas. Seu papel tornou-se mais focado em 2018, quando se tornou o "pastor dos movimentos de fazedores de discípulos". Tim é aprendiz e instrutor de movimentos bíblicos há vários anos e tem uma paixão de ver Mateus 24:14 cumprido.

a. **Alcançar o não alcançado**, alinhados com Mateus 24:14 — levando o evangelho do Reino para cada povo e lugar não alcançado.
b. Realizar isso **por meio de movimentos de plantação de igrejas**, envolvendo discípulos, igrejas, líderes e movimentos que se multiplicam.
c. Ter um senso de **urgência** de tempo de guerra para engajar cada povo e lugar não alcançado com uma estratégia de movimento até o final de 2025.
d. Fazer essas coisas **em colaboração** com outros.

2. **Por que usamos o nome 24:14?**
Mateus 24:14 é a pedra angular dessa iniciativa. Jesus prometeu: "E este evangelho do Reino será pregado em todo o mundo como testemunho a todas as nações [*ethnē*], e então virá o fim". Nosso foco é ter o evangelho indo a todos os povos da Terra. Almejamos estar na geração que termina o que Jesus começou e pelo que outros obreiros fiéis antes de nós deram suas vidas. Sabemos que Jesus espera para voltar até que cada grupo de pessoas tenha uma oportunidade de responder ao evangelho e se tornar parte de Sua Noiva.

3. **Vocês estão estabelecendo 2025 como o ano em que todas as nações serão alcançadas?**
Não. Nosso objetivo é **engajar** cada povo e lugar não alcançado com uma estratégia efetiva de movimento do Reino até 31 de dezembro de 2025. Isso significa que uma equipe (local ou de fora ou mista) capacitada em estratégia de movimento estará presente em cada povo e lugar não alcançado. Não fazemos afirmações sobre quando a tarefa da *Grande Comissão* será *concluída*. Isso é responsabilidade de Deus. Ele determina a fecundidade dos movimentos.

4. **Por que vocês sentem tanta urgência para avançar com isso?**
   Dois mil anos se passaram desde que Jesus enunciou a *Grande Comissão*. O apóstolo em 2 Pedro 3:12 nos diz para apressar o dia de Sua volta. O Salmo 90:12 nos diz para contar os nossos dias. Um grupo de fundadores da 24:14 esperou no Senhor e perguntou se devíamos ou não fixar um prazo. Sentimos que Ele nos dizia que, ao estabelecer uma data limite urgente, poderíamos fazer um uso mais sábio de nosso tempo e assumir os sacrifícios necessários para cumprir a visão.

5. **Vocês estão tentando fazer com que todas as organizações missionárias se alinhem em torno da estratégia de vocês?**
   Não. Reconhecemos que Deus chamou muitas igrejas, organizações missionárias e redes para ministérios especializados. A *Coalizão 24:14* é composta de pessoas e organizações focadas em catalisar movimentos. Algumas já fizeram ou estão fazendo isso; outras estão trabalhando em direção a esse fim. Várias organizações e participantes têm métodos e ferramentas próprios, mas todos compartilhamos muitas dessas mesmas particularidades de CPM. São estratégias que se baseiam em aplicar padrões em contextos modernos que têm a mesma maneira de fazer discípulos e formar igrejas que vemos nos evangelhos e no livro de Atos.

6. **Houve outras tentativas para fazer com que as pessoas colaborassem para concluir a *Grande Comissão*. Qual é o diferencial da 24:14?**
   A 24:14 baseia-se nessas outras boas iniciativas. Algumas das anteriores ajudaram a igreja global a alcançar certos marcos (por exemplo, adoção de grupos de povos). A 24:14 é sobre terminar o que outros começaram, catalisando movimentos. Esses movimentos podem alcançar povos e lugares inteiros,

de forma sustentável. A *Coalizão 24:14* atua em parceria com outras redes, como *Ethne, Finishing the Task, Aliança Global para Multiplicação de Plantação de Igrejas* e *Rede Global de Plantação de Igrejas*. A 24:14 é diferenciada por ser liderada por líderes de movimentos de plantação de igrejas. E a experiência em movimentos (particularmente entre os não alcançados) aumentou substancialmente nos recentes anos. Isso resultou em "boas práticas" muito aprimoradas.

7. **O que é um "movimento de plantação de igrejas"?**

    Um movimento de plantação de igrejas (CPM) é definido como a multiplicação de discípulos fazendo discípulos e de líderes desenvolvendo líderes. Isso resulta em igrejas nativas plantando igrejas. Essas igrejas começam a se espalhar rapidamente ao longo de um povo ou segmento populacional. Esses novos discípulos e igrejas começam a transformar suas comunidades à medida que o novo Corpo de Cristo vivencia os valores do Reino.

8. **Qual é sua definição de igreja?**

    Atos 2:36-47.

    Há uma variedade de definições em todo o mundo. No entanto, a maioria desses movimentos concordaria com os elementos essenciais de uma definição de igreja. Esses são encontrados na descrição da primeira igreja em Atos 2. Na verdade, muitos movimentos levam um grupo de discípulos recém-batizados a estudar Atos 2. Em seguida, eles começam a orar e a trabalhar em como podem se tornar esse tipo de igreja. Nós os encorajamos a fazer esse exercício com sua própria igreja.

    Essas igrejas passam a estudar e a aplicar muitos outros aspectos de ser igreja do Novo Testamento. Nós encorajamos você a ter uma definição de igreja que não seja nem mais e nem menos do que o Novo Testamento nos mostra.

9. **Há CPM na Bíblia?**
"Movimento de plantação de igrejas" é um termo moderno para descrever algo que tem ocorrido ao longo da história da Igreja.

Movimentos de plantação de igrejas têm existido desde o primeiro século da Era Cristã. Você apenas tem que ler nas entrelinhas para ver movimentos de plantação de igrejas como a história de fundo para a ascensão do cristianismo de Cristo até Constantino. No livro de Atos, Lucas relata que "todos os judeus e os gregos que viviam na província da Ásia ouviram a palavra do Senhor" (At 19:10). Paulo saudou os tessalonicenses através dos quais "propagou-se a mensagem do Senhor" (1Ts 1:8) e perto do fim de sua vida, esse apóstolo declarou: "...não havendo nestas regiões nenhum lugar em que precise trabalhar..." (Rm 15:23), por causa de seu desejo de "pregar o evangelho onde Cristo ainda não era conhecido..." (Rm 15:20)[136].

10. **O CPM é uma abordagem contra as igrejas tradicionais?**
Deus está usando muitos tipos de igrejas para cumprir Seus propósitos no mundo. Todos somos partes do Corpo de Cristo e precisamos honrar uns aos outros. Ao mesmo tempo, a história da Igreja e as realidades globais atuais deixam isto muito claro: a *Grande Comissão* não pode ser concluída usando apenas modelos tradicionais de igreja. A quantidade de recursos necessários para uma igreja

---

[136]Esse parágrafo foi extraído e editado de *10 Church Planting Movement FAQs* ("Dez perguntas frequentes sobre movimento de plantação de igrejas") (http://www.missionfrontiers.org/issue/article/10-church-planting-movement-faqs) de David Garrison, na edição de março-abril de 2011 da *Missão Fronteiras*.

tradicional de estilo ocidental não permite que o crescimento do Reino exceda o crescimento populacional. Além disso, os padrões culturais do mundo ocidental muitas vezes são um meio inadequado para levar o evangelho aos não-ocidentais. E a maioria dos povos não alcançados do mundo são não-ocidentais. O principal encorajamento para os CPMs é alcançar aqueles que não são alcançados e que provavelmente não serão alcançados pelos padrões tradicionais da igreja. Padrões bíblicos simples e facilmente reprodutíveis oferecem a melhor esperança para levar o evangelho a todos os povos. Deus está usando padrões como esses para levar CPMs entre os não alcançados. Portanto, para qualquer pessoa seriamente interessada em alcançar os não alcançados em números significativos, recomendamos fortemente padrões de ministério com o objetivo de catalisar um CPM.

11. **A rápida multiplicação não aumenta a possibilidade de heresia?**

Na verdade, a heresia parece ser *menos* frequente em movimentos do que em igrejas tradicionais. Isso é por causa da natureza muito interativa do discipulado. O inimigo semeia sementes de heresia entre grupos de crentes, quer sejam parte de movimentos ou de igrejas tradicionais. A questão não é se o inimigo irá semear tais problemas. A questão é se estamos preparando discípulos e igrejas para se guardarem contra falsas doutrinas e para tratá-las quando surgirem. Até a igreja do Novo Testamento enfrentou esses desafios. Preparar os crentes para confiar nas Escrituras como sua autoridade e estudá-las juntos como corpo ajuda a proteger contra falsos mestres criativos e eloquentes. Um exemplo é que em Atos 17:11 os bereanos parecem ter recebido e examinado as Escrituras juntos.

A heresia geralmente vem de líderes e/ou instituições influentes, dinâmicos e persuasivos. Evitamos e lidamos com a heresia voltando à Palavra de Deus e nos autocorrigindo de acordo com a Palavra de Deus. As estratégias que os movimentos usam para fazer discípulos são muito baseados na Bíblia. Trazem perguntas de volta à Palavra de Deus, para que a Palavra de Deus seja a fonte de respostas, não uma autoridade humana.

Um foco no discipulado baseado na *obediência* em vez do discipulado baseado no conhecimento também protege contra heresia. Os discípulos não apenas adquirem conhecimento. A medida de seu discipulado é a *obediência* a esse conhecimento.

12. **O rápido crescimento de um movimento leva a um discipulado pouco profundo?**

O discipulado superficial tende a ocorrer quando novos crentes aprendem que:

- A principal coisa que se espera deles é que participem das reuniões da igreja uma ou duas vezes por semana.
- A obediência às Escrituras é encorajada, mas não exigida.
- Eles receberão os ensinamentos mais importantes de Deus a partir de um líder da igreja.

Infelizmente, essas estão entre as mensagens que muitos crentes ao redor do mundo recebem. A melhor maneira de nutrir o verdadeiro discipulado é treinar novos crentes para:

- Interagir com a Palavra de Deus (a Bíblia) por si mesmos e descobrir (junto com outros crentes) o que ela diz e como se aplica à sua vida.

- Obedecer ao que eles acreditam que Deus está dizendo a eles para fazer através de Sua Palavra.
- Compartilhar a "situação real" de sua vida com outros seguidores de Jesus, orar e encorajar uns aos outros e aplicar o "uns aos outros" do Novo Testamento.
- Compartilhar a realidade da vida em Cristo com aqueles que ainda não o conhecem.

Esses padrões do discipulado genuíno são o coração dos movimentos de plantação de igrejas.

13. **Movimentos não são apenas um modismo?**

Movimentos têm existido ao longo da história. Observe o livro de Atos, o movimento céltico liderado por São Patrício, o movimento morávio, o movimento wesleyano, o avivamento de Gales etc. Uma nova onda de movimentos começou em 1994. Essa onda está aumentando exponencialmente até hoje, com mais de 700 movimentos identificados.

Como na Igreja Primitiva, esses movimentos são confusos. Estão cheios de seres humanos, de fraquezas humanas e da força de Deus apesar de tais fraquezas. Se você tiver outras perguntas ou outras respostas, ficaremos felizes em dialogar. Você pode entrar em contato conosco por meio do nosso site em www.2414now.net.

APÊNDICE C

Fases do *continuum* de CPM

0. **Equipe de CPM no contexto, mas ainda sem plano ou esforços de CPM com propósito**

1. **Movendo propositalmente** — Tentando consistentemente estabelecer a 1ª Geração (G1) de **NOVOS** crentes & igrejas
   1.1 *Atividade com estratégia proposital de CPM* (entrada — procurar "Pessoa de Paz"/casas de paz — e evangelismo), *mas ainda sem resultados*
   1.2 Tem alguns *novos* crentes
   1.3 Tem alguns *novos* crentes e novos grupos G1
   1.4 Tem *novos* crentes G1 consistentes
   1.5 Tem *novos* crentes e novos grupos G1 consistentes
   1.6 Uma ou mais igreja(s) *nova(s)* de primeira geração
   1.7 Várias *novas* igrejas G1
   1.8 Igrejas G1 estão iniciando *novos* grupos
   1.9 Próximo de igrejas G2 (1+ igreja G2)

2. **Com Foco** — Algumas igrejas G2 (ou seja, novos crentes/igrejas iniciaram outra geração)

3. **Avanço** — Consistentes igrejas G2 e algumas G3

4. **CPM Emergente** — Consistentes igrejas G3 e algumas igrejas G4

5. **CPM** — consistentes igrejas G4** em múltiplas linhagens

6. **CPM Sustentável** — Liderança visionária e nativa liderando o movimento com pouca ou nenhuma necessidade de pessoas de fora. Resistiu ao teste do tempo com pelo menos várias centenas de igrejas. (A maioria dos CPMs do estágio 6 tem 1.000 ou mais igrejas)

7. **Multiplicando CPM** — O movimento de plantação de igrejas inicial está agora catalisando outros CPMs em outros grupos de pessoas ou cidades.

Todas as gerações contadas são NOVOS crentes e novos grupos/igrejas e não crentes e igrejas EXISTENTES. Crentes/igrejas existentes são rotulados como **Geração 0, indicando que são a geração de base da qual estamos sendo lançados.

APÊNDICE D

Dinâmica das gerações e desafios

Por Steve Smith e Stan Parks

Movimentos são confusos e podem nem sempre se desenvolver tão ordenada e sequencialmente como apresentados aqui. No entanto, à medida que estudamos centenas de movimentos ao redor do mundo, vemos que os movimentos geralmente crescem por sete fases distintas. Cada fase representa um novo avanço, mas também traz novos desafios. Segue uma visão breve e geral dessas fases e desafios. Como o CPM muitas vezes funciona contra nossas tradições, é difícil permanecer no caminho certo. Os esforços de CPM precisam ser intencionalmente grandes em cada fase.

Primeiramente, dois esclarecimentos: quando falamos de gerações (Geração 1, Geração 2, Geração 3 etc.) dentro de um movimento, queremos dizer novos grupos/igrejas de NOVOS crentes. Não contamos os crentes, a equipe ou igrejas originais, que, no início, trabalharam para começar novos grupos. Consideramos os crentes/igrejas que iniciam o trabalho como Geração 0, indicando que são a geração base.

Ainda, nossa definição de trabalho para uma igreja vem de Atos 2:37-47. Uma igreja nasce quando várias pessoas em um grupo se comprometem com Jesus como Senhor e são batizadas. Elas então começam a viver juntas seu amor e obediência a Jesus. Muitas dessas igrejas usam Atos 2 como um padrão dos principais elementos de sua vida em conjunto. Esses incluem arrependimento, batismo, o Espírito Santo, a Palavra de Deus, comunhão, Ceia do Senhor, oração, sinais e maravilhas, dar, reunir-se, dar graças e louvar.

Fase 1: Dinâmicas-chave para iniciar um esforço de CPM

- Uma equipe de CPM está presente, idealmente trabalhando junto com outras pessoas.
- Os esforços iniciais de CPM geralmente são empreendidos por discípulos externos, às vezes chamados de "parceiros". Esses discípulos de fora da cultura trabalham ao lado de pessoas de dentro da cultura ou vizinhos próximos da cultura.
- Movimentos exigem compartilhar uma visão do tamanho de Deus, então os participantes se concentram em ouvir a visão de Deus para esse grupo.
- Movimentos exigem processos efetivos e, portanto, os parceiros focam em estabelecer um fundamento para eles.
- Catalisadores iniciais focam em oração e jejum extraordinários — pessoalmente e com os colaboradores.
- Também é importante *mobilizar* oração e jejum extraordinários (continua em todas as fases).
- Uma atividade de grande valor é lançar visão e buscar parceiros locais ou de cultura próxima com quem trabalhar em conjunto.
- Desenvolver/testar estratégias de acesso é necessário para conseguir oportunidades de se envolver com pessoas perdidas.
- Esse acesso deve levar à busca, semeadura ampla e filtragem por Casas (ou redes) de Paz (via "Pessoa de Paz").

- Nessa fase, as primeiras Casas de Paz são encontradas.

Desafios para os esforços iniciais de CPM

- Tentar transformar pessoas acolhedoras em "Pessoas de Paz"[137] (Um verdadeiro POP[138] tem fome).
- Confundir um indivíduo interessado com uma "Pessoa de Paz" (Um verdadeiro POP pode abrir sua família e/ou rede de amigos).
- Em vez de treinar o maior número possível de crentes para juntar-se à busca, o forasteiro trabalha sozinho para encontrar as "Pessoas de Paz" / Pessoas do 4º Solo[139].
- Um alcance não suficientemente amplo e ousado.
- Não confiar totalmente em Deus; confiar demais nos "métodos" de um determinado modelo de plantação de igrejas.
- Não trabalhar o suficiente (pessoas com sustento integral devem trabalhar nisso em tempo integral; pessoas com outros empregos devem dar um tempo significativo para oração e também para o alcance).
- Passar tempo em boas (ou mesmo medíocres) atividades em vez de nas atividades mais frutíferas.
- Focar em "o que eu posso fazer" *versus* "o que precisa ser feito".
- Falta de fé ("Essa área é muito difícil").
- Parceiros que não são fazedores, mas apenas "treinadores", que não são modelos do que eles treinam.

✋ O obstáculo mais difícil é da Geração 0 para igrejas da 1ª Geração

---

[137]Para uma descrição disso, veja a seção "Entre em novas comunidades", no Capítulo 7: "Dinâmica de um CPM — Plantando igrejas de rápida reprodução".

[138]N.T.: POP significa "Pessoa de Paz" pela sigla em inglês (*Person Of Peace*)

[139]Observe em Mateus 13:23 onde o 4º tipo de solo produziu uma colheita de 100, 60, ou 30 vezes do que foi semeado. Para uma descrição adicional desse conceito, veja *Cultivating '4th Soil' Disciples in Ourselves and Others*, (Cultivando discípulos do 4º solo em nós mesmos e nos outros") na edição de julho-agosto de 2017 da *Missão Fronteiras*. (http://www.missionfrontiers.org/issue/article/cultivating-4th-soil-disciples-in-ourselves-and-others).

Dinâmicas-chave para igrejas da 1ª Geração
- A nova igreja deve basear sua compreensão e prática de ser discípulo e de ser igreja nas Escrituras — não nas opiniões e/ou tradições de pessoas de fora.
- Devem ser dependentes das Escrituras e do Espírito Santo, não do forasteiro.
- Deve haver uma rota clara de CPM. Embora existam muitas variações, os CPMs têm rotas claras para todos os envolvidos. Os elementos-chave são: 1) treinar crentes, 2) engajar os perdidos, 3) discipular, 4) compromisso, 5) formação de igreja, 6) formação de liderança, 7) começar em novas comunidades.
- Deve haver um apelo forte e claro ao compromisso.
- Deve haver uma compreensão clara de verdades essenciais: Jesus como Senhor, arrependimento e renúncia, batismo, superação da perseguição etc.
- O(s) forasteiro(s) não deve(m) ser o(s) líder(es) da igreja; ele(s) deve(m) fortalecer e orientar os de dentro para liderar a nova igreja.

Desafios para Igrejas da 1ª Geração
- Uma falha comum é não buscar cooperadores-chave com visão (não são "obreiros contratados" fazendo o ministério principalmente para receber dinheiro).
- Os forasteiros podem sabotar o crescimento se não tiverem uma alta tolerância ao erro. Eles devem evitar a tentação de se tornarem os especialistas. O discipulado baseado na obediência corrige os erros e mantém o Espírito Santo e a Bíblia como líderes.
- Os líderes devem prosseguir gentilmente quando pessoas improdutivas não produzem.
- Um erro é orientar pessoas que não orientam outras.

- Um erro relacionado é orientar apenas no aspecto ministerial e não a pessoa inteira (relacionamento pessoal com Deus, família, trabalho etc.).
- Parceiros inexperientes podem retardar ou frustrar o crescimento por não saberem como capacitar e liberar os de dentro para facilitar ou até mesmo iniciar novos grupos.
- Os parceiros às vezes não percebem ou não estão comprometidos com o treinamento intensivo necessário para novos líderes.
- Um descuido é dedicar ênfase apenas à "profissão de fé" e não incluir a renúncia de devoções ou lealdades que separam os novos crentes de Deus.

Fase 2: Foco em crescimento — Igrejas iniciais da 2ª Geração

- Igrejas da Geração 1 (G1) estão crescendo ativamente.
- Parceiros intencionalmente focados em desenvolver líderes G1.
- Igrejas G1 estão iniciando igrejas/grupos G2.
- Os discípulos G1 chegaram à fé com o DNA do movimento e, portanto, é mais natural para eles reproduzirem as principais dinâmicas e processos do que foi para os discípulos da Geração 0.
- À medida que o número de discípulos e igrejas cresce, a oposição e a perseguição podem, algumas vezes, crescer em resposta.
- Os líderes da Geração 0 precisam priorizar a ajuda aos líderes e às igrejas G1 para que se reproduzam em vez de priorizar o início de novos grupos.

Desafios

- A rota do CPM ficou muito complicada; pensar que isso só pode ser feito por cristãos maduros, não por novos discípulos.
- Estão faltando diferentes partes da rota para um CPM; é fácil para os crentes perderem elementos-chave (dos 6 itens acima).

- O processo de grupo é frágil (olhar para trás, olhar para cima, olhar para frente)[140]; a prestação de contas é frágil.
- Não encontrar "Pessoas de Paz"/ Pessoa do 4º Solo na G1.
- Não definir o DNA "seguir Jesus e pescar pessoas" (Marcos 1:17) dentro de horas/dias.
- Não treinar o processo "Modelar-Auxiliar-Observar-Sair"[141] em todas as fases.
- Falta de *oikos* (rede de família e amigos) colhendo[142] na G1.

↳ O segundo obstáculo mais difícil é de igrejas da Geração 2 para a Geração 3

Fase 3: Uma rede em expansão — Igrejas Iniciais da 3ª Geração

- As igrejas G1 & G2 estão solidamente estabelecidas e crescendo.
- Vários grupos G3 estão começando, com alguns grupos G3 se tornando igrejas.
- Líderes-chave são ativamente identificados e estão sendo orientados e discipulados.
- Forte foco em garantir a saúde do grupo multigeracional e o desenvolvimento da liderança.
- A maioria dos movimentos está usando árvores geracionais (apresentando igrejas filhas, netas, bisnetas).
- O desejo por igrejas "netas" (G3) é uma forte ênfase.

---

[140]Para uma descrição desses elementos veja "Quatro ajudas para se tornar igreja" — "2. 2. Quando você inicia um grupo de treinamento, desde o início, seja você um MODELO dos aspectos da vida de igreja mencionados acima" no capítulo 10: "Os fundamentos essenciais para ajudar grupos a se tornarem igrejas: Quatro ajudas em CPM".

[141]Para uma descrição desse processo, veja a seção "Use o ciclo de treinamento", no capítulo 7: "Dinâmica de um CPM — Plantando igrejas de rápida reprodução".

[142]Para uma descrição desse importante conceito, veja a seção "Conversões de grupo" no capítulo 36: "Cinco lições que a Igreja Americana está aprendendo com os CPM".

- Visão clara e processos de grupo reprodutíveis são usados em toda a rede em expansão.
- Líderes internos em todos os níveis estão compartilhando testemunhos de avanços.
- Líderes internos (ou apenas um) com grande visão surgiram e são os catalisadores-chave.

Desafios

- Os líderes ainda procuram pessoas de fora ou cristãos da Geração 0 em busca de respostas, em vez de descobri-las nas Escrituras.
- A empolgação com a 1ª e a 2ª Gerações pode cegar os líderes para trabalhar em direção à 3ª Geração e além.
- Algumas partes-chave das reuniões da igreja estão faltando. (Lançamento de visão, prestação de contas e treinamento de outros fazem a diferença entre apenas falar sobre a Bíblia no grupo *versus* realmente crescer no discipulado e reproduzir discípulos).
- Visão fraca. A visão não passa de geração a geração. (As primeiras gerações têm mais visão do que as gerações posteriores.)
- A visão não é captada e adotada por todos ou pela maioria dos discípulos do movimento.
- O medo se instalou; tentando evitar a perseguição.
- Desenvolvimento deficiente de liderança; necessidade de desenvolver "Timóteos".
- Insuficiente DNA de movimento em líderes/grupos pode impedir o crescimento. Por exemplo, grupos que não se reproduzem ou líderes locais que não crescem em seu chamado e supervisão de outras gerações e líderes.
- Partida prematura do(s) parceiro(s).

Fase 4: Um CPM emergente — Igrejas iniciais da 4ª Geração

- Igrejas estáveis G3, com alguns grupos e igrejas G4 (ou mesmo G5, G6).
- Um grupo crescente de líderes nativos supervisionando o movimento.
- Líderes locais e líderes parceiros buscam intencionalmente replicar o DNA do movimento em todas as gerações.
- O(s) parceiro(s) ainda desempenha(m) papel relevante na orientação de líderes-chave.
- Desenvolvimento intencional de redes de liderança (líderes se reunindo com outros líderes para apoio mútuo e aprendizado).
- Talvez começando a estimular o trabalho em novas áreas.
- Desafios internos ou externos ajudaram a trazer maturidade, perseverança, fé e crescimento para a liderança e as igrejas.
- Se os movimentos chegam às igrejas da 3ª Geração, geralmente chegam às igrejas da 4ª Geração.
- Superando o desafio de compartilhar a liderança — realmente levantando outros líderes.

Desafios

- Falta de visão para ir além de sua esfera natural (fora de sua própria língua/grupo de pessoas).
- Dependência excessiva de um líder-chave de movimento.
- Treinamento de nível médio inconsistente ou mal focado.
- Não mudar a prioridade de pessoas de fora para líderes internos e para alcançar novos segmentos populacionais[143].
- Mudança de liderança-chave.
- Saturação da esfera natural (*oikos*) e ainda não se tornar transcultural ou transregional.

---

[143]Veja *The S.O.I.L.S. of the CPM* Continuum ("Os S.O.L.O.S de um *Continuum* de CPM"), de Steve Smith, na edição de novembro-dezembro de 2014 da *Missão Fronteiras* (http://www.missionfrontiers.org/issue/article/the-s.o.i.l.s.-of-the-cpm-continuum-the-sliding-scale-of-strategic-time-inv).

- Depender de financiamento externo.
- Pessoas de fora não ligadas ao movimento oferecendo salários a líderes internos.
- Falta de preparo por meio de aprendizado bíblico para resistir à influência de líderes cristãos externos que querem "corrigir" sua teologia/eclesiologia.

Fase 5: Um movimento de plantação de igrejas (CPM)

- Várias linhagens de reprodução consistente de igrejas de 4ª Geração (a definição aceita de um CPM).
- Essa fase geralmente é alcançada de 3 a 5 anos após o início das primeiras igrejas.
- Em geral mais de 100 igrejas.
- A maior parte do crescimento ainda está por vir, mas os elementos ou processos essenciais para esse crescimento sustentado foram estabelecidos ou iniciados.
- Idealmente quatro ou mais linhagens separadas.
- Idealmente, uma equipe de liderança sólida de crentes locais liderando o movimento, com parceiro(s) trabalhando, em sua maioria, só com a equipe de liderança.
- Enquanto as fases 1 a 4 podem ser suscetíveis ao colapso, colapsos raramente acontecem na fase 5 (e além).
- Como o maior crescimento dos movimentos ocorre nas fases 6 e 7, é importante continuar treinando líderes e repassando o DNA da visão e do movimento para todos os níveis.

Desafios

- Um CPM pode se estabilizar nessa fase se o desenvolvimento da liderança for fraco.
- Não ter um processo claro para acompanhar e garantir a saúde em todas as gerações de grupos.

- Quanto maior o crescimento quantitativo e qualitativo, maior a probabilidade de grupos cristãos tradicionais de fora serem motivados a oferecer dinheiro em troca de controle.
- Não continuar a iniciar novas linhagens.
- Parceiro muito envolvido em processos de decisão.

Fase 6: Um CPM sustentável e em expansão

- Rede de liderança nativa, com visão, liderando o movimento com pouca ou nenhuma necessidade de pessoas de fora e multiplicando a liderança em todos os níveis.
- Líderes de dentro espiritualmente maduros.
- O movimento cresce tanto numérica como espiritualmente.
- Entrada e expansão significativas em todo o grupo de pessoas.
- Linhagens, líderes e igrejas suficientes para identificar e refinar as melhores práticas para ajudar no crescimento contínuo do movimento.
- Igrejas estáveis G5, G6 e G7 ou mais, em múltiplas linhagens, multiplicam ativamente grupos e igrejas, com o DNA do movimento sendo replicado em todas as gerações.
- O movimento enfrentou fortes desafios internos e/ou externos.

Desafios

- Até a fase 5 os movimentos ainda podem ficar "fora do radar", mas na fase 6 eles se tornam mais conhecidos e navegar por isso pode apresentar desafios.
- Essa visibilidade pode levar à oposição de igrejas/denominações tradicionais.
- Essa visibilidade também pode levar ao aumento da perseguição e, às vezes, colocar os líderes-chave como alvo.
- Redes de liderança precisam continuar se expandindo para acompanhar o ministério em expansão.
- Necessidade de manter o uso inteligente de financiamento interno e externo.

- O crescimento da fase 6 pode ser significativo, mas geralmente é limitado a um povo ou agrupamento de povos. Chegar à fase 7 geralmente envolve visão especial e treinamento para fazer um movimento saltar para novos povos e regiões.

Fase 7: Um CPM multiplicador

- O CPM está geralmente catalisando orgânica e intencionalmente CPMs em outros povos e/ou regiões.
- O CPM se transformou em movimento que multiplica novos movimentos. Essa deve ser a visão final para todos os parceiros quando eles começam seu trabalho na fase 1.
- Líderes do movimento adotam uma visão mais ampla para completar a *Grande Comissão* em toda a sua região ou grupo religioso.
- Líderes de movimento desenvolvem treinamento e capacitam com recursos para ajudar a iniciar outros movimentos.
- Tipicamente, mais de 5.000 igrejas.

Desafios

- Os líderes da fase 7 precisam aprender como capacitar e enviar outros para efetivamente cruzar culturas.
- É importante aprender a desenvolver líderes de movimento que não sejam dependentes dos líderes originais do CPM.
- Liderar uma rede de movimentos multiplicadores é um papel muito raro. Requer relacionamento e aprendizado mútuo com outros líderes externos da fase 7.
- Os líderes da fase 7 têm muito a oferecer à igreja global, mas deve haver um esforço intencional para dar voz a eles e para que a igreja global ouça e aprenda com eles.

Princípios-chave (Alguns dos princípios mais importantes, conforme estabelecido em comum acordo por um grupo de 38 catalisadores e líderes de CPM.)

- Importância de "deixar ir": nem todos os grupos, discípulos, líderes, se reproduzirão; portanto, deixe alguns irem.
- Investir profundamente naqueles com quem trabalhamos — relacionamento com Deus, família, obreiros, questões de caráter. Ser transparentes como peregrinos que caminham juntos.
- O mentor não apenas "dá", mas também recebe informações e é vulnerável diante daqueles com quem trabalha.
- Multiplicar o "alimentar". Evitar diminuir o ritmo na reprodução. Mentorear novos mentores para que capacitem as gerações seguintes. (Mateus 10:8 — um verdadeiro discípulo recebe e dá livremente.)
- Criar uma cultura cristã contrária à tradicional, sem esmagar a igreja tradicional.
- Acompanhar o progresso é importante —avaliar e diagnosticar para crescer.
- Todos começamos ministérios com altos níveis de intencionalidade, mas nem sempre nos ajustamos quando eles dão certo no futuro. Devemos manter esse nível de intencionalidade e confiança em Deus. Não devemos ficar "costeando" um sistema já estabelecido.